远方有多远？

旅游者目的地选择的距离欲研究

曹晶晶 ◎ 著

本研究得到伊犁师范大学学术著作出版基金资助

九州出版社 JIUZHOUPRESS 全国百佳图书出版单位

图书在版编目（CIP）数据

远方有多远？：旅游者目的地选择的距离欲研究 /
曹晶晶著. -- 北京 ：九州出版社，2024.5
ISBN 978-7-5225-2923-3

Ⅰ．①远… Ⅱ．①曹… Ⅲ．①旅游地－选择－行为－
研究 Ⅳ．①F590.3

中国国家版本馆CIP数据核字 (2024) 第097777号

远方有多远？： 旅游者目的地选择的距离欲研究

作　　者	曹晶晶　著
责任编辑	肖润楷
出版发行	九州出版社
地　　址	北京市西城区阜外大街甲 35 号 (100037)
发行电话	(010)68992190/3/5/6
网　　址	www.jiuzhoupress.com
印　　刷	北京九州迅驰传媒文化有限公司
开　　本	720 毫米×1020 毫米　16 开
印　　张	14.5
字　　数	210 千字
版　　次	2024 年 5 月第 1 版
印　　次	2024 年 6 月第 1 次印刷
书　　号	ISBN 978-7-5225-2923-3
定　　价	52.00 元

本研究为国家自然科学基金旅游者目的地选择的距离欲空间分异特征与选择模型研究（项目编号：42201235），新疆维吾尔自治区自然科学基金"时空压缩背景下旅游者目的地选择的距离欲特征、机制及尺度效应"（项目编号：2021D01C469），新疆维吾尔自治区天山英才项目（社科）"中国式现代化背景下新疆文旅产业高质量融合发展研究"（项目编号：TSYC-SGYP02），伊犁师范大学提升学科综合实力专项项目"基于旅游者生成内容和 TSE 模型的伊犁国际旅游谷游客爱国情感研究"（项目编号：22XKSY30），伊犁师范大学科研创新团队培育计划"伊犁国际旅游谷文旅融合创新发展研究"（项目编号：CXSK2021017），伊犁文旅融合研究中心"昭苏天马文化与旅游深度融合创新发展机制研究"（项目编号：2021WLRHZD001），伊犁师范大学博士科研启动项目"旅游者远途目的地选择的距离欲特征、机制及尺度效应以伊犁河谷游客为例"（项目编号：2020YSBS013），伊犁师范大学课程思政示范课程"旅游地理学"（项目编号：SFKC202303），伊犁师范大学教育教学改革项目"旅游地理学"新文科"金课"课程建设研究（项目编号：YSZD202305）阶段性成果。

本研究得到伊犁师范大学学术著作出版基金资助。

目　录

绪论

距离能产生美（吸引力），距离也能产生隔阂（阻力）。距离的"二律背反"是影响人类各种空间行为的重要因素。在旅游者目的地选择行为的相关研究中，距离也被研究者视作构建旅游者空间决策模型、探索旅游者行为规律的重要变量，是旅游者决定是否出游，出游何处以及选择何种线路出游的系列复杂决策的重要依据，对旅游活动有着意义深远的影响。

简化的距离（静态化、数值化的空间物理距离）常被应用于旅游者目的地决策模型中，从汇总层面提供旅游者空间行为的系统信息，然而简化的距离信息反映的是旅游者的空间决策结果，难以被用于作为自变量来解释旅游者为何会做出特定的目的地决策。因此，有学者认为相比较实际距离，感知距离作为旅游者对无法直接看见的居住地与旅游目的地的实际距离信息的认知加工结果，更加直接地作用于旅游者目的地选择，引入感知距离的目的地选择理论模型更贴近旅游者主观加工过程的实际，能够更准确地反映旅游者的决策过程，能够更好地解释旅游者目的地选择行为。

但是，感知距离作用于旅游者目的地选择行为的机制是复杂的，被认为是包含摩擦力、吸引力的复杂动力系统。旅游者在目的地选择过程中，既要面对距离的阻碍——即由于距离而导致旅游者的时间、金钱、体力等方面的付出；又会受到距离的吸引——即远距离的目的地因为能够满足旅游者的探新求异、逃离惯常环境的需求而对旅游者产生吸引力。旅游者目的地选择中距离作用的二律背反现象得到了实证研究的证实，旅游者目的地选择的距离衰减曲线呈现阶段性变化的规律特征。距离与多种因素综合作用，既激励部分旅游者选择离开惯常环境，也同样阻碍一些人选择更遥远的目的地。

现有的旅游者目的地决策模型多将距离作为约束条件处理，在充分考虑阻力的同时却忽略了对其吸引力的考量，不仅无法充分揭示这一动态系统的内在运行规律，而且忽视了在旅游者目的地选择过程中距离可能对旅游者出游意向产生的积极影响，忽视了距离可能对旅游者出游动机形成可能做出的贡献。全面审视距离作用于旅游者目的地选择的动力机制，能够帮助我们更好地解释和预测旅游者目的地选择行为，这一探索在时空压缩、全球化、个体化、流动性进程日益加快的新时代背景下尤为重要。

X.1 研究背景

X.1.1 距离对旅游者目的地选择的影响存在理论争议

距离是影响多种形式人类行为的重要因素（Walmsley and Jenkins，1992），也一直是地理学研究中的核心和热点。在旅游者目的地选择行为的研究中，有关距离还存在以下几方面的理论争议：一是距离内涵的争议，即究竟是采用感知距离还是实际距离，以往旅游者目的地决策模型中的"距离"往往使用居住地到目的地之间的实际物理距离（米）或旅行时间（小时）（Calantone et al.，1987），但是这种应用是存在争议的（Ankomah and Crompton, 1992），多数学者认为感知距离能够更好地解释旅游者目的地决策行为（Boerwinkel, 1995; Cadwallader, 1981; Cook and McCleary, 1983; Ankomah, Crompton and Bake, 1995）；二是对距离作用于目的地选择的机制的争议，长久以来距离一直被视作为旅游者目的地决策的障碍性因素，并广泛应用于研究实践，但其作为吸引力因素的作用被忽视了（Kaplan R and Kaplan S, 1989），并且这种环境偏好的神秘维度还缺乏科学的解释（Geoffrey，1966）；三是对于实际情境中距离对于旅游者目的地决策影响的重要性程度的变化存在争议，是以阻力形式持续性影响旅游者目的地决策的"距离的暴政"（Frances, 1997），还是伴随时空压缩而逐渐失去重要性的"距离之死"（Ankomah, Crompton and Bake, 1995），抑或是由于满足了旅游者多样性偏好而重获的"距离之新生"（Nicolau and Francisco, 2006），目前还尚且缺乏更加深入讨论。

距离作用于旅游者出游意向的机制探索是解决理论争议的关键。总体看来，由于旅游活动仍然是典型的人类空间行为，旅游者的目的地决策行为也是典型的空间决策行为，因此距离对于旅游者的目的地决策行为来说仍然是非常重要的因素（Walmsley and Jenkins，1992）。相比较实际距离，感知距离能够更好的解释旅游者目的地决策行为已经得到广泛的理论与实证研究的支持（Walmsley and Jenkins，1992；曹晶晶等，2018）。当下，争议的焦点主要集中于感知距离作用于旅游者目的选择的内在机制，其实质是距离作用于旅游者目的地选择的机制，该机制包含着复杂的"摩擦力""吸引力"动力系统（Lin and Morais，2008），而现有的旅游者目的地决策模型多基于距离摩擦力假设开展旅游者行为分析，但忽略了对距离吸引力作用的考虑，因而无法充分揭示这一动态系统的内在运行规律。

X.1.2 旅游目的地针对距离进行调控的市场营销措施还停留在理论阶段

为了克服距离的摩擦力，旅游者必须投入资金、体力、暂时性的资源等等，因此，距离一直被视作制约旅游者目的地选择的限制性因素（Kaplan R and Kaplan S，1989），改善交通条件、提升可进入性等举措是目的地非常重视的应对策略。但是，如果没有考虑感知距离，那么针对旅游者目的地决策行为的分析和预测则有可能被误导，也可能是不完整的（Ankomah and Crompton，1992; Ankomah, Crompton and Bake，1995）。基于以上考虑，旅游目的地市场营销一直被告诫应当重视感知距离，但是感知距离的实证研究成果非常缺乏，目的地营销机构无法确定到底如何通过营销措施来影响或者是缩短旅游者的感知距离（Kaplan R and Kaplan S，1989; Lin and Morais，2008）。

不同尺度感知距离作用的空间特征、变化规律与趋势的探寻是距离营销实践的基础。旅游目的地针对感知距离实施调控的营销实践，除了需要得到更科学的理论支持外，更需要来源于旅游者目的地决策实际情境下的实证成果的支撑，即在变化的实际情境中，开展距离感知水平与目的地意向水平的差异程度、空间特征、变化规律与趋势的实证研究，为目的地营销实践提供依据。

X.1.3 时空压缩背景下距离之于旅游者的意义发生着深刻的变化

时空压缩通过交通运输方式的革新作用于人类活动的物质空间，通过信息获取方式的更新作用于人类感知的虚拟空间，改变着人们生活的地理空间，也改变着人们的感知空间，距离之于旅游者的意义也在发生着深刻的变化，有待学界更深入的探索。首先，伴随着时空压缩而急剧变化的时空维度中，"家""地方"不再是内生而僵化不变的概念，单一维度或标准的距离难以再被用于作为旅游活动的解释或分析，距离的概念和内涵需要结合时代背景得到更深入和全面的讨论。其次，在时空压缩加速流动的时空背景下，旅游活动阶段性特征逐渐淡化，流动性过程的重要性日渐凸显，距离既是刻画流动性过程的重要指标又是旅游体验的重要来源，距离需求在旅游需求中的重要性地位逐渐凸显，但是已有的旅游需求研究尚且缺乏有关距离需求的研究成果。再者，在变化的时空维度中，旅游活动价值的实现路径与方式虽然发生着变化，但旅游体验的获得从而促进旅游者身心健康、提升旅游者生活品质仍是其根本，距离作为旅游活动实现的内容，其在旅游活动中的意义与价值尚且缺乏更深入的讨论。最后，时空压缩带来了人类时空维度急剧变化，尤其是带来了空间障碍的不断减少，然而空间障碍的消失并不意味着空间重要性的下降，相反，空间障碍越小，空间越重要（哈维，2016），空间差异与空间品质将是旅游目的地的核心竞争力，而距离恰恰是空间差异的重要来源，旅游者距离需求的满足程度则是目的地空间品质的重要组成内容，在时空压缩的背景下距离对于旅游者、对于旅游目的地发展的意义应当得到重视的同时，还需要进行动态性的考察。

对距离需求与距离意义的探索能够为我们认识旅游活动本质、人类社会发展变化提供新视角。时空压缩带来的流动性以急剧的变化冲击着人类思想和行动，个体的精神图景难以赶上变化中的现实，适度距离的寻求能够帮助旅游者抽身而外收获距离体验，缓冲流动性冲击，进而满足旅游者对和谐、宽容、独立精神境界的追求，促进旅游者身心健康，提升生活品质。深入探索旅游者对"距离"意义的理解及其变化，不仅能够帮助我们更深刻的认识旅游活动的本质，还能够提供给我们从距离视角切入、观察和分析后现代社会的特征以及时空压缩给人类社会生活发展带来的变革。

X.2 研究意义

X.2.1 现实意义

（1）旅游者距离欲及其作用机制的探索能够帮助我们更科学的解释和预测旅游者目的地选择行为

面对日趋激烈的国际竞争与快速变化的市场环境，当前旅游目的地的竞争已经不再是静态的资源开发和产品设计的竞争，而是日渐成为满足游客多样性需求并促使其重游的竞争。在争夺游客市场的激烈竞争中，理解和预测游客需求的动态变化及其与出游行为之间的作用机制，已经成为旅游目的地获得游客青睐抢占市场份额的必然路径。对旅游者距离需求的探索能够帮助我们更全面的认识旅游需求，并能在此基础上进一步完善距离对旅游者目的地选择的影响与机制研究，进而帮助我们在更准确地把握旅游者需求的同时更科学地预测旅游者目的地选择行为。

（2）旅游者距离欲及其作用机制的探索能够为旅游目的地客源市场分析与开展市场营销提供科学的发展指引

对不同距离范围旅游者的距离欲水平、距离感知水平、出游意向水平的差异程度、空间特征、变化规律与趋势开展实证研究，能够帮助旅游目的地更科学的细分客源市场以及更有针对性地开展精准营销，为目的地市场营销实践提供更加科学的发展指引。

（3）基于距离欲的旅游发展策略能够帮助偏远地区寻找更多的空间发展机会，更好的发挥旅游在改善区域贫困、增进群际交往、促进社会和谐中的积极作用

有关距离欲的研究成果能够为地理位置相对偏远、受到距离因素困扰的旅游目的地（地理位置偏远、可进入性差、相对贫穷、民族区域、社会问题多发区）提供改善旅游发展条件的政策建议；尤其是基于利用距离优势的空间竞争策略，通过推动旅游发展有效促进区域经济发展，提升群际交往，增进沟通和理解，消除偏见与歧视（Fan et al., 2016），改善群际关系，进一步推动社会和谐稳定发展。

X.2.2 理论意义

（1）为旅游者目的地选择中的距离的二律背反提供理论解释

距离的二律背反现象普遍存在于旅游者目的地选择过程之中，其阻力机制得到较为广泛而深入的讨论，但是其引力机制既缺乏相应的理论探索也缺乏相应的实证研究。距离欲表征了距离的引力作用，距离欲与其他行为变量的互动过程为距离引力机制的发挥提供了阐释，不同尺度距离欲与出游意向及其他行为变量互动关系的变化过程则揭示了距离欲具有尺度效应。有关距离欲概念与内涵、作用机制及尺度效应，为旅游者目的地选择中的距离的二律背反现象提供了理论解释。

（2）基于距离欲及感知距离拓展的目的地选择模型能够丰富和完善旅游者目的地选择理论

在距离欲理论探析基础上构建的基于距离欲拓展的旅游者目的地选择模型（DD-TPB）以及基于感知距离拓展的旅游者目的地选择模型（CG-TPB），验证了距离欲概念建构有效性的同时，阐明了距离引力作用及其机制，分析了其作用与机制的尺度效应，不仅构建了有效的距离欲指标体系与测度方法，还从理论基础层面，进一步完善和深化了旅游者目的地选择理论。

（3）距离欲提供了旅游活动本质的解读方式并且反映了流动性社会进程中旅游者的动态变化中的需求特征

距离欲的核心是一种审美精神，这一精神追求的实现能够帮助旅游者重塑日常生活，实现个体的精神提升，使旅游者通过旅游活动超然于日常生活的琐碎与局限，进入更高的精神境界，为我们解读旅游的本质提供了新线索——即旅游活动带来的距离体验能够满足旅游者对和谐、宽容、独立精神境界的追求，旅游以体验的形式参与建构和重塑旅游者的心理结构，从而帮助旅游者更好的重返现实世界，以和谐、宽容、独立的美学境界来重塑现实世界，提升旅游者个体、群体乃至全人类的生存品质。时空压缩改变了旅游者生活的时空维度，加速的社会流动进程冲击着旅游者的生活世界，距离体验需求成为旅游者应对冲击、寻获心理平衡、维系身心健康发展的积极应对策略，是旅游者在流动性社会进程中日益凸显的旅游需求特征之一。有关距离欲的理论与实证探索，不仅有助于我们探索距离之于旅游者意义的变化，还为我们观察和分析后现代社会的特征以及时空压缩给人类社会生活发展带来的变革提供了新视角。

X.3 研究目标与内容

X.3.1 研究问题

（1）在旅游者目的地选择过程中距离对旅游者是否具有吸引力？

（2）距离的吸引力是通过何种机制作用于旅游者出游意向的？

（3）距离的引力机制是否具有尺度效应？

X.3.2 研究目标

围绕以上研究问题，制定以下研究目标：

（1）提出距离欲概念表征旅游者的距离需求，基于已有的理论与实证研究成果，完善距离欲的理论基础。

（2）在距离欲与旅游者目的地选择相关理论基础上构建基于距离欲拓展的旅游者目的地选择模型（DD-TPB）和基于感知距离拓展的旅游者目的地选择模型（CG-TPB），探索距离对旅游者出游意向的影响。

（3）分析和比较不同尺度距离欲引力作用与机制的变化，考察距离欲作用机制的尺度效应。

X.3.3 研究内容

围绕以上研究目标，本研究涉及以下研究内容：

（1）距离欲概念的提出及其对旅游者目的地选择影响的理论解释框架的建构：在已有的理论与实证研究成果的基础上，提出距离欲的概念，辨析其内涵与本质，探索维度与层级的细分。提出距离欲对旅游者目的地选择影响的宏观与微观理论解释框架。

（2）探索旅游者目的地选择中距离欲的引力作用：基于距离欲与旅游者目的地选择的微观解释框架，构建基于距离欲拓展的旅游者目的地选择模型（DD-TPB），分析距离欲对旅游者出游意向的直接影响、与其他行为变量的相互关系及其在其他行为变量与旅游者出游意向互动过程中发挥的作用。

（3）探索旅游者目的地选择中距离欲引力作用发挥的具体机制：在距离欲

的理论与实证研究基础上，考察不同感知距离水平下，距离欲作用于旅游者目的地选择具体机制。

（4）分析距离欲作用与机制的尺度效应：基于距离范围相关理论确定尺度分析的标准与依据，选择通过有效性检定的尺度细分标准，开展不同尺度的距离欲引力作用与机制的比较分析。

（5）提出基于距离欲视角的旅游者出游意向调控策略：基于距离欲作用机制的尺度效应分析，提出通过调节感知距离偏差、距离欲强度等基于距离欲视角的旅游者出游意向调控策略。

X.4 研究方法与技术路线

X.4.1 研究方法

（1）文献分析法

通过系统回顾有关距离与旅游者目的地选择行为研究的相关文献，梳理以往的研究进展、取得的成果以及存在的不足，确立研究的基本方向。文献分析的主题主要涉及旅游者目的地选择、距离与旅游者目的地选择、感知距离与旅游者目的地选择、距离范围与旅游者目的地选择、审美距离、心理距离、感知距离偏差等，文献形式包括论文、著作等，主要为概念辨析、假设提出、模型构建提供理论基础。

（2）问卷调查法

问卷调查法是邀请被调查者对问卷各项问题回答从而收集数据的方法。问卷调查特别适用于了解、分析和研究具有不同生活、社会背景的人们的行为，也是旅游者行为研究中经常使用的数据收集方法。由于此次的研究主要关注潜在旅游者感知距离对其目的地选择行为的影响，因而样本的随机性、较广的覆盖范围、有效的发放与回收都是笔者进行问卷发放方式选择时进行综合考虑的问题，网络问卷因为提供了较高程度的匿名性而能够帮助笔者更真实地测量被调查者的行为，有效地控制社会称许性可能导致的偏差。此外，网络发放的形式还能够覆盖更广阔的地理区域从而使样本更符合随机分布并帮助研究目标的实现，因此网络问卷调查是此次研究采用的主要数据收集方法。

（3）数理分析法

对于样本数据的分析，首先，使用 SPSS 统计软件对样本调查数据进行信效度分析及正态性检验；其次，运用 Amos 分析软件对数据做进一步处理，利用验证性因子分析对模型信度与效度进行测量，评估模型的内在结构配适度，再对模型的拟合效果与假设关系进行检定来评估模型的整体配适度；再次，使用 bootstrap 技术对距离欲的中介作用进行检定与分析；最后，采用多群组分析方法，分析不同感知距离水平、不同决策域、不同感知距离偏差域距离欲的引力作用与机制的尺度效应。

X.4.2 技术路线

基于发现问题、分析问题、解决问题的基本逻辑，本研究主要遵循以下基本思路：第一步旨在"提出问题"（主要包括绪论至第二章），以距离对旅游者目的地选择影响存在争议为起点，通过系统的回顾已有的目的地选择理论与决策模型研究，距离、感知距离、距离范围与旅游者目的地选择相关研究等，指出了时空压缩背景下距离研究的转向，确定了距离欲概念提出及其作用与机制探索的必要性与合理性，进而根据研究目标进行了研究设计，明确了数据收集以及数据分析方法，确保了研究的完整性、系统性与科学性。第二步旨在"理论构建"（主要包括第三章），重在系统阐述距离欲概念，辨析其内涵与本质，分析其层级和维度，并在此基础上构建距离欲对旅游者目的地选择影响的宏观、微观理论解释框架。第三步旨在"实证分析"（主要包括第四章至第七章），基于距离欲对旅游者目的地选择影响的理论解释框架提出研究假设和构建模型，验证距离欲的作用与机制并对其尺度效应开展进一步分析。最后，整合主要结论的同时，基于距离欲作用与机制的尺度效应分析结果，提出旅游者出游意向的调控策略。具体如下图 X-1 所示。

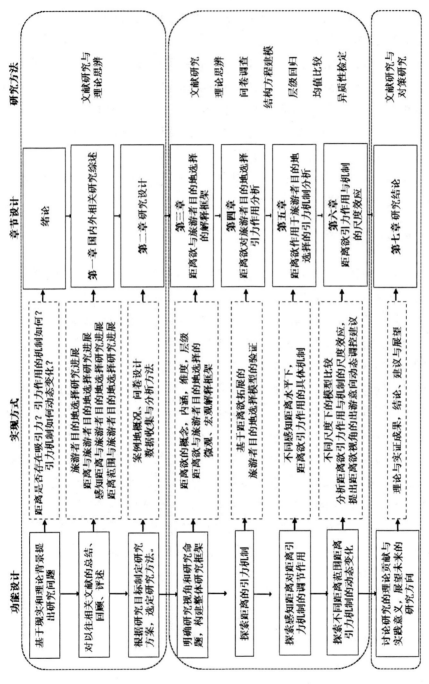

图 X-1 本研究技术路线图

第一章　国内外相关研究综述

理论基础是科学研究的根基，文献综述是科学研究的前提。本章首先以理论作为本研究的理论基础，然后从不同方面综述了已有研究进展，据此奠定本研究的研究基础和结构框架。

1.1 相关理论基础

1.1.1 距离衰减理论

地理学是一门距离的科学（Johnston, 2003），"距离"是地理学研究中基础性的概念（Gatrell, 1983）。托布勒（1970）提出了地理学第一定律，认为事物或现象的作用力随着地理距离的增加而逐渐减少或变弱（全国科学技术名词审定委员会，2007），诸多研究也都证实人类空间行为存在着距离衰减的普遍现象，而距离摩擦被认为导致这一现象产生的重要原因（Johnston, 2003）。基于区位分析和研究区域之间各种"流"作用的重力模型也引入了人类空间行为研究之中，用于从空间行为的汇总层面揭示各类活动与现象在密度与强度上的空间变化（Sheppard, 1978；Eldridge and Jones, 1991；戈列奇和斯廷森，2013）。

距离是旅游者感知的重要内容。旅游者根据地理空间的等级层次，形成位置与空间尺度的认知（李蕾蕾，2000）。人类对距离遵从认知链与基本的认知规律，包括距离衰减规律、空间等级结构认知规律、背景律、接近律、相似率等（Stevens and Coupe, 1978；Tversky and Hemenway, 1983；Hirtle and Mascolo, 1986）。目的地与客源地之间的距离是大多数旅游者选择旅游目的地过程中的重要限制性因素（张宏磊等，2011），能够影响旅游者对目的地的认知和评价（周芳如等，2016）。旅游者通常需要花费大量努力（时间、金钱、体力）去克服距离阻碍——"距离的摩擦力"（friction of distance）（Lin and Morais，2008）。

为了克服距离的摩擦力，旅游者必须投入资金、体力、暂时性的资源等等，因此，距离一直被视作制约旅游者目的地选择的限制性因素（Kaplan R and Kaplan S, 1989），基于这一假设构建的引力模型被广泛应用于客源市场分析与预测之中。并因距离衰减模式（阻抗函数）这一模型内核的改进而形成了牛顿型（幂函数）和威尔逊型（指数函数）等两种基本形式。引力模型认为地理空间相互作用强度与来源地的供应水平成正比，与目的地的需求水平成正比，与两地之间距离成反比。既能够从目的地供给视角计算旅游吸引力，又能够从客源地需求视角计算到访游客预期市场份额，有较好的预测力。

旅游引力模型当前的发展趋势体现在对参数估计的优化以及指标选取的优化，并被越来越广泛的应用于旅游空间结构分析、客源市场预测等。但是基于距离阻力的假设的引力模型忽略了距离作用于旅游者目的地决策行为的复杂机制，所得到的结果是不全面的。虽然有良好的预测效果，但是在具体的实践情境中，引力模型无法有效的解释随着目的地距离的增加，出游意向水平的增加这一客观现象，一些实证研究结果都发现了引力模型在阐释距离与旅游者目的地决策行为之间解释力的不足（Lieber and Fesenmaier，1985；Lieber and Fesenmaier，1988；Kim and Fesenmaier，1990）。

1.1.2 计划行为理论

理论缘起：计划行为理论是由理性行为理论（the theory of reasoned action, TRA）发展而来，理性行为理论通过行为态度和主观规范这两种预测变量来预测执行特定行为的意向（Fishbein and Ajzen, 2010）。然而，理性行为理论并不考虑行为完全不受个体控制的情形。Ajzen 将第三种行为预测变量—知觉行为控制（perceived behavior control，PBC）引入理性行为理论，由此开发出了计划行为理论。因此，计划行为理论包含三个预测行为意向的概念独立的要素：行为态度、主观规范和知觉行为控制。结构模型如图 1-1 所示：

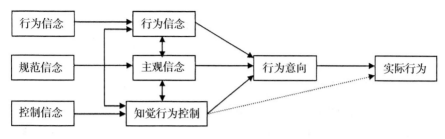

图 1-1 计划行为理论结构模型图

理论概述：计划行为理论（the theory of planned behavior，TPB）是一种专注于解释和预测明确定义的人类行为的认知模型。该理论认为人的行为是依据他们的行为意向及行为控制观念进行的，而行为意向受到行为态度、主观规范及知觉行为控制的影响（Ajzen and Madden, 1985）。

计划行为理论在国外已被广泛应用于多个行为领域的研究，并被证实能显著提高研究对行为的解释力和预测力。Armitage 和 Conner（2001）的元分析研究结果表明行为态度、主观规范和知觉行为控制可分别解释 27% 的行为方差和 39% 的行为意向方差，进一步证明了计划行为理论具有良好的解释力和预测力。

TPB 理论模型在行为研究中有着广泛应用：如安全带的使用（Trafimow and Fishbein，1994）、吸烟行为（Norman et al., 1999；Norman et al., 1999）、参加体育活动（冯海涛和郑卫北，2012）、健康行为认识和改变（杨廷忠，裴晓明和马彦，2002）、食品消费行为（Bamberg, 2002）、低碳消费（廖友亮，彭雷清和王先庆，2016）等等。

旅游研究中 TPB 理论模型作用也得到肯定：如生态旅游（刘春济和高静，2012）、乡村旅游（郭倩倩，胡善风和朱红兵，2013）、环境行为（Wang et al.,2018; Wang et al., 2019）、社区居民态度（Lepp, 2007；Nunkoo and Ramkissoon，2011）、消费者在线购买旅游产品的意愿（宋之杰，石晓林和石蕊，2013）等等。

旅游者目的地决策研究领域的探索：有学者尝试建构把计划行为理论用于分析旅游者目的地决策行为，如 Lam& Hsu（2004a，2006b）探讨了潜在大陆（内地）旅游者和台湾旅游者对香港的旅游意向；Sparks & Pan（2007a，2009b）研究了潜在中国出境旅游者对澳大利亚的旅游意向；Chien 等（2012）研究了潜在旅游者越南海滩度假意向；Hsu（2013）研究了计划行为在体育旅游管理中的应用。此外，还有研究者针对旅游者目的地决策行为中的特定因素开展研究，构建了基于 TPB 理论模型的相关因素的拓展模型，如 Han 等（2011）基于 TPB 理论分析框架探索了签证限制对旅游者目的地决策行为的影响；宋慧琳（2016）基于 TPB 理论分析框架分析了出境旅游者人口统计学特征对出境旅游者目的地决策行为的影响；Quintal，Lee 和 Soutar（2010）基于 TPB 理论分析框架探索了安全与不确定性因素对旅游者目的地决策行为的影响等等。

计划行为理论模型对于旅游者目的地决策行为有较强的解释力和预测力，已有的理论与实证成果都证实计划行为的理论模型框架适用于对旅游者目的地决策行为动态机制的探索。计划行为理论分析框架应用于探析感知距离与旅游者目的地决策行为作用机制的优势体现在：（1）计划行为理论适用于研究能够被主体清楚意识到的行为，而旅游者目的地决策行为尤其是度假旅游决策属于典型的拓展性行为决策，TPB 的理论框架具有较好的适用性。（2）计划行为理论的突出优势体现在其对行为较强的解释力和预测力，通过感知距离与旅游者目的地决策行为的机制探析，能够有效解释和预测旅游消费者目的地决策行为。（3）计划行为理论适用于探索复杂行为决策的内部机制，是许多研究的良好理论基础（段文婷和江光荣，2008），且根据实际情境拓展后的理论模型针对具体的研究问题解释力更强（Schifter and Ajzen，1985），为探索感知距离与旅游者目的地决策行为之间的作用机制提供了理论依据与基础。

1.1.3 时空压缩理论

"时空压缩"是伴随着技术变革而带来的对象物在时空上彼此相互接近的过程（Janelle，1969）。时空压缩还尚未形成一套完整而清晰的理论体系，而是作为一种观察、分析和解释与后现代社会分析紧密地结合在一起，用于刻画在时空压缩进程中时空用途与意义所发生的变化，以及这种变化带来的宏观、微观层面的社会效应。

高速交通工具的发展以及信息与通信技术（information and communication technology，ICT）的日益革新是时空压缩的推动力量。随之发生变化的新组织模式、新生产技术带来了更加灵活的资本积累模式，去工业化、国际金融大发展、全球化汹涌而来，加速流动的时间与稍纵即逝的意向推动着人类后现代社会时代的到来。这一社会进程引发了众多学者的关注，如在消费领域中大众市场中市场潮流的出现，以及商品消费向服务消费的转型趋势，及其所带来的时尚、产品的极易改变（Shusterman and Jameson，1992）；在生产领域则带来可抛弃型产品的出现（阿尔文·托夫勒，2016），生产技术、劳动过程的强化（加速），劳动者必须加速"去技能"或"再技能"以适应新的劳动要求；在思想领域，"大社会普遍加速"与"个人普通日常体验"激烈碰撞，价值、生活方式、对建筑、事物、人和地方的依赖情感以及传统的待人接物方式都受到流动性的冲击，个人被迫要面对不断丢弃、不断更新以及转瞬即旧的现实（大卫·哈维，2016）；而在文化领域，仿真与拟象颠覆了感知的方式，意向的不断被生产、创造，却又稍纵即逝，既提供了个体创建自身认知的方式，也带来了未来感的缺失；在社会生活领域，公共和个人价值体系的临时性同步伴随着共识的崩塌和社会分化中的价值多元化，反映了后现代社会的重要矛盾，而在急剧变化中，对于情感维系与持久价值追求成为个体积极的应对策略。

大卫·哈维作为以空间分析见长的地理学者，也从地理学视角贡献了其对时空压缩的深刻洞见。以时间消灭空间描述了时空压缩进程中时空维度发生的变化，以坍塌进入彼此的方式描述了被动或主动的全球化进程，以加速流动的社会进程对个体所寻求的认同、情感、价值的稳定性冲击联系了时空压缩与后现代社会伴生的主要矛盾，并指出新一轮时空压缩在创造空间机会的同时可能带来的地区分化、不平衡等新风险等，进而提出空间品质提升的应对策略，并且指出了进一步考察变化中的人类时空行为的重要性。

由此产生的时空压缩（时空汇聚现象）正在改变旅游目的地的客源市场的空间分布特点以及演化规律。有学者研究指出时空压缩正在通过影响旅游者出行动机、旅游过程中的活动参与以及出游行为特征等对旅游者出游行为产生不同程度的影响（于秋阳，2012；蒋海兵，刘建国和蒋金亮，2014），有学者对这一现象开展了相关研究，指出距离因素对旅游者目的地选择的影响程度正在发生变化（李连璞，杨新军，赵荣，2007；李连璞和付修勇，2006）并通过地理空间信息技术进一步验证了这一变化的客观存在，且在局部范围内做了精确的测度（闫平贵，汪德根和魏向东，2009；李保超等，2016；李涛等，2017），也尝试从理论层面（如后现代视角、空间认知视角等）对这一现象开展理论探讨（林德荣和郭晓琳，2014；汪德根，2016）。

1.2 旅游者目的地选择理论与模型

1.2.1 旅游者目的地选择基本理论

目的地选择是旅游者最初期也是核心的决策内容，影响着旅游活动后续的系列消费决策，因而收到了较高程度的重视，相关领域的研究起步较早。早在20世纪70年代，学界就开展了有关旅游者目的地选择过程和心理特征的系列研究，在借鉴微观经济学、认知心理学、市场营销学相关概念与理论的基础之上，不断尝试构建和完善研究框架，更好的解释旅游者目的地选择过程中经历的复杂决策过程。

决策理论是开展旅游者目的地选择研究的重要理论基础。古典经济学中的决策理论主要包括无风险理论、风险决策理论、决策转移理论、博弈和供给决策功能理论。其中无风险理论以经济理性为基本假设，认为拥有经济理性的人总会能够根据效用做出最好的选择；风险决策理论引入了风险与不确定性的概念，通过期望价值、概率偏好计算等进对决策制定过程中的主观概率进行估算；决策转移理论补充了对无感觉情况下偏好轻微偏离情况的考察，尤其是存在决策对象具有多侧面或多尺度的比较情况；博弈和供给决策功能理论则放宽了决策标准评价的假设，允许在偏好和判断过程中采用多种不同的决策标准。基于古典经济学理论构建的决策模型虽然能够实现对人类活动模式的分析，但是，模型的建构和分析中较少关注感知、偏好、态度、认知、情感因素及其在决策中的互动关系，且最大化效用、最优化结构理论在微观层面非汇总决策行为的研究中适用性也受到了较大的质疑。在古典决策理论基础之上，行为决策理论继续推进，例如强调基于行为基本特征进行决策过程进行分类，细分为寻求多样性的行为决策、限制条件下简单选择决策、解释偏好和态度的复杂选择决策、时间选择决策和模拟复杂选择结果的决策；例如关注"计划—行为"过程中的主观干扰因素及环境约束，构建选择行为内外部环境的关联；再比如引入严格效用模型，拓展不变效用理论，深化认知从固定偏好结构到随机偏好结构，发展离散选择模型和分解的多因素偏好模型等等。随着后现代主义思潮的到来，决策主体的主观价值系统、诠释观受到了重视，决策过程中的语境、氛围、符号价值、象征意义得到了研究与探索，符号理论、体验理论、诠释理论也被整合应用于对决策行为的阐释。

以上相关理论为旅游者目的地选择行为研究提供了扎实的理论基础。相较一般决策行为，旅游目的地选择更多的是一种受意识驱动的、寻求多样性的决策行为。学者们从旅游活动的独特本质出发，逐渐形成了两大主要的理论范式即实证主义研究范式与非实证主义研究范式。实证主义范式指导下，研究者以因果关系理论解释旅游者目的地选择，目的地的选择过程是旅游者理性（有限理性）的逻辑推理过程，能够进行程序性的阶段划分和分析；非实证主义研究范式认为旅游者目的地选择必须放在真实的行为背景之中进行考察，决策环境的无序性、模糊性、象征性决定了旅游者的内在主观价值系统及诠释方式的重要性，情境因素和体验因素的融入能够对旅游者目的地选择做出更加自然和符合经验的解释。

非实证主义研究范式的主要优点体现在对旅游者目的地决策行为的理解和解释，并且将旅游者从被动化为主动，发现了象征意义、品牌价值等重要成果，但是其基于旅游者能够自由选择自我认同的形象而不受任何不确定性因素的影响这种假设并不符合旅游者目的地选择的现实（晏国祥和方征，2006）。而实证主义研究范式则能够为旅游者目的地决策行为提供更系统的解释，尤其是针对选择行为影响因素的作用机制研究，基于实证主义研究范式能够提供完整的理论体系和更加清晰的分析框架。因此，当前旅游者目的地选择模型的大量成果主要集中于实证主义范式。

1.2.2 旅游者目的地选择经典模型

由于本研究旨在已有研究基础上进一步完善距离对旅游者目的地选择的影响研究，并通过距离与其他行为变量的相互作用关系来进一步阐明距离的作用机制，因而实证主义研究范式为本研究优先考虑的研究范式。笔者对已有的基于实证主义研究范式的旅游者目的地选择模型做进一步的回顾与梳理，依据不同的研究视角，已有的旅游者目的地选择模型可以分为以下三大类：

第一类为顺序模型。该类理论模型的建构以古典消费行为理论为基础，认为旅游者目的地选择具有目标导向，以理性方式展开展连续不断的决策，能够进行阶段性的划分并进行深入分析，旅游者在内在需要与外部刺激共同作用下会有积极的搜索行为,形成选择标准并做出决策,并且会对下一轮决策产生影响。第二类为决策域模型。该类理论模型同样以古典消费行为理论为基础,但是引入了对决策风险的考察,认为旅游者有更高程度的参与水平,主动收集信息的同时还能够对备选目的地和出游计划进行评估,经过减少备选方案的"漏斗"过程直至最后决策。第三类为过程模型。该类理论模型同样多以行为主义理论("刺激—反应"行为解释)为基础,认为旅游者目的地选择行为是一个受多因素(包括认知、情感等个人因素以及个体对环境因素的差异化反应)影响的决策过程。有代表性的各类模型详见表 1-1。

表 1-1 主要的旅游者目的地选择模型表

类型	提出者	研究内容
顺序模型	Wahab, Crompton, and Rothfield(1976)	九阶段:初步信息刺激、概念性框架形成、信息收集、选择方案、结果预测、成本效益分析、决策、结果
	Mayo& Javis (1987)	提出可通过决策过程的时间长度和个人选择心理影响因素来解释个体的旅游行为决策的制定采用了从高习惯性决策到高广泛性决策之间的多个不同决策方法
	Mathieson(1982)	五阶段:需求感知、信息搜寻与评估、决策、旅游准备和体验、满意评价
	Moutinho (1987)	三阶段:决策制定、购后评价、未来决策
	Woodside(1989)	提出了旅游决策受到内部变量和外部变量共同作用
	Crompton(1991)	两阶段:出游与否,目的地选择
选择域理论模型	Narayana & Markin (1975)	对 Howard(霍华德)最初提出的知觉域和激活域的概念进行了扩展和延伸(Brisoux & Laroche, 1981),(Spiggle & Sewall, 1987)
	Crompton(1977)	是否外出—去哪里两阶段,受到内部变量和外部变量的制约
	Woodside& Lysonski(1989)	内部变量和外部变量共同制约,创新之处在于考察了情感联系的影响
	Shocker et al., (1991)	构建选择域形成和变化模型,选择域是真实动态的,并且随着时间和时机变化而变化
	Urm& Crompton (1991)	细分为五阶段,进一步完善,除了内部和外部变量外,还增加了认知架构变量。不仅是动态变化的,而且受到消费者自身和目的的影响

续表

类型	提出者	研究内容
多因素影响下的目的地选择选择模型	动机	马斯洛（Malsow，1943）需求层次理论 达恩（Dann，1977）推拉理论 克朗普顿（Crompton，1979）推—拉动机维度细分 迈勒和埃索阿荷拉（Mannle& Iso-Ahola，1987）逃避—寻求的角度对旅游动机进行解释 普洛格（Plog，1974）则从激进—温和维度与精力维度将旅游者进行了两个维度的划分
	感知价值	途径—目的链理论应用为主：Klenosky(1993) 以滑雪目的地为研究对象，Thyne(2001) 以博物馆为研究对象，探索目的地和产品的属性对旅游者目的地决策和行为的影响
	环境因素	家庭环境：劳森（Lawson,1993），余颖等（2001），向文雅 & 夏赞才（2006）；马莹莹（2009）；张佑印（2010）等
		信息：Snepenger（1990）；Thomas&Christian（2004）；邱扶东（2007）；Baloglu（2000）等
		参照群体：David（1983）；Escalas& Bettman（2003）；Cathy（2006）等
		情境：Dawson& Bloch（1990）；Winer（1992）；Hu & Ritchie（2002）等
	目的地属性	形象：研究成果丰富，经典研究代表 Gartner（1989）等 产品属性：研究成果丰富，包括滑雪、度假、博物馆等等
	个性特征	个性：研究较为丰富，经典研究代表：普罗格（1994）等 社会人口统计因素：性别、年龄、受教育水平等等，经典研究代表：宋慧琳（2016）等

　　过程模型能够全面的描述旅游者目的地决策的动态变化，能够帮助我们更好的理解旅游者目的地决策行为，同时过程模型还揭示出动态变化过程中多因素的交叉影响，提示市场营销者从全局和动态的角度分析旅游者行为。但不足之处在于其高度理性的假设不符合现实，尤其是在复杂情境难以有效的运用。

而选择域有关模型的优点在其揭示的"漏斗过程"的重要启示意义，这一解释更加贴合旅游者目的地决策的实际情境，更揭示出积极的品牌形象的重要性。但是不足之处则体现在其只考虑旅游者目的地决策备选项的减少，却无法解释旅游者目的地决策的备选域的形成过程，另一个不足则在于其主要以静态分析为主，而缺乏动态分析。多因素影响下的决策模型，优点在于多因素的引入，弥补了单纯理性视角的不足，且对于这些因素的有效识别、控制和预测对于实证研究有着重要意义。其不足之处则体现在研究视角多样，但各有侧重，对于多因素之间的相互作用、有机融合缺乏考量。不同的模型没有绝对的优劣之分，而是有又不同的研究重点与适用范围，需要结合具体的研究目标与研究实际进行合理的选择。

基于以上思考，学者们也在多方尝试，从拓宽假设、考虑复杂情境、关注过程中交互作用、关注动态变化、细分决策情境等处着手，尝试构建更科学、更完善的旅游者目的地决策模型。由于本研究研究目标重在考察感知距离如何与其他行为变量之间的交互作用，共同影响旅游者的目的地选择，因此，多因素模型中的计划—行为 TPB 模型因为机制分析与模型延展性等方面的优势而成为笔者首选的基础模型，在此基础上，笔者还尝试建立起其与决策域理论模型的有机联系，以期在动态的情境下考察旅游者目的地选择中感知距离变化中的作用机制。

1.2.3 小结

目的地选择是旅游者最初期也是核心的决策内容。从学科背景来看，旅游者目的地选择研究也体现出基于地、基于人两种不同范式，由前者基础上借鉴地理学相关理论知识发展和推广了传统模型（引力模型及系统动力模型）及汇总统计模型，由后者基础上借鉴心理学、社会学等相关理论支持发展和推广了各类非汇总模型。从理论范式来看，旅游者目的地选择行为研究既有实证主义范式，也能够使用非实证主义范式（如解释主义和后现代主义）。从研究的尺度来看，旅游者目的地选择行为的相关研究则即涵盖个体微观尺度又涵盖了中、宏观的各层级区域尺度。然而，从旅游者目的地选择行为的特殊性来看，旅游者出游意向的形成过程是行为的核心内容，以主观性、个体化为特征，因而分析的基本尺度多以微观的个体为起点；旅游目的地决策行为在诸多研究中也被证实具有一定的理性、程序化特点，因而实证主义的研究范式仍是当前的主流研究方法；旅游者目的地选择行为研究要解答的核心问题是旅游者为什么会做出特定的某个或者多个目的地决策，因而基于人的范式和与非汇总模型的应用是当下最具优势的研究领域。

在旅游者目的地选择行为中，距离被认为是决定旅游目的地的重要约束条件（Harris, Driver and Bergersen, 1985）。在实证主义的旅游者目的地选择模型建构中，距离常常被作为限制性因素引入决策模型，且出于简化目的常常使用物理距离的数值作为变量赋值进行分析与计算，这一情况在计划行为 TPB 模型的建构中也经常出现，虽然使得决策模型更加清晰和明确，但也导致以下问题的出现：首先，对于距离内涵的界定仍然存在分歧，在单纯以决策成本的视角考察距离时，距离就与旅游花费、时间成本等概念产生了交叉，如果处出于简化目的只使用其中某一个变量作为估计值，则可能会导致研究结果的估计的偏差，因为虽然同为限制性因素但是他们对与旅游者目的地选择行为的影响实际上是存在差异的。其次，距离对于旅游者目的地选择的影响是不外显的，即距离在旅游者目的地选择过程中存在与其他行为变量的复杂交互作用，并在互动过程中共同决定了旅游者目的地的选择，距离变量与其他行为变量的交互作用虽然也逐渐得到学者们的关注，但还存在广阔的探索空间。再次，已有的目的地选择模型多将旅游者视为同质群体（李玮娜，2011），而忽视了主体间对同一限制性因素可能存在的差异性认知，以及在实际情境中可能会出现的阶段性变化，导致在目的地选择行为差异性、动态性方面的分析不足。而导致以上问题出现的根本原因在于已有的模型建构忽视了旅游目的地选择行为与其他一般消费行为的特殊性。本研究将从距离的视角切入，对距离与旅游者目的地选择的关系做进一步的梳理，明确旅游目的地选择行为与其他一般消费行为的特殊性，并指出感知距离对旅游者目的地选择研究的重要性；通过对感知距离复杂维度的解析进一步明确感知距离的内涵，并回顾感知距离在旅游者目的地选择研究中的理论与实践应用，尤其在完善距离作用机制探索中的重要作用，在此基础上引入距离范围的概念，用于保证距离作用的动态性变化，细分行为情境，更全面，更深入的解释旅游者的目的地选择行为，探究旅游者在目的地选择过程中对距离意义的解读，并从距离视角透视旅游活动的本质。

1.3 旅游者目的地选择研究的经典议题——距离

1.3.1 距离——地理学研究的基础概念

在地理学研究中，"距离"是最为基础性的概念之一（Gatrell, 1983）。约翰斯顿（2003）强调距离的概念在地理研究中的重要性，认为地理学是一门距离的科学。距离概念的重要性与作为"一门空间科学"的地理学定义密切相关（大卫·哈维，1996）。距离的核心价值在于为空间的度量提供了手段，不仅确定地理学研究中几何概念的性质，还是地理哲学的重要阐释内容（大卫·哈维，1996）。

地理学研究中距离的概念源起于早期的康德、洪堡等的绝对空间哲学，使用欧几里得空间概念的拓展来度量地球表面物体之间的关系、区域单位的范围等等，在空间均质、恒定的假设条件下，等同于大圆轨迹的直线距离是最常使用的概念。随着地理学研究的逐步推进，人们对于距离的性质有了更加深入的认识，学界对于距离变量的使用也进行了更有深度和更有广度的思考，在解释复杂现实问题的实际情形下，学者们开始尝试使用过程和活动来进行距离的度量（Olsson, 1965）（如费用、时间、社会相互作用、干涉机会等等），并尝试将过程与活动分析结果与绝对空间的理想模式下的几何分析结果进行比对从而进行约束条件的分析（Toble, 1970）以及空间预测（Getis, 1963）。

伴随着地理学研究中的空间转向，相对空间的认识逐渐取代绝对空间。相对空间由被定义的对象物之间的关系所决定（空间度量），距离不能够独立于被定义的对象外而确定（Abler, Adams and Gould, 1971），而是具有相对性的，由活动或者物体的影响所决定（大卫·哈维，1996）。根据对象物集合的属性差异，延伸出了相对距离的丰富内涵，例如时间距离（time distance：用时间度量的空间距离）、花费距离（cost distance：用运费度量的空间距离）、经济距离［economic distance：以运费、时间、便利程度（或舒适程度）来表示的两地之间的距离］。经济距离主要受到交通运输技术进步和设施改善的影响而变化、认知距离（cognitive distance：认知地图中两个物体之间的相对空间距离，可通过比例缩放、间隔或顺序缩放、投影、复制或者路线追踪等方法确定）、社会距离（social distance：两个或多个社会群体由于互相有分离意愿或互相歧视所造成的分离）等等（全国科学技术名词审定委员会，2006），等流时线图、最小费用路径、认知地图、访谈与问卷调查、心理实验法等来自跨学科的研究方法被引入到了相关研究之中。极大限度地扩展了地理学的研究基础和研究内容（戈列奇和斯廷森，2013）。但是，无论距离的概念与内涵进行了何种程度的延展，由于空间分隔始终是距离产生的根本原因，且由于距离既然是对空间关系的阐释就天然具有几何学属性，物理距离（physical distance）和几何拓扑学分析仍然是地理学家进行空间分析的基础数据来源与重要的分析方法。

1.3.2 距离——人类空间行为研究的重要变量

距离变量的研究为地理学家建模和验证假设提供了良好的基础（叶超，2011）。在人文地理学研究中，尤其是有关人类空间行为的研究中发挥着重要作用。

Toble（1970）提出了地理学第一定律，认为事物或现象的作用力随着地理距离的增加而逐渐减少或变弱（全国科学技术名词审定委员会，2006），诸多研究也都证实人类空间行为存在着距离衰减的普遍现象，而距离摩擦被认为导致这一现象产生的重要原因（Johnston, 2003）。基于区位分析和研究区域之间各种"流"作用的重力模型也引入了人类空间行为研究之中，用于从空间行为的汇总层面揭示各类活动与现象在密度与强度上的空间变化（戈列奇和斯廷森，2013）。一系列研究成果也都证实行为与距离确实存在着联系，然而，这种联系却呈现出多样化的特点（可能是线性的、指数的幂函数也可能是其他的形式）（Johnston, 2003），个体层面的动机差异被认为可能是其多样性的重要原因。且伴随着人类社会经济发展，作为活动约束的距离本身的概念、内涵、度量标准也在持续性刷新，距离越来越具有"可塑性"，在这一变化过程中个体的知识结构及其掌握信息的充分程度对其行为决策的影响的重要性愈加凸显，个体层面的行为模式研究受到了越来越多的重视。

伴随着"时间""信息""地方"等概念引入地理学的空间分析，并在行为地理学研究中得以广泛实践，距离概念的内涵有了更有深度的拓展，作为物理属性与几何属性层次的距离概念的受关注程度呈现下降态势，而作为刻度、尺度属性层次的距离概念重要性逐渐提升。问卷调查、框架设计、演绎和归纳相结合的实证研究方法被广泛应用于地理学空间行为研究之中。

　　广义的空间行为研究关注不同尺度环境下不同层次行为主体的选择和行为，距离变量则在其中被用于帮助刻画行为主体的各类活动在密度和强度上的空间变化，主要的研究内容包括城市形态变化、消费者行为与零售中心区位、出行与交通模型、迁移与区位决策等（戈列奇和斯廷森，2013）。新的行为模型（如保守低风险行为、有限理性行为、风险和不确定性行为等）、新的环境模型（感知的、认知的、意识形态的、哲学的、社会学的）、新的地理信息技术（计算机对空间关系的可视化）都进一步丰富了空间行为的研究内容，纳入时间维度的时空行为研究从宏观层面拓展了空间行为研究的维度（Parkes and Thrifts，1980），探究个体空间可视化、空间定性、空间关系判断的空间能力研究从微观层面拓展了空间行为研究的深度（肖丹青，2013），特殊人群与性别年龄研究从人文关怀层面拓展了行为研究的广度。在这一发展过程中，距离变量不再仅仅被视作是行为模型中的外生变量，而是被视作主体行为的内部结构得到更加深入的探讨，心理学尤其是认知心理学、社会学研究中的结构分析等多学科研究方法都极大程度的丰富了空间行为的研究方法。地理信息技术的迅猛发展，不仅从技术层面更好地实现空间信息的可视化，还被广泛地应用于作为辅助技术改善行为主体的认知结构、提升主体的空间能力。空间信息流、地方与个体行为的交互影响研究的兴起虽然在一定程度上削弱了传统的距离变量的重要性，但作为信息来源与探索行为主体动机和心理结构线索，距离变量仍是研究人类空间行为的重要变量。

1.3.3 距离——旅游活动的根本特征和探索旅游者行为规律的重要线索

　　距离作为旅游地市场结构和旅游者行为的空间结构及旅游障碍的描述指标，是旅游地理结构的基本内容（张捷，周寅康和都金康，1995）。有关旅游的定义无论是概念性定义还是操作性定义，都强调了行为主体的空间移动。以愉悦为目的而与惯常环境形成一定的距离的属性，帮助我们将旅游活动与人类的一般旅行活动、休闲活动区别了开来（徐菊凤，2016）。虽然有关旅游的本质的讨论还存在争议，但是无论是"体验"（谢彦君，2010）还是"诗意的栖居"（杨振之，2014），旅游活动都是旅游本质得以实现的前提和条件（邓勇勇，2019），而距离的生成则是旅游活动的重要的表现。并且，伴随着旅游本质的讨论的深入，有关距离内涵的挖掘也正在经历着从空间表象到旅游者的心理建构的逐步深化。总而言之，距离是旅游行为的基本构成要素，是旅游活动的根本特征之一。

距离同时为探索旅游者行为规律提供了线索，是建构旅游者空间决策模型和进行假设验证的重要变量（研究尺度：汇总行为和非汇总行为）。在汇总层面的旅游者行为规律探索中，距离是描述旅游活动空间分布特征、空间结构特征、动态时空演化的重要变量，帮助学者们探索旅游活动在密度与强度上的空间变化规律。基于旅游活动情境修正的旅游重力模型由于假设的改善和新参数的引入而不断优化，学者们得以更加深入的探寻旅游流的特征及其形成的内在机理，研究的尺度涵盖全球尺度、区域尺度及景区尺度，距离衰减仍是旅游活动遵循的重要规律，有效旅游禁区等概念被提出并被用于解释距离衰减曲线的阶段性变化。当下，智能移动设备数据、社交网络交互数据等极大地丰富了旅游行为研究的数据来源，大数据的获得与分析技术日臻完善，为学者们科学的分析和预测旅游者的汇总行为提供了更多的可能性。

从微观的非汇总层面，即针对旅游者的个体行为研究中，距离被认为是影响旅游行为实现的阻碍因素，是构建旅游决策模型的重要变量。影响着旅游者动机行为、决策选择行为、旅行行为、体验行为的全过程（林岚，许志晖和丁登山，2007），具体的内容包括旅游需求（Cheung and Saha, 2015; Crouch, 1994; Hanink and White, 1999; Song and Li, 2008; Song et al., 2010）、出游态度（Leung, Woo and Ly, 2013; Qian, Law and Wei, 2018）、出游方式选择、停留时间、旅游花费、多目的地访问行为（Ho and McKercher, 2014）以及其在目的地的活动内容等（Crotts, 2004; Nyaupane and Graefe, 2008; Shoval et al.,2011; Ahn and McKercher, 2015; Qian et al., 2018），距离还是学者们探索个体及群体差异的重要分组依据（Bao and Mckercher, 2008; Yan, 2011; Ho and McKercher, 2014; Qian et al., 2018;Bianchi, Milberg , and Cúneo, 2017）。随着认知科学的发展，距离变量本身也成为旅游者空间行为研究的重要内容，被用于探索旅游者空间知识获取与空间能力发展的规律。

1.3.4 距离——旅游者目的地选择的一般规律与待探明的复杂机制

距离是影响旅游者目的地选择的重要因素，是构建旅游者目的地决策模型的重要变量（Nicolau and Francisco, 2006）根据研究目标与研究内容的不同，距离变量的使用与关注重点也有所区别，常常被视作为旅游目的地基本属性之一，研究的主要内容包括宏观视角的旅游目的地选择中的距离作用规律（Mckercher and Lew, 2003；Mckercher, Chan and Lam, 2008；Mckercher, 2018），以及微观视角的距离与其他行为变量的交互作用（Nicolau J L , Francisco J. Más, 2006；Kang, 2016）；距离有时还被视作是旅游者的个性特征之一，用于进行基于距离分异的行为差异性研究（Hwang and Fesenmaier, 2003；Ho and Mckercher, 2014；Bianchi, Milberg and Cúneo, 2017）。

旅游者目的地选择行为研究中，距离一般被假定为旅游者目的地选择的摩擦力，是行为的阻力因素。距离衰减规律被证实在旅游者目的地选择行为情境下仍然有效（李山，王铮和钟章奇，2012；Mckercher, 2018），经过修正的旅游重力模型进一步揭示了旅游者目的地选择行为的一般规律，为目的地客源市场分析与预测提供了有效的分析工具（Morley, Rosselló, and Santana-Gallego, 2014；曹晶晶等，2018）。距离与其他因素交互作用分析则从更深层面揭示了旅游者目的地选择的行为机制。但鉴于旅游行为以空间位移及寻求差异为根本需求的特殊性，有关距离作用于旅游者目的地选择的行为机制还存在一定的争议（Mckercher，2018；Cao et al., 2020）。有学者认为距离是阻力（Fesenmaier ,1988），也有学者认为是吸引力（Wolfe, 1972），尤其是在引入其他行为变量的交互作用分析中，距离发挥则作用则更为复杂（Nicolau and Francisco, 2006；Cao et al., 2020）。相关研究的深入开展也帮助研究者更深刻地认识到，距离的作用规律可能存在着阶段性的变化（Lin and Duarte, 2008；曹晶晶等，2018），作用机制还有更广阔的探索空间。

1.3.5 小结

距离是地理学研究的基础概念，为空间的度量提供了手段，为空间关系的探索提供了假设来源与解释变量，为地理学家建模和验证假设提供了良好的基础，在人文地理学研究中，尤其是有关人类空间行为的研究中发挥着重要作用。距离同时也是旅游活动的根本特征和探索旅游者行为规律的重要线索。在汇总层面的旅游者行为规律探索中，距离是描述旅游活动空间分布特征、空间结构特征、动态时空演化的重要变量，帮助学者们探索旅游活动在密度与强度上的空间变化规律，距离衰减规律是认识旅游者空间行为的重要规律，也是汇总层面旅游者目的地选择遵循的一般规律。伴随着空间科学与认知科学的发展，学界也逐渐展开了传统距离研究的反思与批判，批判的观点主要认为虽然传统的空间行为研究提供了可供参考的一般范式，但是在应用的过程中还必须考虑研究对象行为的特殊性与具体的行为情境。旅游者空间行为研究的进步也促使学者们认识到传统旅游者目的地选择行为研究中距离作用机制探索的不足，尤其是简化距离（静态化、数值化的空间物理距离）变量的使用以及目的地选择模型中默认的摩擦力假设，虽然简化了研究过程，但是却忽视了旅游活动的行为特征 、旅游者的个性差异，更忽视了旅游者目的地选择过程中距离对旅游动机可能做出的贡献，忽视了其对旅游者出游意向的产生可能产生的积极影响，因而制约了对旅游者目的地选择行为规律的深入探索。为此，学者们做出了诸多努力，包括原有旅游引力模型参数估计以及指标选取的优化，也包括感知距离、感知距离偏差、距离范围等新概念、新变量的引入，还有学者尝试从理论层面进一步辨析旅游活动的本质从而更深入的探索旅游者目的地选择中距离的作用机制。

1.4 感知距离与旅游者目的地选择

1.4.1 感知距离的概念与源起

感知距离是伴随人本主义思潮而诞生的交叉学科概念，是行为地理学、认知地理学的重要研究内容，是识别与解释人类活动空间结构和空间联系差异性的重要变量（Amedeo & Golledge, 1975）。认知心理学、行为地理学、认知地理学等相关学科的发展积累了丰硕的感知距离相关研究成果。但是，心理学研究与地理学研究在术语的使用中存在着一定的差异。心理学研究倾向于将感知视作认知的子集或功能，依赖于刺激，是一个即时性的过程 (Warner & Kaplan, 1963)；而认知则反映更深层次的心理加工过程，是主体基于个体的知识积累与价值判断对感觉信息进行编码、存储和组织的不断发展高级精神过程，不一定与即时行为有关，也未必与环境中发生的事情有直接联系 (Wapner , Warner and Bruell, 1953)；感知是认知的来源与基础，而认知结构会影响感知的选择（葛列其和斯汀森，2013）。地理学研究并不将二者做绝对的二分，认为只是存在研究的尺度、关注的焦点以及程度性的差异 (Downs and Stea, 1973)。尤其是在大尺度的空间研究中，所关注的空间或者因为封闭起来，或者因为过于广阔而无法被迅速理解和感知，必须调用主体的认知能力进行相关信息的处理，在这一过程中，感知与认知层层递进共同形成主体对于客观环境的心理表征 (Stea, 1969)，因而感知的概念地理学研究中可能有更为广泛的内涵，而尺度依赖则是进行地理学中交叉学科概念表述的重要特征（葛列其和斯汀森，2013）。感知距离就是非常具有代表性的概念之一，研究内容既包含了对可视空间感知距离（perceived distance）的研究又包含对不可视空间的知觉距离（cognitive distance）的探索（Gatrell, 1983），地理学研究中的主观距离（subjective distance）在更多情况下则与感知距离（cognitive distance）内涵一致（Walmsley and Jenkins, 1992）。

感知距离的概念最早可以追溯于 Tolman（1948）的认知地图研究，并在众多行为地理学家和心理学家的相关理论与实践研究中如邻里、方向和方位的概念（Jones and Zannaras,1976）、居住区偏好（Gould, 1973）、购物行为（Briggs,1969; Downs，1973）、寻路行为 (Gollege et al., 1967; Briggs, 1969)、环境行为（Beck and Wood, 1976）等方面发挥了重要的作用，尤其是在消费者行为研究领域积累了较为丰硕的概念性研究与实践性研究成果（Karunaratna, 2006; Abooali et al., 2011）。感知距离能够反映不同行为主体对于相同的空间结构或现象可能会给出的不同的解读以及个人化的理解，因而能够从微观层面更好的解释为何相同行为环境下不同个体的行为差异（戈列奇和斯廷森，2013；曹晶晶等，2018；韵江和刘博，2023）。诸多研究成果也证实，行为主体的主观距离与客观距离确实存在差异（Cadwallader, 1979；Cadwallader, 1981；Golledge, Briggs and Demko, 1969；Cadwallader, 1976；Sadalla and Magel, 1980），对感知距离的深入探索从微观层面更好的解释个体行为的差异性，从而帮助我们更深刻的把握人类活动的本质。

由于旅游活动常常表现为大尺度的空间位移行为（超出可视空间的研究范畴），因此，在旅游者行为研究中，感知距离被认为是大尺度空间中旅游者对彼此相距直接不可见的场所间距离的信念（Cadwallader，1976；王岚等，2009），是经过个体社会、文化、生活经历加工后所形成的对实际距离的心理表征（Ankomah and Crompton, 1992）。

1.4.2 多维度的感知距离

由于感知距离能够抽象地表述相对位置，因而许多研究对感知距离的概念进行了延伸与借鉴，用于表述诸如文化差异、社会差异、时间差异等，延伸出的感知距离的复杂维度包括文化距离、社会距离、时间距离、心理距离等（Baranan, Liberman and Trope , 2006; Trope and Liberman, 2010）。

在多维度的感知距离研究中，心理距离属于跨领域的研究范畴，强调个体参照零点（个体当下的直接经验），感知事件或对象何时、何地发生，发生在谁身上，以及是否发生（Baranan, Liberman and Trope , 2006; Trope and Liberman, 2010；Park&Eves,2023）。沿不同维度向外拓展为以下的细分维度，如空间感知距离［个人根据记忆以及认识，所估计的从某地到另一地点的距离（Cadwallader, 1976）］、时间距离［个体以当下的时间点为基准线，对事件发生的时间与自身关系远近的感觉与知觉(Baranan, Liberman and Trope , 2006;李雁晨，周庭锐和周琇，2009)］或者被视为时间成本（王姣娥和胡浩，2012）、社会距离［人与人之间各方面的社会差别和相似点，以及在社会空间上的相对位置(Robert,1950；史斌，2014；王怀勇等，2023）］、文化距离［宏观层面多指任意两个国家在文化规范和实践上存在差异的程度，微观层面则主要描述不同个体的信念特征与行为差异（McKercher and Chow, 2001;；Crotts and Pizam, 2003;Karunaratna, 2006；杨旸等，2016；Huang and Crotts, 2019;Ahn and McKercher, 2019）］等。各维度的心理距离相互联系，但各维度之间的关系是相互替代（Kogut and Sing, 1988）具有同质性（Fiedler, et al., 2015; 蒋多和何贵兵，2017）还是存在不对称性（Sousa and Bradley, 2006; Jasimuddin, LI and Perdikis,2015;Wong et al, 2021），学界尚未达成一致。

在旅游者行为研究中，多维度的感知距离研究也积累的较为丰富的研究成果。时间距离研究聚焦于旅游者消费决策行为分析（张梦，杨颖和叶作亮，2012；Ma & Li, 2022；Liu et al.,2023），文化距离主要用于分析和解释不同国家或者不同文化背景的旅游者在出动机、信息搜索、出游计划、消费模式、行为意向、目的地选择、服务质量感知等诸多方面存在的信念特征和行为差异（Henderson, 2003；杨旸，刘宏博和李想，2003；Money and Crotts, 2003；Rosenbaum and Spears, 2005；Ye,2012；Li M M, 2014；Backhaus et al, 2023），社会距离常常用于研究和比较旅游者、目的地居民之间个体或群体的差异（Tasci, 2008）。空间感知距离研究则依据研究目标与研究内容的不同而形成了两种主要的研究视角，一种把空间感知距离视为空间基底（即视作为解释变量），用于解释旅游者行为，另一种则将空间感知距离视作是多维度感知距离综合作用的结果（即视作为别解释变量），进而探索影响旅游者空间感知距离的因素及其重要性程度（曹晶晶，2018）。无论是在一般人类行为还是在旅游者行为研究中，感知距离交叉维度的探索都存在一定的困难，难点主要集中于不同纬度之间解释变量的剥离，有学者尝试从理论层面对多维感知距离研究提供理论基础，认为最先引入的距离维度影响较大，后续增加的距离维度的敏感性则呈递减下降态势（Maglio, Trope and Liberman, 2013），遵从韦伯费希纳定律（Weber-Fechner Law）（张捷，李升峰和周寅康，2002）。有学者在交叉维度的实证研究中发现，空间距离会影响其他维度距离的判断，空间距离和时间距离对主体决策的影响不一致（Maceachren, 1980）；文化距离的接近会影响空间距离的感知等等（Henderson, 2003）。但由于空间位置的差异是导致其他维度产生的重要原因，因此，空间距离被认为是构成复杂维度感知距离的空间基底（Cadwallader, 1981;Trope and Liberman, 2010），也是开展感知距离研究的基础（Zia et al.,2014）。而在旅游者空间行为研究中，尤其是在旅游者目的地选择行为研究中，感知距离（cognitive distance）的概念与研究重点主要聚焦于空间感知距离。

1.4.3 感知距离——旅游者行为的重要预测与解释变量

在旅游者目的地选择行为的相关研究中，感知距离是旅游者决定是否出游，何处出游以及选择何种线路出游的系列复杂决策的重要依据(Cadwallader,1976)，对旅游活动起着意义深远的影响(McKercher,2018)。相比较实际距离，感知距离因为反映了旅游者对空间信息的加工结果，与决策行为的关系更为密切，也能够更加准确的反映旅游者的决策过程(Boerwinkel,1995)，对具体的旅游行为研究更加具有启示意义。

根据研究目的与研究内容的不同，学者们对旅游者感知距离的研究也采用了不同的研究视角。有学者将感知距离视作解释变量，开展了感知距离与其他行为变量或旅游现象之间的相互关系研究，如决策行为、空间活动内容、游客满意度、目的地形象等，相关实证研究显示，感知距离会影响旅游者的意境地图建构进而影响旅游消费决策（张宏梅，陆林和章锦河，2006）、旅游地类型（解杼等，2003）及地方性认识（Walmsley and Jenkins, 1992）；感知距离对游客满意度有正向积极影响（张宏磊等，2011）；感知距离还会正向影响旅游地形象（李蕾蕾，2000；Crompton, 1979）尤其是其中的认知形象美誉度和情感形象美誉度等（张宏梅，陆林和章锦河，2006）此外，感知距离还是有效的区分变量来探索和解释旅游者空间活动内容的差异（马耀峰和李君轶，2008；Bianchi, Milberg and Cuneo, 2017）。

也有学者将感知距离视作被解释变量，探索感知距离与客观距离产生偏差的原因、感知距离的一般规律以及作用于感知距离的影响因素等。感知距离与客观距离存在不一致性得到心理学、行为学研究的证实（Lee, 1970; Thompson, 196; Cadwallader, 1979），旅游者感知距离偏差也客观存在（Walmsley and Jenkins, 1992），但是偏差的方向和强度在具体的实证研究中存在着较大的出入，有研究发现感知距离小于实际距离（Ankomah and Crompton, 1992），也有研究发现感知距离大于实际距离（Walmsley and Jenkins, 1992; McNamara, 1986），但相关研究也证实拥有相似的文化背景的旅游者有较为接近的感知距离结果（Jackson, White and Schmierer, 2000），感知距离在大尺度空间内具有距离衰减特征（解杼等，2003；张捷，李升峰和周寅康，2002），但是在个体与群别的比较研究中，由于其他变量的引入则可能导致距离衰减的整体特征不显著或者呈现阶段性的修正（Ankomah,Crompton and Baker,1995; Cao et al. 2020），已经探明的旅游者感知距离的影响因素可能包括：人口统计学特征 (Ankomah, Crompton and Baker, 1995；Hsu, Kang and Lam, 2006)（性别、年龄、受教育水平、收入、职业等）；出游方式 (Ankomah, Crompton and Baker,1995; McNamar, 1986)（团队、散客、自驾、公共交通等）；外部条件（Walmsley and Jenkins, 199; Cadwallader, 1981; Ankomah and Crompton, 1992)（交通、道路、宣传促销、出游时间比、目的地有无亲友、花费、时间）；地理空间特征（Sadalla and Magel, 1980; Sadalla and Staplin, 1980; Lowrey, 1970; Walmsley and Jenkins, 1992; Boerwinkel, 1995）（空间层级、中间型标志物、地形、旅游地属性）；社会关系（杨旸，刘宏博和李想，2016；周芳如等，2016）（社会类属关系、社会互动关系）；文化关系（杨旸，刘宏博和李想，2016; Manosuthi N,Lee J S and Han H,2020）（差异性、个体文化知识水平与技巧）；旅游者个性特征（Cook and McCleary 1983；McNamara, 1986；王岚等，2009；石培基，颉斌斌和邴广路，

2008）（个性心理特征、偏好、出游目的、出游经验）等。

1.4.4 感知距离与旅游者目的地选择——理论与实践的困境

认知地图是主体对复杂人地关系进行简化和秩序化的工具，是个体对生活的世界认识的个人模型（戈列奇和斯廷森，2013）。而感知距离是构建认知地图的基本要素，反映了主体对环境知识中的距离信息的主观加工过程与加工结果，感知距离变量的引入不仅能够优化决策模型(Cadwallader, 1975; Desbarats, 1983; Golledge and Stimson, 1987)，更好的解释和预测主体的空间行为，还能够更好的解释行为主体的个体差异以及非理性的空间行为（Golledge,1991）。在旅游者目的地选择行为研究中，感知距离也被发现能够改善决策模型（Woodside and Lysonski, 1989; Ankomah and Crompton, 1992; Ankomah et al., 1996; Cook and McCleary；Walmsley and Jenkins,1992）并能够更好地解释旅游者行为（Mansfeld, 1992; Lin and Morais, 2008）。有学者还进一步指出，更好的理解感知距离估计的准确性能够帮助我们更好地理解距离之于旅游者的意义，进而帮助我们更好地制定营销策略（Ankomah, Crompton and Baker, 1995; Cook and McCleary，1983）。例如在对潜在旅游者的感知距离的相关研究中有学者发现对目的地有偏好的游客的感知距离更准确，对目的地有偏好的游客更容易低估实际距离，比起有偏好的旅游者，其他旅游者更容易高估实际距离；做出行动决策的旅游者，比起不行动的旅游者更容易低估实际距离等（Cook and McCleary,1983; Ankomah, Crompton and Baker, 1995）。总之，如果没有考虑感知距离，那么针对旅游者目的地决策行为的分析和预测则有可能被误导，也可能是不完整的（Ankomah , Crompton and Baker, 1995; Ankomah and Crompton, 1992;Lin and Morais, 2008；曹晶晶等，2018）。

尽管感知距离的重要性得到了极大的重视，但在旅游者目的地选择行为的研究中，其还面临着理论与实践的困境。理论问题的核心聚焦于感知距离内涵的界定不明确以及距离作用机制的不明晰。问题具体体现在以下几个方面，如为了简化研究而默认使用物理距离，而忽视感知距离研究；又或者直接借鉴其他学科有关感知距离的定义和研究范式，而忽略了旅游活动以距离需求为特点而与其他一般行为相区别的特殊性；尤其是在感知距离作用机制的探索中，更多关注感知距离的阻力机制研究，而忽视了对其吸引力机制的探索。正是因为理论层面研究的不足，相关实证研究成果的缺乏，有关感知距离的营销实践也面临诸多困境。虽然感知距离被认为是目的地营销机构应当重视的因素，但是如何采取有针对性的营销措施还缺乏理论与实践的指导（Lin and Morais，2008；曹晶晶等，2018）。实践问题的核心聚焦于感知距离的测定、感知距离的调控方向、强度与调控手段等。问题具体体现在以下几个方面，如认知地理学与心理学为感知距离测定提供了多重测量方法和手段，如何根据研究对象与研究内容进行合适的方法选择至关重要，而旅游者目的地选择往往涉及大尺度空间决策，较大的尺度意味着更多的影响因素，如何在综合考虑众多因素的情况下进行适合的测度方式选择，尚且缺乏相应的实证研究成果；又如，感知距离偏差实质上反映了旅游者对居住地与旅游目的地实际距离信息的认知加工结果，同时也是目的地营销结构可以进行调控的操作空间，但是感知距离的调控应当以精确性为目标？还是以适度的偏差为目标？还是以合适的区间为目标？要达成特定目标又应当通过何种方式实现？都尚且缺乏相应的理论与实践指导。

为了解决感知距离在旅游者目的地选择研究中的理论与实践的困境，学者们做出了诸多有益的尝试。首先，伴随人文地理学研究的过程导向转型（戈列奇和斯廷森，2013），旅游研究也逐渐关注旅游者个体的感知过程研究，例如旅游者在旅游活动中感觉、感知、意识、想象、表现、态度的形成、价值的赋予、空间知识的利用等等（Urry, 1992），感知距离作为空间认知的基础与影响决策过程的关键变量，受重视程度也得到了提升。其次，伴随着旅游本质探究的持续深入，学者们对旅游活动区别于其他人类行为的特殊性做了更加明确的区分与更加深入的讨论，进而为旅游研究中核心概念的界定提供了理论基础与理论依据，感知距离的内涵也在讨论过程中逐步明晰。再次，伴随着感知距离研究的深入，学界更深刻意识到感知距离作为旅游者感知的重要内容，能够被用来描述与其他行为类型的差异性，继而区分并解释不同类型的行为过程，而解释的关键则在于作用机制的阐明，尤其是在距离阻力机制得到全面讨论情况下，补充距离引力机制的探索和完善交互作用机制的研究 (Cao et al.,2020)，当下这一研究主题虽然也取得了一定的进展，但还有更广阔的探索空间（Mckercher，2018）。此外，得益于感知距离研究成果的丰富及研究的持续深入，感知距离在旅游者目的地选择行为中的营销实践也积累了一定的成果。

测度方法的优化（ Montello,1991；曹晶晶等，2018；Manosuthi N,Lee J S and Han H,2020）、相关群体感知距离的一般标准的提出（刘佳等，2015）、感

知距离影响因素更深入和全面的讨论等，但是，由于感知距离作用机制探索的不足，实践成果虽有一定的启发意义，但是在营销实践中既缺乏相应的理论指导，又缺乏具有可操作性的实践指导。

1.4.5 小结

感知距离是识别和揭示人类活动空间结构和空间联系差异性的重要变量，地理学研究中的感知距离内涵更加丰富，与研究的尺度密切相关。旅游者行为研究中的感知距离被认为是大尺度空间中旅游者对彼此相距直接不可见的场所间距离的信念，是经过个体社会、文化、生活经历加工后所形成的对实际距离的心理表征。感知距离可细分为多重维度，在旅游者目的地选择行为研究中，术语感知距离（cognitive distance）的概念表述和研究重点主要聚焦于空间感知距离。感知距离是影响旅游者目的地选择的重要变量，也是认识旅游者差异化行为过程的重要解释变量，感知距离能够帮助我们优化目的地决策模型以及更好的解释旅游者行为，诸多研究成果也都证实和支持了感知距离研究的重要性。但是，由于在理论探索中感知距离内涵的界定还不够明确，感知距离作用于旅游者目的地选择的作用机制研究还不够全面，进而导致在实践研究中感知距离的测定方法、感知距离营销战略的调控方向、强度与调控手段不够明确，带来了理论与实践的困境。在未来的探索中感知距离的研究方向可能包括以下几方面：一是伴随着旅游学科体系的完善，对旅游本质讨论的深入，更深刻的把握感知距离的内涵，尤其是其隐含着的旅游者对距离意义的解读；二是整合现有的理论与实证研究成果，在深刻认识旅游者感知距离内涵的基础上，结合旅游目的地选择行为的特殊性，完善感知距离的作用机制研究，尤其是被忽略的引力机制研究；三是积极引入认知科学、空间科学发展的相关成果，开展实证研究，进行基于感知距离的精准营销战略开发。

1.5 距离范围与旅游者目的地选择

1.5.1 距离范围——差异化行为特征视角下的行为空间

距离范围是人类空间认识的重要组成与行为空间的重要表现，是伴随着空间哲学研究转向以及交叉学科空间研究深入而诞生的概念。不同于亚里士多德的朴素物理空间观点和早期环境心理学、行为地理学研究中借鉴的康德哲学的空间容器观（空间是物体在某一环境中的一种特性）（哈特向，1996），空间认知学派在关注空间结构和空间联系的同时，还综合考虑人类的行为动机与行为结果，"行动"是其核心概念之一，被认为是达到客观目标过程中进行选择行为的结果，是人与环境之间互动的结果，而行动过程与结果在地理空间上的投影即为主体的行为空间（柴彦威，2014），是个人感知到的，影响行为决策的那部分环境，与实际空间存在着差异（Kirk，1963）。而主体对特定行为空间的认识即称为距离范围（Lin and Morais，2008）。

20世纪中后期，伴随着人文社界的"空间转向"（石崧和宁越敏，2005；叶超，2012），社会空间研究受到了重点关注（约翰斯顿，2010），取得的理论与实践成果丰富了空间研究的内涵，也影响了地理空间研究，行为地理学研究也逐渐转向制约导向与社会关联的行为研究（柴彦威，2014）。这一转向中，学者们更深入地意识到，行动不仅仅是个体偏好、选择和行为决策，还是受到主体所处社会制约下的结果，行为的发生要放在更大的社会结构背景之中研究。在实证研究中，学者们也开始逐渐进行模型的修正与完善，在考虑主观心理因素的个人研究和选择模型基础上，结合待解决的社会问题，在行为决策过程中设想社会文化制约因素的存在。空间理论也伴随着社会学相关理论的引入而逐渐深入，尤其是其社会维度得以拓展，与行为情境的研究也结合得更加紧密。而这一研究转向的实质其实是对不同性质行为的区分（Kaptelinlin, Nardi and Macaulay, 1999），进而探索人们针对不同目的和不同环境会采取何种认知模式来指导决策，行为空间不再只是有效用的自然和空间内容的简单叠加，而是个体与其环境之间总体相互作用以及个体对环境的综合反应（戈列奇，2013），而距离范围不仅是识别行为空间差异的重要内容，更是回答和解释环境背景中人的行动价值与意义的重要线索。

行为地理学研究也正在由"空间行为"（spatial behavior）而转向"空间中的行为"（behavior in space），将空间视作为行为主体赋予意义的有机体，既关注空间的行为制约，又关注人们为了获得满意的活动而不断调整活动空间的过程，以互动整体论的观点整合了能动与制约两个维度，更深刻的解释了行为与环境之间的真正逻辑关系（柴彦威，2014）。行为空间更加侧重行为对空间的影响研究，考察和分析人们对空间的综合利用，而距离范围的关注重点则是个体对行为空间的主观感知，实质是对异质化行为空间的个性化解读。行为空间的分类是形成距离范围的重要依据。有学者参考社会学研究中空间的分类方法，将行为空间划分为家庭空间、邻里空间、经济空间和都市空间（Buttimer, 1972）；还有学者参考认知心理学相关理论，将其分为图形空间、视窗空间、环境空间和地理空间（Montello, 1993）；还有学者根据行为的性质，将其分为活动空间和沟通渠道（戈列奇，2013）；还有学者根据行动的内容，将行为空间细分为通勤行为空间、购物行为空间、休闲行为空间、出行行为空间（柴彦威，2014）等；按照行为主体可以细分为中产阶级行为空间、低收入群体行为空间、老年人行为空间、女性行为空间等等（柴彦威等，2017；刘玉亭，2005；张艳，2011；郑凯等，2009）。按照行为性质与行动内容的分类是行为地理学分析中较常使用的分类方法，而其中活动空间（个体日常生活所直接接触的场所的）因为是日常生活的重要体现并且代表了个体的环境信息和富于环境意义的重要过程（申悦，塔娜和柴彦威，2017；申悦和柴彦威，2018），因而得到了较多的重视，积累了较为丰富的研究成果，国内外研究成果较为丰富的领域集中于交通规划和管理（Fox, 1995）、生活质量提升与社会公平（周素红等，2010；Neutens, Schwanen and Witlox, 2011；马静柴彦威和符婷婷，2017；塔娜和柴彦威，2019）等领域，以城市地理学贡献最多，以细致生动对城市居民行为与城市空间的互动的刻画来挖掘其互动的机理（柴彦威，2014）。随着空间行为数据采集与研究方法的成熟，相关研究还进一步拓展到了商业街的空间优化布局（吴丹贤和周素红，2017；王德等，2017）、旅游线路优化与旅游时间规划（黄潇婷，2009；黄潇婷，2013）、智慧城市规划与建设等方面（柴彦威，申悦和塔娜，2014；李燕萍等，2017；Yang, Jing and Meiying, 2017；王波，卢佩莹和甄峰，2018）。当下，空间行为在内容上正在与健康地理学、网络信息通信技术的使用与行为制约等前沿议题相结合，研究数据的来源也更加注重大数据与小数据的整合，实现多元化、精准化。虽然行为空间的相关研究取得了丰富成果，但研究内容多关注空间与行为之间的关联性，缺乏对行动与空间之间互动关系、作用机理的深入探索（如行为如何作用于空间选择与改造、空间通过何种机对行为进行制约等），因而，有学者提出从认识论、方法论、实践指导三方面解释地理空间与人类行为互动关系的一般理论，并进行不同空间、时间、人群尺度的理论验证，是行为学派的当代使命（柴彦威等，2017）。

　　"社会—空间"理论为"空间—行为"互动理论提供了认识论基础，行为主义地理学和时间地理学则为其提供了方法论来源。活动法整合了时间地理学、行为空间和活动空间方法，以个体和家庭活动以及出行行为为主要分析对象，视活动为基于选择机制产生的（即包括个体习得行为也包括驱动性为共同作用的）（Chapin, 1978）、具有空间表现的、发生于个体或家庭生命中某一相同时间段里的离散事件（戈列奇，2013）。活动等级系统（活动时间、活动发生的时间，活动类型）可接解析个体活动空间的概念。距离是识别活动空间等级结构的重要特征，距离衰减是普遍发现的活动规则，不同目的的活动与出行有普遍化的距离特征。活动分析法由于其在微观层面包含了更多的行为决策信息和相互作用关系的优势，在分析日常化、普遍化的行为活动分析中发挥着重要作用。但是活动分析法也尤其自身的局限性，其活动决定论（出行源于活动的基本假设）对于非动机出行方式的估计会产生偏差（柴彦威，2014），例如对户外锻炼、探险、亲近自然等出行本身就是为了出行而获得效用，本身既是目的也是原因的出行行为并不能简单的套用活动分析法进行分析，而是需要采用"行为—互动"整体论的视角，深入"空间—行为"的互动机制的研究。此外，不同的行为空间往往也隐含着主体差异化的心理作用机制，也存在差异化的研究尺度，已有的研究中形态学尺度（morphological level）、行为尺度（behavioral level）、社会心理学尺度（social psychological level）探索较多，在"人本化"转向的同时，有关符号尺度（symbolic level）、情感尺度（affective level）重视程度将显著提升（肖丹青，2013），而其研究内容所涉及的空间认识、空间情感、空间解读等等正是距离范围的研究重点，相关距离范围的探索将能够帮助研究者更深刻的把握多尺度个体行为空间行为的特征、更全面的认识"空间—行为"的互动机制。

1.5.2 距离范围——多尺度的旅游时空行为特征分析

异地性是旅游最显著的特点，相比较长居地，旅游者在异地的行为可能会发生变化（李志飞，2017），而"异地"既是旅游行为目的又是行为原因。旅游行为的特殊性决定了其研究的深入开展也必须在原有的空间行为研究基础上构建自身的基础理论体系。旅游的特殊性还体现在其是一种非常复杂的现代消费活动（孙九霞，2017），蕴含着丰富的行为与空间互动内容，这一特殊性也决定了其有多尺度、多元化的研究内容。

早期的旅游研究采用地理学中有关空间的传统观点，认为旅游者行为空间就是旅行、游览、引动行为所直接作用到的空间，研究的尺度和内容主要是不同等级区域的旅游者旅行模式、旅游流动规律和变化、不同层级的旅游系统相互作用（Pearce,1995；杨新军和牛栋，2000）。有学者根据旅游活动的阶段性特征，将旅游者行为空间研究做了拓展，认为其应当包含主观感知空间、客观活动空间和满意空间（林岚，许志晖和丁登山，2007）。主观感知空间的行为特征包括旅游者的动机行为和决策选择行为特征，由于研究对象集中于出游意向的形成阶段，分析的尺度主要在以游客认知影像、认知过程、认知地图为内容的符号尺度［如形象感知（Tasci and, Gartner, 2007）、意境地图（魏鹏，石培基和杜婷，2015）等］、以个人对领地的意识为内容的情感尺度（如地方感 Jepson and Sharpley，2015；祁潇潇，赵亮和胡迎春，2018），以及个体、群体间差异性为内容社会心理学尺度（个体偏好或群体特征差异分析 Edwards and Griffin, 2011）。客观活动空间的行为特征表现为旅游者的旅行行为特征，由于研究对象集中于旅游者的物理空间位移过程，分析的尺度主要以旅游者活动范围和模式分析为内容的行为尺度（酒店 / 景区 / 单一目的地 / 多目的地旅游流 Liu P X et al., 2019; 张鲜鲜，等，2018；Mckercher and Zoltan, 2014）、以个体、群体与空间互动过程为研究内容的形态学尺度（如客源地系统）。满意空间的行为特征表现为旅游者体验行为特征，由于研究对象集中于旅游者感知与期望的综合评价，分析尺度较多使用情感尺度（Prayag and Ryan, 2012; 潘澜，林璧属和王昆欣，2016）与社会心理学尺度（Kim, 2014）。除了尺度的差异，已有的旅游者行为与空间的互动研究也鲜明地体现了基于空间（place-based）还是基于人（people-based）两种不同范式。而在其中，距离范围作为行为空间的子概念，既隐含了尺度特征，也遵循差异化的研究范式，研究内容是多尺度、内涵丰富旅游者时空行为特征。

随着旅游学基础理论及相关学科的发展和完善，"空间—行为"互动研究范式补充了已有研究的不足，一方面，从研究尺度来看，开始整合汇总与非汇总的研究尺度，注重旅游者个体的微观研究与社会宏观研究相结合力求更深层次的认识个体与社会的复杂关系；另一方面，从研究内容来看，开始整合物理空间、社会空间、感知空间的互动研究，尤其是互动机制探索力求实现对人类生活世界的理解，进而实现对人类自身的理解（柴彦威，2014）。在可预见的将来，破碎化、个性化而复杂化的现代生活会带来更加复杂的"人—地方—活动"的关系（柴彦威，2017），也可能带来旅游活动的意义更加深刻的变化（黄潇婷，2019），"空间—行为"的互动研究范式将为解读旅游本质提供重要线索。

1.5.3 距离范围——解密旅游者目的地选择的神秘维度

距离范围（distance-range）的概念起源于家域（home-range）的概念，这一概念早先被应用于野生动物活动范围的研究（Campos et al., 2017;Dorfman et al.,2021），后来研究对象也逐渐拓展为人类行为，如儿童、老年人等（Domosh，1998；Long and Nelson, 2013；陈淳、袁振杰和朱竑，2018）。Clark 和 Downing（1985）将家域的概念引入旅游者行为研究之中，认为在旅游者目的地选择中，家域指的是由个体或特定群体、活动或生活经验所决定的一个有边界的地理区域，特定种类的活动、特定生活经验的积累都发生在这个或大或小的有地理边界的区域内（Clar and Downing, 1985）。而无论是在个体层面还是在群体层面，直接接触对于人们定义范围的方式都有重大影响，因为已经感知到的和此前定义过的地区会对人在空间中的出行起到制约和引导作用（戈列奇，2013），个体与社会物质环境之间的直接联系表现为个体的活动空间，是日常生活的重要体现，"家域"的概念因而也与旅游定义中有关惯常环境的概念相互呼应。而活动空间仅是行为空间的一个子集，不同的行为空间对应着不同的距离范围，家域从属于距离范围的子集，同时也是个体识别其他距离范围的基础。距离范围实质反映了主体获得环境信息和赋予环境意义的重要过程，也被证实对于不同类型的行为有差异化的直接或间接影响。从大尺度范围来看，距离衰减也同样是旅游者目的地选择行为的空间特征，然而也有学者指出不同的社会出行会表现出不同的距离衰减特征，尤其是在以"异地性"为行动目标的旅游活动，出行本身就是旅游活动的重要组成部分，众多的旅游者目的地选择实证研究也证实，距离衰减虽然在大尺度范围内遵从距离衰减规律，但是也显示出明显的阶段性变化态势。尤其是到达临界距离之前，随着实际距离的增加，到访者的数量没有下降反而呈现递增态势，有学者指出在这一距离范围内，存在着距离作用机制的神秘维度，对这一神秘维度的解析不仅能够帮助我们探明距离左右与旅游者目的地选择的机制，还能够帮助我们更深刻的理解目的地选择行为的行为特征，更深入的探究旅游活动的本质。虽然根据研究群体的不同临界值有数值差异，但是也从现实层面反映了旅游者目的地选择行为非成本最小化也非距离最小化的决策特征，同时也反映了旅游者目的地选择也存在不同的距离范围，在其中距离变量对旅游者出游意向的形成也发挥着差异化的直接或间接作用。

带着对旅游者目的地选择距离衰减曲线的观察与思考，学者们开始尝试细分旅游者目的地选择的距离范围，并尝试探索不同距离范围内旅游者的行为特征。当下，有关旅游选择域的研究提供了较为丰富的理论成果，但由于理论基础来源于经济学、心理学研究，研究的重心放在"漏斗"过程信息搜索与选择评估过程，作为子集的各类域（set）很少考虑目的地的地方属性（Karl，Reintinger and Schmude, 2015），背离了有空间指向意义的"距离范围"的基本定义。"空间—行为"互动的研究范式也启发我们，有关距离范围的研究在充分考虑行为主体的同时还应该把相应的研究放在行为发生的背景和情景之中。这也意味着有关"距离范围"的探索也需要综合考虑旅游者目的地决策行为特征以及旅游情境下的空间内涵，尤其是距离在不同范围内差异化的作用机制，最终要解答的问题是旅游者对距离意义的解读。

带着以上的思考,有学者尝试将距离范围细分为心理距离范围(psychological range)、混合距离范围（hybrid range）和物理距离范围（physical range）(Lin and Morais, 2008）。心理距离范围被认为是伴随着实际距离增加旅游者出游意向水平随之增加的行为区间，在这一距离范围内，旅游者行为特征表现为追求距离需求的满足（逃离熟悉环境、寻求新奇感的满足等）；混合距离范围被认为是涵盖一个合理的、最适宜的旅游距离范围，这一距离范围内，旅游者的行为特征表现为在旅游地属性特征与空间抑制因素之间权衡寻求实现最大化的旅游体验；物理范围被认为是伴随着实际距离的增加旅游者出游意向锐减的距离范围，在这一范围内距离表现为旅游者行为的强大阻力。其中，心理距离范围被认为是旅游者目的地选择行为区别与其他人类空间行为的重要特征，距离衰减曲线在此距离范围内的阶段性变化反映出旅游者目的地选择行为的独特的距离衰减特征，同时也被认为是解析距离作用于旅游者目的地选择行为的神秘维度。有学者在进一步探索距离范围的过程中还发现，不同的距离范围内旅游者除了差异化的出游意向水平，还会呈现差异化的感知距离特征，其中感知距离偏差是预测旅游者出游意向的正向调节变量（Lin and Morais, 2008）。感知距离偏差是识别距离范围的重要指标。

1.5.4 小结

距离范围是主体对特定行为空间的认识，是识别行为空间差异的重要内容，是回答和解释环境背景中人的行动价值与意义的重要线索。在"空间—行为"互动研究范式的新探索中，以空间认识、空间情感、空间解读为研究重点的距离范围研究也是探索旅游者"空间—行为"互动机制的新领域。在旅游者目的地选择行为研究中，距离范围的概念起源于家域的概念，既从抽象空间层面表征旅游者的惯常环境与旅游活动的异地性，又从现实层面表征实际距离差异的目的地集合，其更重要的价值体现在综合表征了"行为—空间"的动态性变化，尤其是距离衰减特征的变化。而现有的研究仅仅将距离视为旅游者目的地选择的限制性因素，重点考察距离的阻力机制，并不能有效地解释距离衰减曲线的阶段性变化，问题的根源在于距离作用机制研究的不足，尤其是"神秘维度"引力机制作用探索的不足。有关旅游本质的讨论为距离吸引力提供了假设基础，而距离范围的相关研究成果则从实证层面验证了距离引力的客观存在，但是将假设与客观现实相连接的机制研究却明显不足。已有研究还进一步证实，不同距离范围旅游者出游意向水平、感知距离、感知距离偏差可能存在一定的相关性和规律性变化，更加凸显了距离范围研究的重要性。将距离范围的概念引入感知距离与旅游者目的地选择行为的研究之中，不仅是基于"空间—行为"互动研究范式的思考和应用，更为距离作用机制的探索搭建了动态的时空分析框架，不仅考察核心概念如距离、感知距离、感知距离偏差、旅游者出游意向水平的结构关系以完善距离机制探索，还关注随着距离范围变化距离作用机制的动态变化。

1.6 时空压缩与后现代背景下的距离研究转向——兼评旅游者目的地选择中的距离研究

1.6.1 "时空压缩"重新定义距离

"时空压缩"是指随着技术变革尤其是运输方式创新，各地都在时空上彼此的相互接近（Janelle，1969），相近似的概念还包括时空汇聚、时空趋同等。埃布勒（1980）对这一现象进行了观察，并指出当今世界对距离的摩擦阻力有一种普遍倾向于减小的趋势（Falk and Abler, 1980）。社会学家麦肯齐在《大都市社区》中运用20世纪初公路货运的历史数据，生动描绘了近代美国空间汇聚的变化态势。哈维（2003）则带着更深刻的批判目光，运用资本运动和再生产理论，审视了"时空压缩"背后的世界经济不平衡发展的空间格局及其对于政治经济事件、阶级权力平衡乃至文化社会生活的影响和扰动。时空压缩现象受到了来自社会学（张梧，2017）、政治学 (Smith M, 2011)、心理学 (Sullivan et al, 2016)、美学（伏珊和邹威华，2016；阎嘉，2011）等众多领域学者的关注。

地理学者对时空压缩的关注起步最早，研究成果也最丰富，主要从空间视角观察时空压缩的动态变化，包括空间的横向扩展、动态演化、流动性进程及其对个体或者社会产生的意义，及其对各级各类空间关系带来的影响。包括全球化、国别的宏观尺度研究，如布鲁恩（Brunn，1991）从可达性视角切入，分析了全球化过程中交通技术变革带来的时空压缩（Brunn and Leinbach, 1991）；Agnew（2001）从地缘政治视角切入，分析了时空压缩背景下国家间政治经济关系的变化情况。也包括城镇、都市的微观尺度研究，如周凯等（2014）运用时空图分析模型对城镇空间的时空压缩特征进行了分析；吴旗韬等（2012）以及周凯和刘冲（2016）基于交通可达性分别对港珠澳大桥时空压缩效应以及京津冀城市群时空压缩格局进行了分析；还有学者延续哈维批判性的观点，从时空压缩可能带来的资本积累领域的危机、文化表征领域的危机切入，反思了时空压缩下空间生产（周尚意和许伟麟，2018）观察在经济增长及其经济趋同过程中存在的区域异质性（范欣和姚常成，2018）以及文化变迁（周宪和许钧，2013）。

时空压缩通过交通运输方式的更新作用于人类活动的物质空间，通过信息获取方式的更新作用于人类感知的虚拟空间，改变了实际可达性的同时改变着人们对距离的感知。在可达性的测量中，除欧式几何距离基外，时间距离、经济距离的重要性逐渐凸显，最短旅行时间、加权平均旅行时间、经济潜能、交通花费、日常通达性、网络密度等丰富了距离的测量指标体系，涉及跨学科的心理距离、社会距离、文化距离、情感距离也常常被置于时空压缩的背景下考察其动态变化。而信息技术的发展为个体距离信息的获取提供了更便捷的方式、更及时的更新和更丰富的内容，但是伴随着距离信息来源与渠道的丰富，其影响因素与作用机制也日趋复杂。总而言之，时空压缩改变着人们生活的地理空间，也改变着人们的感知空间。

1.6.2 时空压缩背景下距离对旅游者行为的影响和作用机制正在发生变化

时空压缩也对旅游活动产生了深远的影响。直接的改变体现在全球化进程中现代交通技术、通信技术的革新促使时空不断汇聚，传统的空间距离摩擦定律正在逐渐失去其指导意义（闫平贵，2009），对旅游地客源市场空间分布特点和演化规律的支配作用日渐式微。

其直接的影响体现在从活动形式和内容上改变着旅游空间行为，包括出游半径的扩大以及旅游者在旅游地的空间转移的模式变化（闫平贵，汪德根和魏向东，2009）、旅游市场需求的多样化、旅游者消费行为特征的变化和客源市场空间结构的多元化（林德荣和郭晓琳，2014）、旅游资源吸引力的新格局（赵守谅和陈婷婷，2015）、旅游交通系统竞合的新方式、旅游产业结构调整与新业态的出现、旅游空间格局可能呈现"虹吸效应""马太效应""过道效应""过滤效应""扩散效应""叠加效应"（汪德根，2016）的差异性格局的出现等。

在考察了时空压缩进程中旅游活动的内容、结构等形式上的变化基础上，学者们对其变化的根源进行了更深刻的剖析，其发展变化的过程的实质是伴随着时空压缩而加速的流动性社会进程，是这一进程给人类生活带来的深刻变化在旅游活动领域的具体表现。时空压缩描述不仅仅是一种现象，还为人类历史的发展与社会生活的变迁提供了与流动性相切合的分析理论（哈维，2003）。伴随社时空压缩而加速的流动性大背景下，旅游者对"家""地方"的理解不再仅仅被视作是内生而僵化不变的概念，而是在动态变化中、相互关系中的特定的情感连接与心理状态（黄潇婷，张琳琳和苟茂兰，2019），这一过程中旅游活动中距离的内涵不断地丰富，情感维度的重要性越来越受到重视；旅游活动阶段性特征逐渐淡化，而流动性过程的重要性日渐凸显，旅游体验是完整性、动态性的交互体过程，距离作为旅游流动性过程的重要组成也成为了旅游体验的重要来源；旅游活动也在流动性的时代背景下被赋予的新价值与意义，时空压缩带来的时空维度的急剧变化冲击着人类思想和行动（哈维，2003），也带来了时尚、产品、生产技术、劳动过程、观点和思想以及价值观和习惯极易改变，个体要被迫面对不断的丢弃、不断地更新以及"转瞬即旧"的而现实，而公共和个人价值体系的临时性，又进而创造条件导致了共识的崩塌以及社会分化中的价值多元化，个体的精神图景难以赶上变化中的现实，时空压缩损害了人们应对周围现实的能力，旅游活动在这一过程中赋予了主体抽身于外观察现实的机会，提供了主体时空机会用于平衡流动性的冲击，为主体提供了积极的应对策略，距离作为旅游需求的内容组成，也是旅游活动价值也意义的来源。综上，伴随着时空压缩的流动性社会进程中，旅游活动的内容、形式、过程、价值和意义都在发生着深刻的变化，距离在旅游活动中的作用也在发生和变化，虽然传统的摩擦力逐渐衰减，但其情感维度的重要性却持续提升，不仅如此，距离作为旅游体验的重要来源与主体应对社会发展冲击的应积极策略，为旅游活动价值与意义的创造做出了贡献，其复杂与动态变化中的作用机制值得我们更深入地探讨。

1.6.3 后现代背景下的距离研究转向

距离是地理学研究的基础概念，为空间的度量提供了手段，为空间关系的探索提供了假设来源与解释变量，为地理学家建模和验证假设提供了良好的基础，在人文地理学研究中，尤其是有关人类空间行为的研究中发挥着重要作用。距离同时也是旅游活动的根本特征和探索旅游者行为规律的重要线索。在汇总层面的旅游者行为规律探索中，距离是描述旅游活动空间分布特征、空间结构特征、动态时空演化的重要变量，帮助学者们探索旅游活动在密度与强度上的空间变化规律，距离衰减规律是认识旅游者空间行为的重要规律，也是汇总层面旅游者目的地选择遵循的一般规律。但是在时空压缩带来的急剧变化中，距离摩擦定律在旅游地客源市场空间分布特点和演化规律的支配作用的影响力受到了削弱，放在人类社会发展的宏观背景下来看，这一结果是时空汇聚对人类空间行为的冲击在旅游活动中的表现；而从微观层面的旅游者行为研究来看，这一结果既是学界对时空压缩给旅游活动所带来的变化的深入观察，又是对距离作用机制认识的全面和深化。在全球化、流动性的后现代社会进程中，学界对距离的研究不仅关注现象的解释，还从更广阔的时空背景下来考察其变化，并从深度上探寻变化的机制。在旅游者目的地选择行为有关距离研究表现为以下几个鲜明的转向：

（1）感知距离内涵提升研究转向

伴随着空间科学与认知科学的发展，学界也逐渐展开了传统距离研究的反思与批判，批判的观点主要认为虽然传统的空间行为研究提供了可供参考的一般范式，但是在应用的过程中还必须考虑研究对象行为的特殊性与具体的行为情境。旅游者空间行为研究的进步也促使学者们认识到传统旅游者目的地选择行为研究中距离作用机制探索的不足，尤其是简化距离（静态化、数值化的空间物理距离）变量的使用以及目的地选择模型中默认的摩擦力假设，虽然简化了研究过程，但是却忽视了旅游活动的行为特征、旅游者的个性差异，更忽视了旅游者目的地选择过程中距离对旅游动机可能做出的贡献，忽视了其对旅游者出游意向的产生可能产生的积极影响，因而制约了对旅游者目的地选择行为规律的深入探索。

"异地性"是旅游活动的典型特征，距离是旅游活动必然的空间结果，也是总结规模性的空间活动规律的重要指标，然而在群体差异与个体特征的评价中，距离能够揭示的信息则收到了分析维度与尺度的限制，感知距离则成为以上限制的有效应对策略。在旅游情境中，感知距离不仅仅是影响旅游者目的地选择的重要变量，也是认识旅游者差异化行为过程的重要解释变量，感知距离能够帮助我们优化目的地决策模型以及更好的解释旅游者行为，诸多研究成果也都证实和支持了感知距离研究的重要性。感知距离是识别和揭示人类活动空间结构和空间联系差异性的重要变量，是大尺度空间中旅游者对彼此相距直接不可见的场所间距离的信念，是经过个体社会、文化、生活经历加工后所形成的对实际距离的心理表征。感知距离的重要性不仅仅体现在对传统距离研究尺度与研究维度的有益补充，更体现在该变量对旅游空间决策过程分析的有效性及对旅游活动本质与内涵解读的全面性。

　　"非惯常环境"是旅游研究领域的核心理论之一。来源于生物学、心理学等交叉学科对与人类空间行为规律的发现与总结的探索过程，并基于旅游活动"异地性""探新求异""逃离""个体内在向度"等特点而发展成为解释旅游活动认知与旅游者行为规律的重要理论基础，心理距离说、唤醒理论和旅游期望理论等为非惯常环境分析提供了重要的分析工具与分析方法。人们的生活环境由相互补充而此消彼长，却又投射切换的"惯常环境"与"非惯常环境"组成，在惯常环境中，人们基于生活环境基底（如家庭教育、文化传统、社会习惯等）而习得的固定思维与行为模式，以低成本投入的工具理性和路径依赖开展日常活动，高频率、高重复性、长时间出现，具有较为明显的活动边界、社会网络结构和明显自我感知限制；而在非惯常环境中，人们则会更加勇于开展对已有存在方式的反思和对日常活动图式的突破，尝试改变日常生活连续性，实现短暂的脱离和新奇的挑战，包括地理边界上时间尺度波动和空间尺度散点的突发性变化，还包括随之同步进行社会网络的陌生人化、扁平化以及"现实自我""理想自我"同步回归"本我"。而在惯常环境与非惯常环境中的切换正是旅游活动最典型的特征。而感知距离能够有效表征旅游者对惯常环境与非惯常环境中个体对存在方式与活动图示、地理边界、经济关系、社会关系、文化关系、信息联系、自我感知与环境感知的差异的认知过程与认知结果，虽然在显性层面表现为对空间移动过程和结果的认知，实质上，从旅游者出有意向的行程，到目的地选择、旅游活动过程的开展及返程后的旅游记忆与信息反馈、信息分享、遗忘直至下次旅游活动的开始，感知距离都在深刻全面影响着旅游者活动的全过程，而且在行为过程的每个阶段都为解释旅游者不同心理活动和行为表现及行为变化提供了丰富的解读线索。不仅如此，在基于惯习作用强度和环境作用强度细分的惯常行为、弱非惯常行为、类惯常行为和完全惯常行为的比较研究中，感知距离也是其行为细分的重要评价指标，不仅能够解释常规旅游决策行为，还能够为旅游活动过程中旅游反常行为（旅游焦虑、道德弱化、旅游犯罪等）、旅游异常消费行为（穷家富路、占有意识凸显等）、社会行为变化（服饰异化、失范行为、性格转向等等）提供有价值的解释变量。在已有的研究基础上，感知距离的研究转向，尤其是在未来更加有效的旅游者活动中感知距离变化过程和变化强度的探索，将会为旅游者惯常活动与非惯常活动场景切换中，旅游者行为方向、行为变化强度和向度变化提供更科学的解释，为"旅游情境"分析的提供更科学的解读。

（2）感知距离研究的情感转向

情感，作为人类心理活动的重要组成部分，被广泛认为是个体对于特定刺激或情境下的主观体验和心理反应。情感的表现多种多样，它既包括了基本情绪如喜悦、悲伤、惊奇、恐惧、愤怒和厌恶等，也涵盖了更为复杂的情感状态，如满足、寂寞、羡慕、自豪等。在心理学中，情感通常被视为个体内部状态的直接反映，它可以是瞬时的情绪反应，也可以是持久的情感倾向。情感不仅影响个体的认知过程和行为选择，而且在人际交往和社会活动中扮演了至关重要的角色。在旅游领域，情感的表现具有其特定性。旅游者情感是指旅游者在旅游活动中的情感体验和情感反应，它包括了对旅游目的地、旅游产品、服务质量以及旅行过程中人际互动等方面的感知和评价。旅游者的情感体验既可以是对美丽风景的赞叹，也可以是对异国文化的好奇，又或者是对服务不周的失望和对意外惊喜的兴奋。这些情感体验在很大程度上决定了旅游者对旅游活动的整体满意度，直接影响其后续的行为选择，例如再次访问、推荐给他人或是在社交媒体上的分享等。因此，在旅游中情感的表现不应被简化为单一的心理状态，而应被视为一个多维度的、动态变化的过程。这一过程受到多种因素的影响，如旅游者的个人特征、旅游目的地的特色、旅游产品和服务的质量，以及旅游者与环境之间的相互作用等。旅游者的情感体验是复杂而丰富的，它不仅反映了旅游者的主观感受，也蕴含了文化、社会和心理等多重层面的意义。

旅游情感研究的学科交叉性体现在它不仅是心理学的应用领域，也是社会学、人类学、文化研究以及市场营销等多个学科领域的交汇点。每一种学科都从其独特的视角对旅游者情感进行了探讨和研究，为旅游者情感的理解和分析提供了不同的理论依据和研究方法。社会学关注的是旅游者情感与社会结构、社会关系的联系，它强调情感是在特定的社会文化背景中构建和表达的。例如，在集体主义文化中，旅游者的情感体验可能更多地受到群体规范和家庭关系的影响；而在个体主义文化中，旅游者的情感体验则可能更强调个人的独特感受和自我实现。此外，社会学的角色理论、象征互动论等也为理解旅游者在不同旅游场景中所扮演的角色和情感表现提供理论支持。人类学和文化研究则更加关注旅游者情感与文化认同、文化差异之间的关系。旅游者在不同文化环境中的情感体验往往是对文化差异的直接反应，这种体验可能涉及对异国风俗的适应、对文化遗产的欣赏以及对文化差异的认识和尊重。研究表明，文化差异对旅游者情感体验有着深刻的影响，它不仅塑造了旅游者的感知和评价，也促进了文化交流和相互理解。市场营销学则从消费者行为的角度出发，研究旅游者情感如何影响旅游目的地的选择、旅游产品的购买以及服务评价等。在市场营销的视角下，旅游者情感被视为影响旅游消费决策的关键因素之一。市场营销学的情感价值理论、品牌情感连接理论等为分析情感如何成为旅游产品和服务差异化的重要资源提供了理论依据。在跨学科的融合中，旅游者情感研究不断丰富其理论深度和实践广度。通过整合心理学、社会学、人类学、文化研究以及市场营销等学科的研究成果，旅游者情感研究为解释和预测旅游者的行为提供了更为全面和细致的视角，也为旅游业的发展和创新提供了新的思路和策略。

旅游情感与感知距离的互动既适用于传统心理学的分析框架，又需要在旅游活动的情境中持续的丰富和完善传统的理论框架。从认知心理学的角度来看，情感与认知是两个并行且又相互促进的过程。聚焦感知距离与旅游情感，则旅游者在接受距离信息时，其情感反应会影响他们的认知加工，比如积极的情感体验会增加旅游者对目的地信息的注意力和记忆力，尤其是在以"新奇寻求""逃离"等为动机特征的旅游者，积极的情感体验与感知距离的互动性可能会产生更强的正向连接。反之，旅游者的认知评价也会影响他们的情感状态。例如，旅游者对一个目的地的认知判断（如与距离呈现强互动的地理便利性、安全性、文化丰富性等）会影响他们的情感体验，例如对"地理便利性""旅游花费""旅游风险"较为敏感的旅游者，则会在目的地决策中规避特定类型目的地的选择。一般情况下，认知上的正面评价往往被认为会伴随着积极的情感体验。情感是对旅游活动中各种刺激的直接情绪反应，而认知则是对这些刺激的理性分析和评价。二者的互动影响着旅游者的行为和决策过程，从而成为旅游体验研究的重要内容。在旅游体验中，情感和认知的关系往往表现为一个动态的相互作用过程。旅游者在旅游过程中的每一个环节，从预期、实际体验到回忆，情感和认知都在不断地相互影响和塑造着旅游者的总体体验。例如，旅游者在期待中产生的积极情感会与对即将到访的目的地的距离认知预期相结合，形成对旅行的整体期待。而在旅游过程中，旅游者通过亲身体验不断地更新他们对目的地的认知，这些新的认知又会反过来调节他们的情感状态。在旅游目的地管理与营销实践中，在"满意的产品""满意的服务"设计与开发过程中，传统的营销学理论也在不断地丰富与完善，其中情感营销，尤其是基于大数据技术、实验心理技术、新媒体营销技术个性的心理学、营销学、计算机信息科学交叉学科融合的精准营销实践,正在推动情感研究更加科学化、规范化、精准化,而旅游产品由于其丰富的产品内容及产品消费同时性的特征,现有的积累了一定成果分析范式、理论基础、研究方法还面临旅游活动场景特殊性带来的风险和调整,而"非惯常环境"与旅游者情感体验的互动,将成为完善现有理论分析框架的重要思路,而"非惯常环境"评价的重要内容"感知距离"则为旅游者体验分析、旅游者情感分析及旅游者空间行为分析提供了"基于旅游场景"的有价值的分析变量,如何将感知距离与情感体验的互动相联系,如何剖析变量间的互动关系及其作用于旅游者行为的机制,不仅关系到理论研究的深化,更关乎旅游实践的优化,不仅能够更好地理解旅游者的行为,还能为旅游目的地的规划和营销提供更精准的策略,同时也为旅游者提供更加丰富和愉悦的旅游体验。

(3)感知距离研究的流动性转向

流动性(Mobility)意指可动性、灵活性或流动的状态。在不同的学科领域,流动性这一概念被赋予了多重含义与内涵。在经济学中,它指市场要素如资金、劳动力等在不同市场之间的自由流动能力;而在社会学领域,流动性则更多地关注人的社会阶层间的流动,即社会流动性。在旅游研究的语境中,流动性的概念不仅关注旅游者物理层面的空间移动,还更广泛的涵盖更为广义的、多维度的旅游活动全过程的信息、情感、知识与文化传播等等。在信息技术高速发展的今天,流动性的概念更是进一步扩展到了虚拟空间,流动性的内涵空前丰富,多层次多维度的流动性分析为我们探索人类空间行为变化与观察社会发展变化提供了切入视角。时间地理学、社会网络理论、空间交互理论,以及后现代地理学等为流动性分析奠定了扎实的理论基础。后现代地理学从哲学分析视角,思辨性的提供了人类社会发展变化中流动性概念的诠释与演化,对多元化、差异化流动现象做了细致的观察,并探讨了过程中个体对边界的超越、身份多样性以及传统空间的坍塌等等人类社会发展的新挑战,并为全球化、城市化、文化交融等现象提供了深入的解读,流动性成为解读社会发展变化的重要解释变量。时间地理学解析了流动性分析的时间维度,尤其强调时间约束下个体在时间与空间交织下的流动行为。社会网络理论则从社会关系的视角出发,认为个体的流动性不仅受制于物理空间的限制,还与其社会关系网的密度、强度和范围紧密相关。旅游者的社会网络,如家庭、朋友和社会团体,对其旅游决策和空间移动产生影响。这些社会联系在虚拟网络中的延伸,也为流动性的研究提供了新的视角。空间交互理论则以空间单元之间的相互作用和联系分析为基本研究范式，认为流动性是空间单元间交互强度的一种体现，并运用这一范式探析流动的发生条件和过程，还试图揭示流动性的空间分布特征及其对区域发展的影响，等等。从全球区域的尺度来看，人口流动是传统的研究热点领域，移民现象也是新流动范式关注的核心领域，移民身份认同、地方情感变迁、文化意义与社会平等是流动性研究的主要内容；从区域与城市视角来看，流动网络的区域强度及热点差异分析、流动性管制的政策工具和管制机制、流动群体特征与权力关系分析、地域性族群的共存与互动等是流动性研究的主要内容；从个体视角来看，社会身份和家庭、地区、国家不同尺度的身份认同和意义理解，社会流动机会是流动性主要的研究内容。在传统的流动性转向研究的基础上，还有学者进一步提出"新流动性范式"，强调在原有流动性基础上进一步整合宏观、中观和微观的研究视角，进一步完善融入"人类流动 + 非人类流动""物理流动 + 虚拟流动""流动性 + 不动性"的研究框架。流动性为地理学、社会学、人类学等学科领域提供了重要的研究视角。

　　旅游是以流动性为典型特征的人类活动，并且伴随着人类社会的发展，在旅游活动的时间、空间、社会维度方面都呈现出有别于人类一般"流动性"行为的流动性特征。一方面体现在旅游流动广度和强度不断推动旅游流动成为人类流动的主要流动形式，并随着旅游活动内容的丰富而产生了更加广泛的包括旅游个体的空间流动及各种资源、关系、权利的流动及其所引发的各种经济、社会、文化关系的流动。另一方面体现在后现代语境下旅游流动超越了对旅游活动过程的描述，而逐渐被视作旅游体验的核心，其非物质化的流动过程被认为蕴含丰富的旅游主题的认知与情感变化过程，是特定类型旅游者个体认同、社会认同的重要来源，是解读旅游活动本质的重要线索，是解释旅游活动特征的重要变量。在旅游情境下，旅游者流动性分析涉及旅游者的空间移动特征，包括移动的距离、方向、频率、模式、（在移动过程中所经历的）物理环境（交通工具的舒适度、旅途中的自然景观和城市景观）等等、社会关系网（参照群体及其意愿遵循强度）、文化互动、移动互联网、社交媒体、个体（情感、认知、心理预期）等等。而在时空压缩的大背景下，流动性给旅游者带来冲击与旅游者的应对策略及流动性背景下旅游活动于个体主观体验之外的社会文化意义，则为我们认识旅游活动本质、旅游活动如何服务人的现代化、旅游活动与人类社会发展提供了分析视角。

流动性转向对旅游者感知距离研究产生了深远的影响。首先，感知距离基础的"目的地—客源地—通道空间"分立的三元系统受到了"流动性"的挑战。客源地被认为是旅游活动的起点，目的地被认为是旅游活动和旅游体验的具体发生地，旅游通道是连接起点和终点的通道也是两者的空间区隔，亦是目的地与客源地空间距离评估的基础与依据，也因此在传统的旅游研究范式中，距离主要被用于作为限制性因素，以时间花费、经济花费或地理便利性因素等，探讨其对旅游者空间行为的影响。然而，全球化对社会产生深刻影响的当下，流动获得了内涵和外延的立体化与多面性，也使以"异地性""非惯常环境""人的流动"为特征的旅游活动的内涵获得更加全面的审视，尤其是旅游体验理论的不断丰富，促进了以往割裂的多因素论、阶段论有机会被整合于新的流动性范式下，促进以往传统的静态分析转向动态的流动过程分析，距离也不再是单一的静态的数学符号，还表征着内涵丰富的包含时间、成本、情感、认知、文化连接空间联系，作为被解释变量的"距离"需要在流动性的视角下借助跨学科视角更科学、更全面的厘清内涵，尤其是当"流动性"本身成为旅游活动的核心，距离与旅游活动本质的关系则更需要进行深入的哲学思辨。而作为解释变量的距离，则需要运用好流动性交叉学科的理论基础优势在距离的评估方法与评价技术层面取得新的突破。其次，"流动性"推动感知距离基础的认知行为理论拓展了内涵与外延。"流动的意义""流动的过程"使得感知距离的感知方式与感知内容有了更加丰富的信息来源和更科学的动态分析框架。追求"在路上"的流动性的旅游体验促使流动不仅仅是旅游者抵达异地的路径，更成为旅游者外出旅游的动机，并在旅游者互动的全过程中影响着旅游者空间行为表现及其旅游体验，流动性分析丰富了旅游者空间行为分析的理论基础，而感知距离研究中流动性的感知过程、影响因素及其作用于旅游者距离感知的机制则有待更加深入和全面的探索。再次，感知距离与"流动性"的互动为揭示旅游活动本质奠定了理论基础，拓展了研究路径：一方面，个体"在家""在途"二元对立在旅游流动中被消解而产生复杂连续的互动，距离感知作为表征互动过程的重要变量被赋予更丰富的理论内涵；另一方面，个体"身份认同""社会文化意义"的互动中，感知距离作为动态的应对策略，其对应的行动策略则成为旅游者目标体验实现的路径与方式；最后，流动的过程也是旅游意义生产的过程，旅游也是对流动本身的一种追求，距离是流动的必然产物，而感知距离既是流动的结果又是流动的过程，更是旅游者旅游体验的重要内容，"流动的距离体验"让旅游者有机会获得自我接纳与自我认同、应对现代生活异化、寻得生存意义。

时空压缩改变着人们生活的地理空间，也改变着人们的感知空间，时空不断汇聚，从活动形式和内容上改变着旅游空间行为，流动性进程的加快打破了"家""地方"的固化状态，旅游活动阶段性特征逐渐淡化，而流动性过程的重要性日渐凸显，感知距离作为旅游活动流动性过程中旅游者综合体验的重要组成部分，其流动性特征是认识现代社会旅游活动本质的重要内容，正逐渐成为旅游研究的新热点。此外，时空压缩带来的时空维度的急剧变化冲击着人类思想和行动（哈维，2003），也带来了个体物质生活、文化生活、精神生活的极易改变，个体要被迫面对不断的丢弃、不断地更新以及"转瞬即旧"的现实，个体的精神图景难以赶上变化中的现实，这一过程激发和提升了个体对距离的情感需求，从而抽身于外反思和观察现实，用于平衡流动性带来的冲击，旅游活动能够用多元化的方式满足旅游者对距离的情感需求，从而为主体提供积极的应对策略，感知距离的情感价值与意义有待更进一步地深入探索。

（4）感知距离研究的数智融合转向

感知距离作为解释变量还是被解释变量有不同的研究方法，积累了丰富的研究成果，但是，在理论探索中感知距离内涵的界定还不够明确，感知距离作用于旅游者目的地选择的作用机制研究还不够全面，导致在实践研究中感知距离的测定方法、感知距离营销战略的调控方向、强度与调控手段不够明确，带来了理论与实践的困境。在感知距离的转向中，伴随着旅游学科体系的完善，对旅游本质讨论的深入，感知距离的内涵将得到更加深入的探索，尤其是其隐含着的旅游者对距离意义的解读；在此基础上，结合旅游目的地选择行为的特殊性，感知距离的作用机制研究将得到进一步完善，尤其是被忽略的引力机制研究；认知科学、空间科学发展的相关成果将与感知距离的研究的结合更加密切，更多实证成果将为感知距离的精准营销战略提供内容更丰富的理论与技术支持。而伴随着高速发展的信息与通信技术（Information and Communication Technologies，ICTs）则一方面从研究方法与研究技术层面为感知距离的作用机制探索提供了高效的技术支持，另一方面又通数字生活的创造给感知距离的研究带来了新的挑战。

信息和通信技术高速发展不仅从信息和基础层面加速了现实世界的流动性进程，还从庞大的虚拟网络空间层面以高速的互联网、物联网、通讯网深刻影响旅游者的信息搜索、信息评估、购买旅游产品的内容与旅游消费方式。而伴随着信息通信技术发展积累生成了海量的旅游者数字足迹，为感知距离的相关研究提供了丰富而精准的数据来源。在传统的问卷数据、跟踪调查数据、GPS等数据的基础上，伴随着信息与通信技术产生的搜索引擎查询信息、OTA预定信息、社交网络交互信息、照片拍摄信息、点评与游记分享信息等等在伴随有地理标签数据或者时空信息的数据都为旅游者时空行为的分析提供了有效的数据源。其中，旅游者手机信令数据能够有效地克服空间数据研究中尺度的限制，并且能够实现时时数据的获取，在旅游研究中被广泛地用于距离信息和其他类型海量数据的提取，用于行为变量的交互作用分析并进行旅游冷热点、旅游流分析和预测，但一定程度上受制于通信安全管理与数据分析技术与设备的限制。而基于旅游者照片分享数据、视频分享数据、游记分享数据、微博数据等用户自生成内容数据（UGC）数据则能够提供更加丰富、内容更加翔实的个性化数据信息，能够开展多尺度的分析，在旅游研究中被广泛地应用于距离变量与其他行为变量的交互作用及因果分析，不仅能够服务旅游者时空轨迹探测，还能够有服务旅游流动及其动力机制、旅游偏好及旅游决策、时空行为及其驱动机制的探索，但一定程度上受制于非结构化数据的挖掘技术和分析技术的限制。而传统的GPS数据和问卷调查数据则因为较高的数据精度与较高质量的数据来源仍然被视为旅游者时空行为数据的有效来源，但是在样本量与数据量层面则受到较大限制。而在以上数据中，包含地理信息的距离信息也随着数据源的丰富和时时更新而为旅游者空间行为分析提供了更加精准的数据来源和更多样化的数据类型选择，而海量数据的积累也为旅游者感知距离的评估提供了多元的评估路径，为多维度的感知距离研究丰富了研究视野，也为感知距离与其他行为变量的关系与作用机制的探索奠定了坚实基础。

信息和通信技术高速发展也推动了多源数据技术及跨场景的融合发展。如在微观尺度：GPS、问卷、跟踪调查、RFID、蓝牙技术基于优势组合被应用于有明显区隔的旅游场景分析旅游者时空行为和预测旅游者活动偏好；在中观、宏观尺度：搜索引擎数据、OTA大数据、手机信令数据等、社交媒体数据则根据数据使用需求进行高效率融合，建构数据服务平台和积极拓展功能应用，广泛服务于旅游流预测、旅游公共服务、旅游规划与旅游发展战略制定。数字融合的转向在推动旅游者时空行为研究发展的同时，也促使感知距离的相关研究结果的可靠性和科学性大大提升，与此同时，也大大提升了感知距离研究对实际应用的指导性。在旅游流网络与时空格局研究中，感知距离的数字融合转向，一方面，能够有效丰富"数字足迹"的内涵并提供可供参考的评价指标，还能够通过提升数据质量进而配合内容分析法、社会网络分析法、GIS 技术的应用，服务时空行为规律、旅游空间网络及其驱动机制研究。另一方面，能够为更加精准的游客画像提供指标，为更精准的用户推荐模型和位置推荐模型提供训练数据，进而更好地服务智慧化、个性化的高质量推荐服务。再者，能够服务经过有效加工的时空标签数据，配合旅游主题的细分进行旅游时空行为模式的挖掘，辅助旅游流时空模型建构与预测。最后，能够提供多维度数据融合同化的行为变量，拓展旅游时空行为研究的"情感计算"，服务旅游者时空体验研究。

第二章　研究设计

本章将主要介绍此次研究的案例地概况、调查数据来源与数据分析方法。内容包括：案例地与样本的选取依据、调查问卷的设计、问卷发放与数据收集、研究误差来源与处理方法以及在研究中所使用到的数据分析方法。

2.1 案例地概况

2.1.1 案例地与样本选择依据

在已有的探索感知距离与旅游者目的地选择的研究中，学者们依据研究目的与研究内容的不同有多样化的主体与案例地选择，在研究主体的选择中有学者以国内旅游者为主要研究对象（Lin and Morais，2008；Liu et al.，2015），有学者以国际旅游者为主要研究对象（McKercher and Lew，2003；McKercher，2008；2018；Bianchi，Milberg and Cuneo，2017），还有学者以特定类型的旅游者为研究对象（如酒店居住旅游者、度假型旅游者、潜在旅游者等）（McKercher，2008；Liu et al.，2015）；在案例地的选择中，有学者选取单一目的地（McKercher，2008；2018；Bianchi，Milberg and Cuneo，2017），也有学者选择多目的地（Ankomah，Crompton and Baker，1995；Lin and Morais，2008；Liu et al.，2015）。已有研究往往是对以上不同主体类型和不同目的地的排列组合，都能够从某个侧面反映和解释感知距离与旅游者目的地选择行为的相互关系（Cao et al.，2019），但是在实际研究中，案例的选取一定要根据具体的研究目标与情景做合理化的选择（McKercher，2008；Cao，2019）。

本研究旨在验证由"距离欲"所表征距离引力机制，如果能够实现对其他行为变量的有效控制（降低干扰），将有助于更为清晰的阐释距离作用制。因此，尺度的确定、单——多目的地确定以及目的地属性的考察至关重要。

（1）以省级行政区划为研究尺度

尺度指一种表现的等级（约翰斯顿，2005），是地理学研究的基本框架，为研究的深入开展提供认识论与实践方法，也是本研究开展的基础。相比较自然地理的尺度，人文地理学更加关注作为分析框架的尺度构建和对社会实践框架的尺度解构（刘云刚和王丰龙，2011）。常见的人文地理学研究分析尺度有"全球—地方"的两级尺度（Gibson，2002），"宏观—中观—微观"的三级尺度，"全球—民族国家—地方"的三级尺度（Taylor，1982），"全球—大洲—国家—地方"的四级尺度，"本土性—区域性—全国性—全球性"的五级尺度（Herode and Wright，2002），以及"身体—家—社区—地方—区域—国家—全球"的七级尺度等（Smith，1993）。由于笔者的研究更加关注于旅游者对距离的个体意义的理解，因此笔者认为"身体—家—社区—地方—区域—国家—全球"的七级尺度的等级化、建构主义的理解方式更加贴近于本研究实际。

鉴于笔者的研究对象是旅游者的旅游活动，故而以惯常环境为焦点的"身体—家—社区"尺度不是此次研究的关注重点，而为了能够有效地控制其他干扰变量，如通行证办理、文化背景差异等因素，笔者希望将此次研究限定于某一界限相对明确的，环境基底、文化基底相对一致的均质区域，因此"国家—全球"尺度也不作为此次的研究重点。在中国的文化背景下，地方和区域的概念常常与行政区划联系紧密，而"地方""区域"的概念相对不明确，不利于后续研究的开展，因此笔者在确定"地方—区域"的研究尺度基础上，选择了界限相对明确的行政区划作为分析尺度（即与国内旅游者分析相适应的省级行政区划）。伴随着后续研究的深入开展，也希望此次研究能够从"距离意义"的视角切入，反思旅游者对"地方""区域"的理解。

（2）以国内潜在旅游者为研究主体，以单一目的地为研究客体

明确了以省级行政区划为研究尺度，还需要进一步明确研究主体的范围，为了有效控制语言及文化差异可能带来的影响，笔者将研究主体的范围限定为有共同语言及文化背景的中国国内旅游者，为了进一步控制通行证办理等因素可能带来的影响，笔者将研究主体的范围进一步明确为国内旅游者。由于熟悉程度是影响旅游者感知的重要因素，而有到访经历与无到访经历的旅游者在距

离感知上可能存在着显著的差异，距离的作用机制也存在本质差异，为了有效控制旅游经验对旅游者距离感知的影响，笔者将研究对象进一步限定为无到访经历的潜在旅游者。

在目的地选择方面，单一目的地、多目的地都能够被应用于感知距离对旅游者目的地选择的影响研究，多目的地比较研究的优势体现在能够实现基于主体差异和基于实际距离差异的多群体的组间交叉比较，能够提供更丰富视角的解读。但是多目的地也意味着目的地的属性存在差异，在进行多群组的比较分析时，必须将目的地属性的差异剥离才能够更科学的阐释距离作用机制的差异，而随着目的地数量的增加，剥离的难度也将成几何倍数增加，不仅给数据收集与分析带来了难度，也可能会导致研究结果科学性的降低。基于以上思考，尤其是对目的地属性一致性、稳定性的考虑，本研究认为选取单一目的地既有以往研究作为基础，又能够实现对目的地属性因素的有效控制，更有助于研究目标的实现。

（3）以典型性、代表性确定最终案例地

在明确了以省级行政区划为研究尺度、以单一目的地为研究客体的基础上，笔者以"代表性"和"典型性"为标准，经过系列讨论最终确定了以新疆维吾尔自治区为本次研究的案例地。其代表性与典型性体现在以下几个方面：首先，该目的地为典型的远程旅游地，新疆维吾尔自治区位于中国西北边陲，距离最近省会城市的欧式几何距离为 1762 公里（青海省西宁市），距离其他省省会城市的平均距离为 3420.367 公里，从中国人感知距离的一般标准来看，该目的地远超过感知"遥远"的一般标准（刘佳等，2015），在省际尺度层面属于有代表性的远程目的地。其次，该目的地旅游形象结构具有代表性，即其省域旅游形象更具代表性，识别度高于个别景区形象，能够有效控制由于地理层级差异而可能导致旅游者的感知距离偏差（Cao et al., 2019）。再者，该案例地还是距离二律背反作用的典型区域，由于该省域地理位置偏远，距离被认为是限制该地区吸引旅游者到访的重要因素，但另一方面又成为众多旅游者希望到访的目的地，是典型的距离二律背反作用的焦点，是远距离旅游地的典型代表，其研究对于其他远途案例地有较高的参考价值与较为深远的研究意义。

2.1.2 新疆维吾尔自治区简介

新疆维吾尔自治区位于中华人民共和国西北边陲、亚欧大陆中部，地跨 73°40′~96°18′ E，34°25′~48°10′ N，总面积约166万平方公里，约占全国陆地总面积的六分之一；与西藏、青海、甘肃等省区相邻，周边依次与蒙古、俄罗斯、哈萨克斯坦、吉尔吉斯斯坦、塔吉克斯坦、阿富汗、巴基斯坦、印度等8个国家接壤；陆地边境线5600多千米，约占全国陆地边境线的四分之一，是中国面积最大、交界邻国最多、陆地边境线最长的省级行政区。

新疆还是古"丝绸之路"的重要通道，自古以来就是各民族迁徙融合、东西方文明交融的重要区域。生活在这片土地上的各族人民和睦相处、共同团结奋斗，创造了灿烂的历史文化。除了丰富多彩的历史文化、瑰丽多彩的民族风情，得益于地域广阔、地貌地质多样的新疆还拥有丰富的物产资源与绝妙的自然景观。全疆共有景点1100余处，居全国首位。从低于海平面154米的洼地到海拔8600米的世界第二高峰，民俗风情与现代都市风貌相应，冰川雪岭与瀚海戈壁共生，2018年，新疆累计接待国内外游客1.5亿人次，同比增长40.09%；实现旅游总收入2579.71亿元，同比增长41.59%；实现旅游就业176.72万人，同比增长21.80%。

2.2 问卷设计

问卷调查法是问卷作为工具来收集资料的调查方法，研究者按照研究目标，在理论框架和理性分析的指引下制定结构化问题量表，邀请被访者对问卷各项问题回答从而收集数据。问卷调查特别适用于了解、分析和研究具有不同生活、社会背景的人们的行为，也是旅游者行为研究中经常使用的数据收集方法（陈刚华和赵丽君，2017）。问卷调查有实地调查、邮件发放、电话、网络等多种形式，分别适用于不同的研究对象与研究设计。由于本研究主要关注潜在旅游者感知距离对其目的地选择行为的影响，因而样本的随机性、较广的覆盖范围、有效的发放与回收都是笔者选择问卷发放方式时综合考虑的问题，网络问卷因为提供了较高程度的匿名性而有助于笔者更真实的测量被调查者的行为（Aaker and Day，1974），有效的控制社会称许性可能导致的偏差（Gardiner，Grace and King，2014）。此外，网络发放的形式还能够覆盖更广阔的地理区域使样本更符合随机分布并帮助研究目标的实现（Gardiner, Grace and King，2014）。中国互联网络信息中心（2018）发布的《第47次中国互联网络发展统计报告》内容指出中国网民的人口为80200万（截至2018年7月），其中81.9％的网络用户使用过搜索引擎搜索旅游信息，58％的用户订购了在线旅游产品，说明互联网是旅游者收集旅游信息与实现消费决策的重要工具，也说明网络调查是优先考虑的问卷收集方式。

问卷的质量影响着研究结果的准确性、可靠性与科学性。根据Churchill（1979）所建议的规范的量表开发程序，参考Babbie（1989）、风笑天（1997）等社会学者以及张宏梅和陆林（2006）、张志华，章锦河和郑艺（2016）等旅游学者有关问卷设计的建议，本研究按照如下步骤展开了具体的设计：（1）文献回顾；（2）条款翻译；（3）专家访谈；（4）旅游者访谈；（4）预调研；（5）最终量表确定。笔者将对问卷设计与编制过程做详细阐释。

2.2.1 文献回顾与测量题项来源

理论框架与研究假设的指导是问卷编制的基础，本研究以较为成熟与扎实的计划行为理论模型框架为基础，并在心理学、美学等相关距离理论的基础上，构建了基于距离欲拓展的旅游者目的地选择模型以及基于感知距离拓展的目的地选择模型，系列研究假设的提出都基于对近十多年来有关计划行为理论的相关研究成果的梳理，以及相关学科有关距离理论的系统回顾和分析。在系统的文献回顾分析的同时，研究也非常注重其操作化实现的过程，包括研究目标的操作化，假设的操作化以及概念的操作化。

在以上准备工作的基础上，笔者开发了感知距离对旅游者目的地选择的影响的测量量表，除表头填写说明与末尾致谢外，共由六部分构成。

第一部分为被调查者身份识别量表（包括1个测量项），题项设计参考以往旅游研究中关于旅游者是否有到访经历的实证研究设计（Kim，Mincheol and Goh，2011；肖潇等，2013），通过询问旅游者是否有到访新疆的经历识别目标样本。

第二部分为旅游者感知距离特征测量量表（包括3个测量题项），其中有关旅游者居住地、感知距离远近、直线感知距离的测量参考了已有国内外研究中有关感知距离测量的研究设计（张宏磊等，2011；刘佳等，2015；周芳如等，2016）。

第三部分为决策域测量量表（包括 2 个测量题项），其中旅游预算、预计旅游支出的题项设计主要参考以往旅游目的地选择研究中有关旅游花费测量实证研究（Dwyer，Forsyth and Rao，2000；Eugenio-Martin and Inchausti-Sintes，2016）。有关行程时间限制"七天以内"的主要依据来源于知名旅游网站、旅行社所提供给外省旅游者的大多数新疆旅游产品耗时，以及与旅游者有关访赴新疆旅游预估所需耗时的访谈，中国的法定节假日制度也是题项设计时的重要参考。

第四部分为经典计划行为 TPB 量表（包括 4 个测量子目，共计 13 个测量题项）。4 个测量子目分别是旅游者出游态度（包括 4 个测量题项）、旅游者主观行为规范（包括 3 个测量题项）、旅游者知觉行为控制（包括 3 个测量题项）、旅游者出游意向（包括 3 个测量题项）。主要参考的是以往有关计划行为理论与有关旅游者目的地选择行为的实证研究量表（Ajzen，1991；Lam and Hsu，2004a；2006b；Sparks，2007；Sparks and Pan，2009；Quintal，Lee and Soutar，2010；Chien，Yen and Hoang，2012）。有关行为时间限定为"未来一年内"，既延续了已有的旅游者目的地选择实证研究传统，也符合活动研究法中对度假类较长期活动的研究周期限定（Ma，1997），此外，旅游决策域理论也认为有关旅游者可获得知觉域的研究"一年内"是较为合适的时间标准（Woodside and Sherrell，1977）。采用李克特 5 点法进行测量（1—非常不同意；2—不同意；3——般；4—同意；5—非常同意）。

第五部分为距离欲的测量量表（包括 5 个测量题项），主要参考以往心理学以及旅游学有关感知距离及旅游者情感的实证研究的量表（Bullough，1912；Urry，2004；Mckercher，2008；Knudsen，2007；Shepherd，2015），在此基础上进行了自行开发。采用李克特 5 点法进行测量（1—非常不同意；2—不同意；3——般；4—同意；5—非常同意）。

第六部分为旅游者人口统计学特征测量量表，包括旅游者性别、年龄、职业、受教育程度、月收入情况（刘佳等，2015；Cao et al.，2019）。

表 2-1 问卷测量题项与来源表

问卷内容	指标	题项	来源
1. 潜在旅游者识别	到访经历 (Travel experience, TE)	TE：您是否去过新疆旅游？	Kim, Mincheol and Goh, 2011；肖潇等，2013。
2. 感知距离特征 (Cognitive Distance, CG)	居住地 (Tourist residence, TR)	TR：您当前的居住地是哪个省哪个市 / 区？	张宏磊等，2011；刘佳等，2015；周芳如等，2016。
	感知距离远近 (CG1)	CG1：您认为（新疆）乌鲁木齐市离您的居住地的远近程度是？	
	直线感知距离 (CG2)	CG2：根据您估计，（新疆）乌鲁木齐市距离您居住地的直线距离大约是多少公里？	
3. 决策域 (Decision zone, DZ)	旅游预算 （Estimated budget，EB）	EB：今年内，如果您有机会参加时间在 7 天以内的国内旅游，则您能承担的最高花费是多少元？	Dwyer, Forsyth and Rao, 2000；Eugenio-Martin and Inchausti-Sintes, 2016；中国法定节假日安排；旅行社产品调研；旅游者访谈。
	预计旅游花费 (Estimated cost, EC)	EC：根据您的估计，如果您今年内前往新疆旅游，大约需要花费您多少元？	

续表

问卷内容	指标	题项	来源
4. 计划行为理论基础量表 (Theory of planned behavior, TPB)	出游态度（Attitude, ATT）	ATT1：想到去新疆旅游，我会感到愉快。 ATT2：去新疆旅游，会让我感觉到到舒适。 ATT3：去新疆旅游，会让我觉得值得一去。 ATT4：去新疆旅游，会让我收获满意。	Woodside and Sherrell, 1977；Ajzen,1991；Ma, 1997；Lam and Hsu, 2004a,2006b；Sparks,2007；Sparks and Pan,2009；Quintal, Lee and Soutar, 2010; Chien, Yen and Hoang, 2012.
	参照群体影响水平 (Subjective norm，SN)	SN1：对我很重要的人，认为我应该去新疆旅游。 SN2：我很尊重他们意见的人，会鼓励我去新疆旅游。 SN3：我很多的亲戚和朋友，都会去新疆旅游。	Woodside and Sherrell, 1977；Ajzen,1991；Ma, 1997；Lam and Hsu, 2004a,2006b；Sparks,2007；Sparks and Pan,2009；Quintal, Lee and Soutar, 2010; Chien, Yen and Hoang, 2012.
	行为风险掌控水平 (Perceived behavior control，PBC)	PBC1：是否去新疆旅游，取决于我自己。 PBC2：只要我想去，我就能够去新疆旅游。 PBC3：对于我来说，去新疆旅游很容易实现。	Woodside and Sherrell, 1977；Ajzen,1991; Ma, 1997; Lam and Hsu, 2004a,2006b；Sparks,2007; Sparks and Pan,2009; Quintal, Lee and Soutar, 2010; Chien, Yen and Hoang, 2012.
	出游意向（Behavior Intention，BI）	BI1：我计划去新疆旅游。 BI2：我去新疆旅游的可能性很大。 BI3：如果我去旅游，我就去新疆。	Woodside and Sherrell, 1977；Ajzen,1991；Ma, 1997；Lam and Hsu, 2004a,2006b；Sparks,2007；Sparks and Pan,2009；Quintal, Lee and Soutar, 2010; Chien, Yen and Hoang, 2012.

续表

问卷内容	指标	题项	来源
5. 距离欲	距离欲（Distance desire，DD)	DD1：旅游目的地距离我的居住地越遥远，我越想去那里旅游。	Bullough, 1912；Urry，2004；Mckercher, 2008; Knudsen, 2007；Shepherd, 2015。
		DD2：我很想逃离自己现在的生活，到距离遥远的旅游目的地去旅游能够实现这一目标。	
		DD3：目的地越遥远，想到要去那里旅游，我就感到越愉快。	
		DD4：目的地越遥远，想到要去那里旅游，我就感到越放松。	
		DD5：目的地越遥远，想到要去那里旅游，我就感到越兴奋。	
6. 人口统计学特征	性别，民族，年龄，职业，受教育水平，月收入水平等	Age,nationality,sex,occupation,education and monthly incom, et al.	刘佳等，2015；Cao et al., 2019。

2.2.2 条款翻译

问卷设计中部分题项参考了相关领域的英文文献，如果不能够确保译文的准确就可能会导致量表无法达成原有的精确的测量目标。因此，本研究采取了以下策略，以确保量表的质量。

首先，精选近 10 多年来以发表于权威期刊的、以旅游者目的地选择行为为研究对象的、有较高引用率的 10 余篇论文，汇总量表题项的表述及改良后的题项，并在此基础上进行了频数分析，选取最具代表性的题项作为备选。

其次，针对参考英文文献的相关测量项采用了对译的转换方法将其转化为中文测量项。在一位专业背景为英语语言文学的博士研究生与三位在美留学的地理学、管理学博士研究生的帮助下，其中两位辅助将英文译为中文，另外两位辅助将中文译回英文，然后再进一步与国内学者实证研究所使用的相似量表进行了比对，从而确保相应的题测量项准确表达了对应英文量表的准确含义。

2.2.3 专家访谈

笔者邀请南京大学国土资源与旅游学系（旅游地理与旅游规划方向）的 2 位教授、1 位助理研究员、6 名博士研究生对问卷初稿进行讨论与评估，请他们从问卷的科学性、合理性、代表性等层面提出修改意见。综合专家学者的意见，笔者对问卷做出了如下调整：

删除因为问题答案不指向单一结果、语义表达不清、不符合旅游者决策逻辑等共计 4 个测量项。分别为：（1）感知距离测量部分删除了"根据您的估计，如果自驾去（新疆）乌鲁木齐市，大约需要___天，行驶___公里。"根据已有的研究结果，自驾出游分为出发地自驾与目的地自驾两种形式，而中国出发地自驾旅游者出游多以近程旅游为主，超出 500km ～ 1000km 以上的不足被调查群体的 10%（张鹏等，2015），因而使用自驾出游时间与公里数估计旅游者的感知距离并不符合旅游者的实际情况，对该测量项做整体删除处理。（2）删除"根据您的估计，乘坐飞机去（新疆）乌鲁木齐市大约需要花费___小时，飞行___公里。"后半部分的公里计算，因为飞行里程并非国内旅游者估算距离的一般方式，且该问题的提出会导致被试者会计算过多内容，导致被调查者疲惫，影响问卷填写效果，因此仅保留了时间估计。（3）删除"根据您的估计，乘坐最快的铁路去（新疆）乌鲁木齐市大约需要花费___小时，行驶___公里。"后半部分的公里计算，理由同上。（4）旅游者出游态度测量部分删除了"我喜欢近期内（未来一年以内）前往新疆旅游。"喜欢的态度表达模糊不清，与其他测量项可能存在交叉，而且相较而言其他的 4 个测量项使用频率更高，因而对该测量项做整体删除处理。

修订因表达逻辑不顺畅、指示不清晰、未能穷尽等原因共计 18 个题项。分别为：（1）根据中国国家统计局有关少年、青年、中青年、中老年、老年的分类方法与分类标准，进行了调整旅游者年龄调查选项的相应调整；（2）以穷尽为原则，修订旅游者职业调查选项；（3）根据《中华人民共和国 2016 年国民经济和社会发展统计公报》，修订旅游者受教育程度调查选项；（4）出游方式选项中的"团体"选项与另一个选项"与家人、朋友同行"存在交叉，因此将其修订为"旅行社组团"；（5）根据中国国家统计局官网有关居民收入的调研报告，修订了旅游者月收入水平调查项；（7）为了便于受访者作答，将计划行为时间期限的说明统一提前，并做具体解释——"未来一年内（未来 12 个月内）"；（8）在补充时间说明的基础上，以便于受访者理解为目标，将题项"近期内前往新疆旅游会让我感到愉快"修订为"想到去新疆旅游，我会感到愉快"；（8）同上，题项"近期内前往新疆旅游让我感到舒适"被修订为"去新疆旅游，会让我感到舒适"；（9）同上，题项"近期内前往新疆旅游让我感觉值得"被修订为"去新疆旅游，会让我觉得值得一去"；（10）同上，题项"近期内前往新疆旅游让我感到满意"被修订为"去新疆旅游，会让我收获满意"；（11）同上，在旅游者主观规范测量中，题项"大多数我认为很重要的人认为我应当在近期内去新疆旅游"被修订为"对我很重要的人，认为我应该去新疆旅游"；（12）同上，题项"我很尊重他们意见的那些人都会鼓励我近期内去新疆旅游"被修订为"我很尊重他意见的人，会鼓励我去新疆旅游"；（13）同上，在旅游者知觉行为控制测量中，题项"是否在近期内去新疆旅游完全取决于我自己"被修订为"是否去新疆旅游，取决于我自己"；（14）同上，题项"只要我想去，我就能够在近期内去新疆旅游"被修订为"只要我想去，我就能够去新疆旅游"；（15）同上，题项"对于我来说，近期内去新疆旅游很容易实现"被修订为"对于我来说，去新疆旅游很容易实现"；（16）同上，在旅游者出游意向测量中，题项"我计划近期内去新疆旅游"被修订为"我计划去新疆旅游"；（17）同上，题项"我近期内去新疆旅游的可能性很大"被修订为"我去新疆旅游的可能性很大"；（18）同上，题项"如果我近期内出去旅游，我就去新疆"被修订为"如果我去旅游，我就去新疆"。

根据问卷设计的规范性要求，为了避免可能存在默许偏差（acquiescence bias）以及有效掌控被试者"粗心 / 疲劳"的习惯反应（Bagozzi and Richard，1994），新增反向测量项 2 项。分别为：（1）我不会接受亲戚、朋友提供的出游意见和信息；（2）到新疆旅游，我不会感到愉快。

2.2.4 旅游者访谈

笔者邀请 24 位中国旅游者参与对问卷初稿的讨论，请他们从问卷的易读性、易理解性、易填写性等层面提出修改意见。综合受访旅游者的意见，笔者对问卷做出了进一步调整：删除计算量过大（例如无直达航班、直达火车列次可能会导致的时间消耗）、使用频率较低、参考意义不大的感知距离测量题项2项，即删除"根据您的估计，乘坐飞机去（新疆）乌鲁木齐市大约需要花费___小时"和"根据您的估计，乘坐最快的铁路去（新疆）乌鲁木齐市大约需要花费___小时"。

删除容易导致误解的反向测量题项2项，即删除"我不会接受亲戚、朋友提供的出游意见和信息"和"到新疆旅游，我不会感到愉快"。访谈的结果其实也反映了问卷测量过程中有关反向题使用的争议，虽然反向题的使用能够有效地控制默许偏差，但是实际上反向题与正向题测量的往往是不同的特质，且其经常会导致各种误解，不仅带来问卷信效度影响的争议，还会受到受访者教育水平与语言能力的制约（Weems and Onwuegbuzie, 2001）。综上考虑，笔者在此次问卷调查中放弃了使用反向题测量，而是采用了随机打乱题目顺序的方式、尽量使用长度较短的语言表述等方式来实现更好的测量效果。听取了受访者对于网络问卷版式设计的其他要求与建议等等。

2.2.5 预调研

网络问卷通过问卷网（www.wenjuan.com）相关功能模块完成设计，经过在线填写测试、确认无误后，于2018年4月27日—5月30日进行了试发放，采用了滚雪球抽样方法（张宏梅和陆林，2006），共回收462份问卷，其中有68人曾经到访过新疆因而被从样本中取出，最后获得的预调研样本为394份。并对预调研问卷质量与理论模型建构做了初步的检定。

首先，对问卷的信效度做检定，使用克朗巴赫系数测量量表内部的一致信度，使用组合信度（CR）测量值间的内在关联程度，运用标准化因子在和系数和平均方差抽取量对测量模型的聚合效度进行了检验。在此过程中未删除任何题项。

其次，基于预调研数据进行探索性因子分析，通过"测量变量收集—获取协方差矩阵—进行Bartlett球性检验和KMO量数判断—主成分分析法提取公因子—检验因子载荷—解释提取公因子"的步骤，对量表的维度进行识别，筛选因子载荷大于0.4的测量变量，从而确保每个观测变量仅指向唯一的潜在因子（薛薇，2014）。在此过程中并没有删除任何题项。最终形成本次研究的正式量表。

2.3 数据收集

2017 年 7 月至 2017 年 12 月，在问卷调查网的技术支持下，问卷进行了随机抽样式发放，共回收问卷 4620 份。经过数据合理性审查（距离数值填写是否超出可接受合理值范围、是否存在习惯性填图、是否存在关键数值缺失），1256份问卷被从中取出；另有 54 份问卷由于填写者居住地为港澳台［非大陆（内地）旅游者］也被从中取出；此外，1902 份问卷因为受访者有过到访新疆旅游的经验（非潜在旅游者）亦被取出，最终本研究的样本量为 1408。所获得问卷数据由问卷调查公司提供的网络表单，并通过 SPSS24.0 完成了数据转换与输入。样本人口统计学特征参见表 2-2，样本来源省份参见表 2-3。

表 2-2　样本人口统计学特征表

特征	分类	频率	百分比 (%)
性别	男	739	52.49
	女	669	47.51
年龄	14 岁及以下	22	1.56
	15~24 岁	525	37.29
	25~44 岁	813	57.74
	45~64 岁	45	3.20
	65 岁及以上	3	0.21
职业	政府机关工作人员	86	6.11
	公司职员	370	26.28
	商贸人员	67	4.76
	服务员 / 销售员	100	7.10
	技工 / 工人	127	9.02
	军人	3	0.21
	学生	402	28.55
	专业技术人员（如医生 / 教师等）	132	9.38
	离退休人员	9	0.64
	其他	112	7.95

续表

特征	分类	频率	百分比 (%)
教育背景	小学及以下	7	0.50
	初中	115	8.17
	高中 / 中专	379	26.92
	大专 / 本科	675	47.94
	研究生及以上	232	16.48
月收入（元）	3000 及以下	447	31.75
	3001~5000	409	29.05
	5001~7000	322	22.87
	7001~9000	137	9.73
	9001 及以上	93	6.61

由表 2-2 可知，本次研究的受访者具有以下特征：（1）受访者性别比例较为均衡，男性 739 人，占总人数比例 52.49%，女性 669 人，占总人数比例 47.51%。（2）年龄比例中，以 15～44 岁之间的受访者较多，总人数 1338 人，占总人数比例的 95.03%，这可能与网络问卷调查的形式有关，也与网络的易获得性有关。（3）在职业比例中，被调查者职业分布较为均衡，其中以公司职员与学生居多。（4）从被调查者受教育程度来看，基本在高中及高中以上，以本科学历最多，占到总人数的近半数，基于此数据也反映出，被调查者都具备较好的理解能力与问卷填写能力，能够确保较好的问卷质量。（5）从被调查者的收入水平来看，收入水平较为均衡，也说明此次受访群体收入有较为理想样本分布，能够确保较好的问卷质量。（6）从样本的省域分布来看，被调查者覆盖除西藏自治区外的其他所有省份（港澳台除外），以京津冀、长三角、珠三角人数居多，西藏虽然毗邻新疆，但是由于两省之间被昆仑山系阻隔，交通不便，从乌鲁木齐前往拉萨的主要交通工具如火车、飞机等都需要中转青海西宁，因此虽然地缘相近却非主要客源市场，而京津冀、长三角、珠三角历来都是新疆主要的客源地，因此，此次调查样本的地域分布基本符合新疆旅游接待市场的情况。

表 2-3 样本省份分布表

省份	频率	百分比
安徽省	74	5.30
北京市	83	5.90
福建省	42	3.00
甘肃省	11	0.80
广东省	106	7.50
广西壮族自治区	28	2.00
贵州省	19	1.30
海南省	5	0.40
河北省	93	6.60
河南省	73	5.20
黑龙江省	34	2.40
湖北省	28	2.00
湖南省	41	2.90
吉林省	21	1.50
江苏省	184	13.10
江西省	45	3.20
辽宁省	43	3.10
内蒙古自治区	10	0.70
宁夏回族自治区	3	0.20
青海省	3	0.20
山东省	101	7.20
山西省	95	6.70
陕西省	21	1.50
上海市	41	2.90
四川省	36	2.60
天津市	26	1.80
云南省	34	2.40
浙江省	68	4.80
重庆市	40	2.80
总计	1408	100.00

2.4 数据分析方法

（1）信度检验

为了核定问卷的一致性与稳定性，研究采用了信度分析方法来控制和减少可能出现的随机误差。通过信度分析能够作为删除测量项的依据并能够检定和修正"总体—相关"系数及提高相应的 α 值。有学者建议，"总体—相关"系数必须高于 0.3，内部一致性系数 Cronbach' α 值一般应大于 0.7（Nunnally，1967；Hair et al.，2010）。

（2）因子分析

探索性因子分析旨在将关系错综复杂的测量变量通过降维处理为若干少数核心因子以探求多元观测变量本质结构的处理技术。Bartlett 球性检验和 KMO 取样适合性检定是开展探索性因子分析的前提，学者建议 Bartlett 球性检验系数显著性 p 值小于 0.05 并且 KMO 值大于 0.6 时，才打到探索性因子分析的基本要求。较常使用的处理方法是主成分分析法，采用最大旋转方差对数据结构中的多元观测变量进行检定。

验证性因子分析旨在检定潜在的机构能否形成稳定的测量模型。组合信度（CR）用于测量指标间的内在关联程度，数值要求一般应当高于 0.7（Fornell and Larcker，1981；Hair et al.，2010），也有学者认为 0.5 以上也可以接受（Zhou, Zhang and Edelheim, 2013）；标准化因子载荷系数（Factor loading）和平均方差抽取量（AVE）用于检验测量模型的聚合效度与区别效度，其中 FL 值较严格的标准一般应当高于 0.5（Fornell and Larcker，1981），也有学者认为 0.4 以上亦可接受（Zhang et al.，2012），AVE 值较严格标准为 0.5 以上（Fornell and Larcker，1981），但也有学者认为 0.4 以上亦可接受（Zhang et al., 2012）。

（3）共同方法偏差检验

共同方法偏差（common method biases, CMB）是由同样的数据获取方式、同类型的被调查者、同样样的测量环境、同样的测量语境等因素可能导致的系统误差，这种类型的系统误差在使用自我报告类型的调查数据中最为常见，需要对所使用的数据进行共同方法偏差检定，以确保统计数据不会受到被调查者一致性动机、宽大效应、社会默许等其他测量因素所混扰（Podsakoff et al.，2003）。共同方法偏差检验可以使用 Harman 单因素检验，如果抽取出的因子数量不止一个，且第一个因子的方差贡献率通常不超过 40%，一般可以判定共同方法偏差不严重（Podsakoff et al，2003），可以继续开展后续的分析。本研究对感知距离对旅游者目的地选择影响的问卷调查结果进行了共同方法偏差检验，以验证调研数据不存在同源偏差问题。

（4）方差分析

方差分析（Analysis of Variance, ANOVA 分析）主要被用于检定两个或两个以上样本均数之间差别的显著性。本研究主要利用方差分析法探究不同人口结构特征的旅游者目的地选择行为特征的差异。

（5）结构方程模型

结构方程模型（Structural Equation Model，简称 SEM），源于 1921 年 Sewll Wright 的路径分析研究（Wright, 1921），由 Joreskog 与 Van Thillo 于 1972 年首次提出，得到了迅速推广与应用。相比较其他数据分析技术，其优势体现在允许变量存在测量误差并且能够估算出难以直接测量的潜变量内部及其与显变量的定量关系，能够兼顾理论验证与多变量数量关系分析，并能够通过可视化程度较高的路径图实现变量关系表达。

其主要应用于检验和估计已有理论假设关系，AMOS 是较常使用的分析软件之一，也是本研究主要采用的分析工具。分析一般首先通过验证性因子分析检测潜在测量结构是否能够形成稳定的测量模型，通过检定后，再通过绝对适配指数、相应适配指数、过度适配指数进行结构方程模型的检定（吴明隆，2010）。

（6）Bootstrap 法中介效应检验

常见的中介效应检定方法有逐步回归法（因果模型法）、乘积系数 Sobel 检验、差异系数检验法和 Bootstrap 法。其中，逐步回归法准确性较低，Sobel 检验和差异系数检验法则对正态性有较高要求在现实情况中较难满足。而 Bootstrap 法基于模拟抽样分布，进行有放回的多次抽样（有学者建议次数应大于 1000），多次抽样会形成多个中介效应的估计值，进而获得系数乘积的置信区间（MacKinnon et al., 2002；Preacher and Hayes, 2008)，进而估计间接效果的标准误及置信区间，如果置信区间不包含 0，在乘积系数显著，总效果显著的情况下，则可验证间接效果存在（Preacher and Hays, 2008）。本研究主要使用了 Bootstrap 法进行了距离欲中介效应的相关检定。

（7）多群组分析法

多群组分析（Multiple-Group Analysis，简称 MGA），是结构方程模型的功能之一，能够被用来考察不同调节变量对模型整体的作用程度（Assaker, Vinzi and O'Connor，2011）。一般方法是将调节变量分为高、低水平组（如果调节变量为连续变量，则可考虑将变量值由小到大排序，以前、后 27% 作为高低组依据），（Koo，Poh and Ruzita，2016），逐步对回归系数进行限定，用限定后的卡方和限定前的卡方做差，相应的自由度也做差，通过对应的显著性检定（卡方差在相应的自由度上显著）来判断调节变量对模型作用是否显著。如果调节作用显著，则进一步比较低水平组与高水平组相关路径系数的大小，如果低水平组系数值低于高水平组系数值，则调节变量对该路径起到了正向调节作用，反之则为负向调节作用（吴明隆，2010）。本研究主要使用了多群组分析法来检定了感知距离的调节作用。

第三章　距离欲对旅游者目的地选择影响的理论框架

3.1 距离欲的概念

布洛（Bullough）在 *Physical distance：As a factor in art and an aesthetic principle* 提出了美学研究中的"心理距离"的概念，认为美并没有纯粹的客观性，如果一味凭借既有的规范、准则去评价美，会抹杀掉许多美的事实（Bullough，1912）。由于美的评价存在着显著的个体差异，布洛认为从心理学视角切入有助于更加深入的探索，布洛认为美感源于审美主体对审美对象所保持的距离（即心理距离），这种距离消除了主体对审美客体的使用态度从而使美感有利于形成快感，使主体收获审美体验。物理距离（physical distance）、时间距离（temporal distance）是美学研究中特定心理距离的独特形式。若是主客体在心理距离上失距（losing distance）了，例如差距（under-distancing：因为功利性的目的而丧失审美体验）或者超距（over-distancing：因为距离太远，而导致主客体关系的衰弱，审美客体不容易被理解和掌握），都会导致主体无法获得美感。在以差距临界值为下限，以超距临界值为上限，这一段阈值以内的心理距离能够引起主体较好的审美体验（见图3-1），主体采取距离行动(即贴近或远离审美客体从而寻求适度距离获取最佳审美体验的行为)才能获得持续性的美感（图3-1中的虚线箭头指示了抽象的距离行动的路线）。这一理论为本研究探索主体采取距离行动的动因，即寻求"适度心理距离—距离欲"的探索提供了可能性与理论基础。

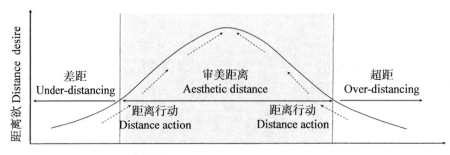

图 3-1 距离欲的研究范畴图

　　根据布洛的相关理论，本研究提出距离欲的概念，距离欲就是距离所引起的人们的情感需求及其变化。在旅游者的出游行为研究中，距离欲是距离所引起的旅游者的情感需求及其变化。虽然距离欲的概念起源于布洛的美学理论，但不同于美学研究中的抽象性质的心理距离概念，距离欲的概念更加强调由空间的实际距离所引起的个体情感需求及其变化。在旅游者目的地选择过程中的距离欲研究更加关注由旅游者居住地与目的地之间的空间实际距离所引起的旅游者的情感需求及其变化。

　　为了进一步明晰距离、感知距离与所提出的距离欲的相关概念，本研究对以上三个概念的主体、客体、研究内容、研究目的、研究意义做了进一步梳理与比对。

表 3-1 距离、感知距离和距离欲的辨析表

比较内容	距离	感知距离	距离欲
主体	旅游者	旅游者	旅游者
客体	旅游者居住地与旅游目的地	旅游者居住地、旅游目的地	旅游者居住地与旅游目的地的距离
内容	旅游者居住地与旅游目的地空间实际距离	旅游者居住地与旅游目的地空间实际距离的认知评价	旅游者居住地与旅游目的地空间认知距离的情感评价

续表

比较内容	距离	感知距离	距离欲
目的	客观描述旅游者居住地与旅游目的地的相对位置	旅游者对居住地与旅游目的地相对位置的空间认知与评价（距离远—近的判断）	旅游者对居住地于旅游目的地相对位置的空间认知的情感评价（距离远近带来的吸引力—阻碍的判断）
意义	①客观描述空间中客源地与旅游目的地之间的空间关系 ②探索旅游者行为空间规律的基本变量	①反映旅游者对居住地与旅游目的地远—近的认知 ②探索旅游者空间认知规律的基本变量	①反映旅游者对距离所产生的引力或阻力的情感认知与判断（对距离远近所带来的未知的向往或逃离） ②直接作用于旅游者目的地选择、用于探索距离作用机制的基本变量 ③探索距离对旅游者的意义的基本变量

　　表3-1对三个概念进行了比对，可以发现：实际距离描述的是空间位置，感知距离反映人们对距离远近的感知与判断，核心是距离的远近；而距离欲是人们对距离所产生的引力或阻力的感知与判断，落脚点是距离远近所带来的对未知的向往或逃离。距离欲对于旅游者行为的解释有着最为深刻的理论内涵，虽然表现为目的地选择过程中旅游者对距离的情感诉求，但实质上，距离欲表征的是旅游者对距离的意义的个体化理解。距离欲能够反映主体深层次的心理加工过程与结果，因此与主体决策的关系最为紧密，内涵也最为深刻，能够帮助我们更深入的探索距离作用于旅游者目的地选择的机制。

3.2 距离欲的维度与层级

　　距离欲是距离所引起的旅游者的情感需求及其变化，是旅游体验的重要组成部分，旅游者对目的地的价值的评估与情感判断影响着旅游者的目的地选择。

为了获得最佳的旅游体验，旅游者也会采取相应的距离行动，包括适度距离的旅游目的地选择、不同程度的旅游准备工作等。对距离欲的深入探索有助于进一步揭示旅游者采取相应距离行动的根本原因，也有助于更全面理解为什么旅游者会做出特定目的地决策。为了更深入地理解这一根本动因，本研究尝试通过维度与层级细分对距离欲内部结构做进一步的探析。

3.2.1 距离欲的维度

距离欲是距离所引起的人们的情感需求及其变化，对距离的认知是主体形成距离欲的基础，因此认知维度，即旅游者对"远—近"的空间距离认知应当是形成距离欲的基本维度。

距离欲反映了旅游者的情感需求与变化，因此情感维度也应当是距离欲的核心维度。有学者提出环形模型（circumplex model）对情感维度进行细分（Feldmanbarrett and Russell，2009），常见的分类方法主要是基于冯特、伍德沃斯、肖斯伯格、费尔德曼巴雷特等人的情感三维度说（三个主要维度分别是"愉快—不愉快""激动—平静""紧张—松弛"）及其拓展（Lewis and Haviland，1993）。参考情感维度的细分，有助于对距离欲的内部结构开展进一步研究。旅游者对想象中旅游地与出游目的的符合程度、爱憎、褒贬等情感体验与情感态度直接影响旅游者的目的地选择。本研究参考了常用心理学情感研究中的情感三维度说，尝试构建距离欲的情感维度，内容应包含由距离所引发的"愉快—不愉快""激动—平静""紧张—松弛"的情感。

此外，旅游活动还有不同于其他人类一般行为的特点，逃离惯常环境是旅游活动的重要组成部分与标志性特征，有关旅游的本质的讨论以及有关后现代性、认同感相关研究成果也进一步揭示逃离是促使旅游者出游的重要动机（Sheller and Urry，2006），目标在于寻求与惯常环境及他者适度心理距离的形成与保持（Knudsen，Soperand Metro-Roland，2007；Shepherd，2015）。因此，本研究认为旅游动机维度也应当引入距离欲的细分维度，主要内容应当包括对旅游者对距离的"向往—厌弃"。

3.2.2 距离欲的层级

从需求的一般属性来看，距离欲作为距离所引起的人们的情感需求及其变化，这种情感需求是旅游者基本心理需求的重要组成部分，能够适用常规的旅游者需求层次分析框架。从需求的特殊性来看，由于距离欲与旅游审美需求有着特殊联系，根据其满足审美需求的类型、程度的不同，距离欲存在着强度的差异，其层级划分又有可能具有其自身的结构特点。从需求的稳定性来看，由于距离欲一方面反映旅游活动的本质（离开惯常环境且具有审美活动的性质），从旅游者需求层次的整体结构来看必然具有一定的稳定性；另一方面由于其反映旅游者对心理距离的情感需求（情感结构本身具有不稳定性，因而旅游者个体间可能存在较大差异），从距离欲自身的层级结构来看，可能具有为个体差异与易变化性，并且具有鲜明的文化与时代烙印。

结合马斯洛心理需求层次分析（Maslow，1943），距离欲对应主体的生理距离需要、安全距离需要、社会距离需要、尊重距离需要与自我实现距离需要（参见图 3-2）。生理层次的需求中，有关距离欲的需求的内容可能表现为主体对适度距离的寻求从而获得生存；安全层次的需求中，有关距离欲的需求的内容可能表现为主体对适度距离的寻求从而获得安全保障；社会交往层次的需求中，有关距离欲的需求内容可能表现为主体对适度的距离的寻求从而实现情感的维系或是互动；在尊重层次的需求中，有关距离欲的需求内容可能表现为主体对适度距离的寻求来展现社会差别或是寻求身份认同；在自我实现层次的需求中，有关距离欲的需求内容可能表现为主体对适度距离的寻求来实现对理想自我的寻求以及对现实生存的解放与自由。

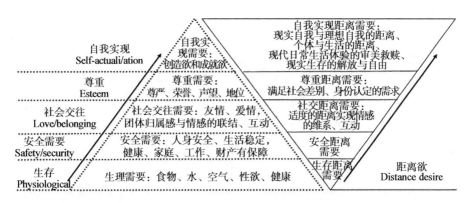

图 3-2 马斯洛心理需求层次理论与对应的距离欲需求层次图

从需求的特殊性来看，距离欲在反映旅游者基本心理需求的同时，更突出反映旅游者的审美需求。这种需求通过创造距离来满足个体对生活的审美、对现实生活的超越、对生活的诗意的发现以及对自我的救赎（杨向荣，2009）。根据其满足旅游审美需求的内容、程度的差异，本研究尝试对距离欲的层级细分做了进一步探索。从时代背景出发，结合现代性、美学研究的相关分析，根据距离引起的旅游者情感需求的强度变化，将旅游者目的地选择过程中的距离欲细分为三个层次，即游戏的距离欲、时尚的距离欲和冒险的距离欲。

游戏的距离欲："游戏"为个体在一定时空中依照自觉接受并完全遵从的规则、围绕一定的目标开展的活动，这一活动进行中伴有紧张、愉悦的感受以及区别于平常生活的意识（赫伊津哈，2017）。美存在于对游戏的体验过程中，游戏活动也是人日常生活中的审美活动，因为游戏的形式淡化了所有的存在现实（康德，2013），游戏的态度消除了事物的内在功利性，"事物仅仅依靠纯粹的形式而产生作用，完全忽略了生活的真实内容"（Frisby，1991），帮助个体实现了从现实存在中短暂的逃离。但是，这种距离是有限的，游戏的开始宣告日常生活的中止，游戏的结束也就宣告着日常生活的继续。游戏可以说是对日常生活的一种距离体验，游戏的距离欲是基本层次的审美需求。针对旅游者目的地选择行为而言，这一需求集中体现在旅游者的日常闲暇之中，注重形式的审美游戏既能够帮助旅游者摆脱日常的生活，又能够实现对平淡的日常生活的超越，收获愉悦体验。

时尚的距离欲："时尚"是对一种特定范式的模仿，是社会相符欲望的满足（西美尔，2001）。同时存在着对社会差别（通过模仿他人融入一个社会群体）和身份认定（通过拥有别人没有的新东西来凸显个性与独特）的追求（Nedelmann，et al.，1994）。从审美视角来看，时尚活动是区分性（与现实拉开距离，进而使生活具有审美意义）与从众性（无距离与反审美）的对立统一。在考虑与现实生活的距离的基础上，时尚的距离欲还必须进一步考虑个体性与超个人的集体性之间的距离，除此之外，时尚还具有迅速而持久的变化特性（弗里斯，2013），因此，时尚的距离欲还反映对距离的动态平衡性的诉求，属于较复杂、较高层次的审美需求。针对旅游者目的地选择行为而言，这一需求集中体现在旅游者对反映社会差别和身份认同的目的地或旅游方式的选择之中，体现于大众旅游与个性化旅游的互动之中，反映在多样性旅游需求的动态变化之中。时尚的距离欲反映了旅游者通过与众不同的行为模式来对日常生活刻板模式的中断与颠覆的审美需求。

冒险的距离欲：冒险是人类现代性生存中的一种极端体验，是对生存的越境（西美尔，2003）。人类作为"越境者"一方面在一个边界内，另一方面又能够自觉地意识到这点并且能够超越这个边界性。超越和突破精神生命界限的存在的方式之一就是冒险，就是从生活的连续性中突然消失或离去（西美尔，2001），包括对生存空间的超越与对连续时间存在的超越，也实现了对现存自我的不断超越。冒险的距离欲消除了日常生活所具有的条件性和制约性，使生命作为整体，并在其强度与广度上为人所感受（达默尔，1999）。冒险的距离欲追求对物化生活的明确决裂，也反映个体对观察的物化现实的明显拒绝（杨向荣，2009），属于更深层次的审美需求。在旅游者目的地选择中，这一需求在形式上体现为对更遥远、更神秘目的地的渴望，对更陌生环境的向往、对更有挑战性、更为深刻的活动内容的偏好等，常见的表述方法如"一生中必须要去一次……"，或者表现为冒进性的旅游决策（对日常生活连续性突然中断），如"说走就走的旅行"等等，最终体现为旅游者体验需求的升级，实质上则体现旅游者自我超越的本质追求，在稳定的反映人类超越自我的本质追求的同时，这一需求当下的上升趋势也客观反映着旅游者审美需求的现代转向。

　　由于距离欲能够满足旅游者基本的心理需求，因此具有稳定的层级结构，但是由于审美需求具有鲜明的时代特征与个体化差异，因此距离欲层级结构也具有一定的变化性，并且在历时性分析、个体性分析、差异性群体对比性分析中可能体现出差异化的时代特征与文化性格。由于这一研究的细致开展可能是另一个更加广阔的领域，因此，本研究主要集中于现代化视域下，群体共性的分析。综合考虑距离欲的概念、维度与层级，本研究对距离欲的内部结构做了进一步的整合与梳理，通过图 3-3 展现了距离欲的维度与层级的相互关系。

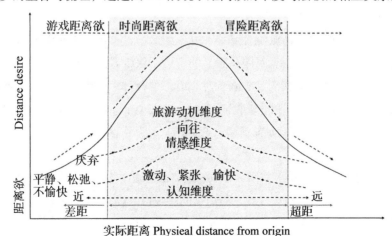

图 3-3 距离欲的维度与层级关系图

3.3 距离欲的本质——旅游者的"远方"

通过对距离欲的概念、维度与层级的讨论，我们可以发现距离欲即距离所引起的旅游者的情感需求及其变化的直接表现是旅游者对适度的心理距离的情感需求，而实质是人类超越自我的本质追求和抵御异化的审美救赎，既客观反映了旅游审美需求的现代化转向，又为个体应对高速发展的流动性社会提供了应对策略。距离欲为我们回答旅游者为什么要去旅游提供了可能的解释。通过以下两个问题的解答，距离欲的本质将得到进一步呈现。

（1）旅游者所寻求的"远方"，带给他们的到底是什么？

（2）什么是离开惯常环境？旅游者为什么要离开"惯常环境"？

远方即意味着离开惯常环境，离开惯常环境即为寻求远方。"远方"（即离开惯常环境）带给旅游者的是一种距离的体验（离开惯常环境实质是日常生活连续性的中断），这种体验让旅游者的个体的内在世界重返自身，从而抗拒并超越外在物化的世界（旅游者的惯常环境即连续性的日常生活），而外在的物化世界（包括旅游目的地、旅游过程、旅游者的惯常环境等等）由于远离了与旅游者的各种功利性关系，得以在旅游者面前显示其独特个性，成为纯粹的审美对象，并进而作为审美体验进入旅游者的内在世界，成为旅游者内在心理结构的一部分。帮助旅游者带着审美的体验重新审视惯常环境，怀着审美的心态重新投入日常生活，并在与惯常环境中的日常生活的互动中促进和酝酿新的或者更深层次的审美需求的产生。

由此可见，距离欲是旅游者对"远方"的追求，不仅反映旅游者对感知距离的情感加工，更是旅游者对距离意义的解读。旅游者外出旅游，是因为旅游活动带来的距离体验能够满足旅游者对和谐（弥合日常生活所导致的各种区隔和分裂）、宽容（对差异性的尊重与认可）、独立（个性的自由建构）精神境界的追求（周宪，2015），满足旅游者身心健康、提升生活品质的根本需求（参见图3-4）。

图3-3中的距离欲层级与图3-4中的距离欲层级并未产生矛盾，图3-3通过水平轴展示了随着实际距离变化，距离欲的层级可能随之发生的变化，而图3-4的金字塔结构的垂直细分的主要依据是距离欲的强度。

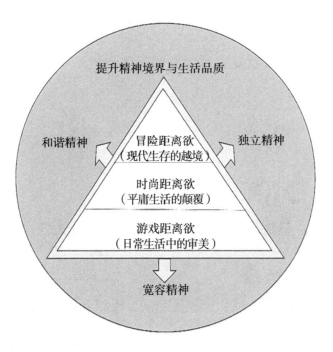

图 3-4 距离的意义图

距离欲的核心是一种审美精神，这一精神追求的实现能够帮助旅游者重塑日常生活，实现个体的精神提升，使旅游者通过旅游活动超然于日常生活的琐碎与局限，进入更高的精神境界。距离欲同时为我们解读旅游的本质提供了新线索，旅游活动带来的距离的审美体验能够满足旅游者对和谐、宽容、独立精神境界的追求，旅游以审美体验的形式参与建构和重塑旅游者的心理结构，从而帮助旅游者更好的重返现实世界，以和谐、宽容、独立的美学境界来重塑现实世界，提升旅游者个体、群体乃至全人类的生存品质。

3.4 距离欲对旅游者目的选择影响的理论解释框架

为了进一步厘清距离欲作用于旅游者目的选择作用机制，本研究将从距离信息加工的单一维度以及旅游者目的地选择行为的综合维度，从宏观、微观视角对距离欲与其他行为变量的关系做进一步的理论梳理，以期提供可供参考的解释框架。

3.4.1 旅游者目的地选择过程中距离信息的加工

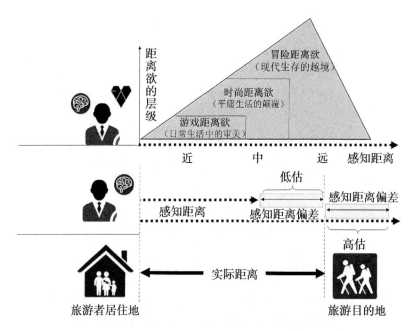

图 3-5 旅游者目的地选择过程中距离信息的加工图

图 3-5 反映了从距离维度切入，旅游者目的地选择过程中距离信息的加工过程。

实际距离是对旅游者居住地与旅游者目的地绝对空间的表征；基本内容是区位与绝对的空间关系；作用是使旅游活动开展过程中的物质性的对象、事件，过程可以被清晰的个体化，并得到描述；研究核心是物理层面的边界的探索以及绝对空间关系规律性的变化。

感知距离是对旅游者居住地与旅游者目的相对空间的表征；一方面受到主体认知加工方式（社会、文化、生活经历等）的影响，另一方面受到客观度量标准（物理距离、成本、时间）的影响，是相对的而不是固定不变的；作用是表征旅游者对实际距离信息认知加工过程与结果；研究的核心是对旅游者整体层面认知结果（近—远）的标准的探索，以及旅游者个体层面认知偏差（高估—低估）产生的原因的探索。

距离欲是对旅游者居住地与旅游者目的关系性空间的表征；基本内容是对距离的价值与意义的判断；作用是表征旅游者对距离信息的情感加工过程与结果；研究的核心是旅游者共有的稳定的距离价值判断，以及个体化、历时性、有差异的，具有鲜明时代、文化特征的距离意义的探索。

总体看来，"实际距离—感知距离—距离欲"是宏观到微观的研究视角的转变，也反映了距离信息加工逐渐深化的过程。三者是对旅游者居住地与旅游目的地空间内容不同方式的空间解读，也进一步揭示了三者有各自的适用情景，适用于不同层次、不同内容的旅游者目的地选择行为研究。如实际距离更适用于宏观层面对旅游者的空间总体行为规律的探索；感知距离既适用于宏观层面对旅游者总体空间认知规律的探索，又适用于对个体认知差异性的分析；而距离欲除了适用于从宏观层面探索旅游者的稳定性的情感需求特征外，作为微观个体深层次的心理加工结果，会更直接的作用于旅游者的意向与行为，适用于作为独立变量，引入距离作用于旅游者目的地选择的机制探索之中。

3.4.2 距离欲对旅游者目的地选择影响的宏观理论框架

推拉模型是解释旅游者出游行为的经典理论（Klenosky，2002），是常用的宏观层面的目的地选择行为解释框架，其优势在于以简洁清晰的概念模型，厘清旅游者目的地选择行为的动力机制。其中推力被认为是旅游者个体的内在心理驱动（内在需求），拉力被认为是旅游目的地或吸引物吸引旅游者前来的作用力（外部的吸引力）。

推力因素的分析常常借助与马斯洛需求层次理论（如社会交往、尊重以及自我实现等）以及所研究的旅游行为特点（如观光型、休闲度假型或者如自驾游、徒步型等）进行梳理，拉力因素的主要依据则是旅游地或旅游吸引物的属性，在推、拉因素分析的基础上，还会开展对影响两者交互作用实现的阻力因素做分析。

本研究借鉴推拉理论的概念模型，从宏观层面对距离与旅游者目的地选择行为的作用机制进行阐释。在传统的旅游者目的地选择研究中，空间距离被视作是旅游者需要花费时间、精力去克服的阻力（阻力因素）（见图 3-6）。有学者认为除此之外，距离还存在着吸引旅游者到访的引力作用的神秘维度（Lin and Morais，2008），但尚缺乏系统的理论论述，本研究中距离欲概念的提出完善了对这一神秘维度的理论阐释，认为距离欲是对距离引力机制的表征，是从距离维度对已有研究中旅游者出游内驱因素研究的补充和完善。虽然布洛的心理距离不单单指空间距离或时间距离，但是空间距离仍然是复杂维度心理距离产生的根本原因，从另一个角度说，空间距离又是构成心理距离的重要组成部分。适度的空间距离能够满足旅游者的旅游体验需求，是吸引旅游者出游的重要动因（推力因素），作为心理距离重要组成部分的空间距离，也承载着形成特定心理距离，吸引旅游者到访的引力属性，旅游目的地或旅游吸引物因为能够提供满足旅游者距离欲需求的距离产品而吸引旅游者的到访（拉力因素）。借鉴推拉理论的概念模型，距离与旅游者目的地选择的解释框架表述如下（见图3-6）。

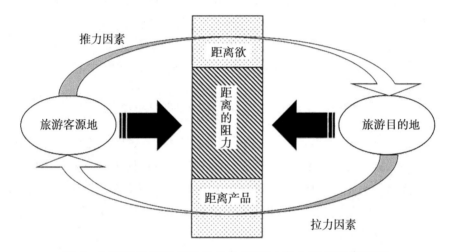

图3-6 距离对旅游者目的地选择影响的宏观解释框架图

虽然推拉理论能够简明清晰地表述距离作用于旅游者目的地选择行为作用机制，但是由于其不分尺度的机理分析无法从微观层面揭示距离的作用机制，也不适用于历时性的过程分析，因此，本研究将在宏观框架解释的基础上，进一步探寻旅游者个体层面距离与旅游者目的地选择行为的微观解释框架。

3.4.3 距离欲对旅游者目的地选择影响的微观解释框架——基于距离欲拓展的旅游者目的地选择模型（DD-TPB）

基于上文对距离欲的理论阐释，本研究对距离欲与作用于旅游者目的地选择行为的变量关系做了进一步分析，在计划行为理论模型基础之上，尝试构建基于距离欲拓展的旅游者目的地选择模型。

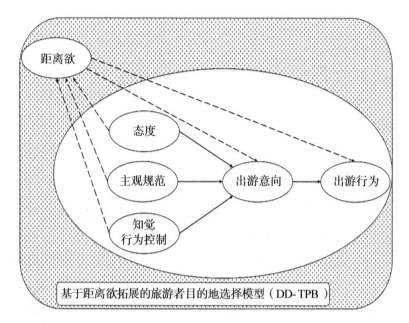

注：虚线箭头为待验证的理论假设。

图 3-7　距离欲对旅游者目的地选择影响的微观解释框架图

在旅游者目的地选择行为研究中，计划行为理论模型（The theory of planned behavior，TPB）是常常被研究者使用的分析模型，因为其非常适用于计划行为的针对性分析，并且能够显著提升对明确定义的人类行为的解释力和预测力（Ajzen，1985），其理论模型框架尤其适用于从个体（微观）层面开展对旅游者目的地选择行为动态机制的探索（Lam and Hsu，2004a；2006b；Sparks，2007；Sparks and Pan，2009）。计划行为的基本理论认为，如果人们相信某些行为能够带来他们想要的结果（态度）、对他们来说重要的参照群体可能会支持他们的行为（主观规范），以及如果他们认为自己拥有参与此类行为的资源、能力和机会（感知行为控制），那么他们会更愿意执行这样的行为。这些态度，主观规范和感知行为控制将影响他们的行为意图，从而影响他们的行为。计划行为理论基本模型（TPB）模型框架参见图 3-7。本研究将借鉴计划行为理论模型的基本框架，展开对距离与旅游者目的地选择的微观解释框架的讨论。

距离欲旅游者出游意向：距离欲反映旅游者为了获取最佳体验，采取特定距离行动，选择一定距离的旅游目的地的要求和愿望，这一需求的满足能够促使旅游者出游意向的形成。因此距离欲可能会积极促进旅游者出游意向的产生。

距离欲与旅游者出游态度：距离欲反映旅游者对目的地的感知距离的情感评价，适度的感知距离是形成个体对距离信息情感评价的认知基础，所激发的距离欲能够促使旅游者积极情感的产生（Sheller and Urry，2006；Knudsen，Soper and Metro-Roland，2007；Shepherd，2015），是旅游者出游态度的重要组成部分。旅游者积极态度的产生能够促使旅游者做出目的地决策（Lam and Hsu，2004a；2006b；Sparks，2007；Sparks and Pan，2009；Chien，Yen and Hoang，2012），旅游者态度与出游意向的作用过程中起到一定的中介作用。因此旅游者出游态度可能与旅游者距离欲正相关，距离欲有可能是旅游者出游态度与出游意向的中介变量。

距离欲与旅游者主观规范：参照群体是个体决策的重要信息来源（Cheng，Lam and Hsu，2006）。影响旅游者对目的地决策域的认知边界（Bearden and Etzel，1982），旅游者的主观规范信念的强度则影响旅游者对目的地情感态度的强度（Lam and Hsu，2004a；2006b；Sparks，2007；Sparks and Pan，2009），主观规范信念的组成部分中也可能包含旅游者对参照群体有关距离欲观点的认知与评价，最终影响旅游者的目的地决策，换句话说，距离欲有可能在旅游者主观规范与出游意向之间发挥着中介作用。Bianchi，Milberg 和 Cuneo（2017）在对短途旅游者与长途旅游者的比较研究中发现，社会理想化自我的概念（ideal social self-concept）能够促使旅游者出游意向的形成，并且比起短途旅游者，其对长途旅游者的影响更为显著，这种对"炫耀感"（Todd，2001）的追求，有可能激发旅游者的距离欲，进而促进旅游者出游意向的形成。因此旅游者主观规范可能与旅游者距离欲正相关，距离欲可能是旅游者主观规范与出游意向的中介变量。

距离欲与旅游者知觉行为控制：知觉行为控制反映个体对自己执行某一行为的能力的感知，高水平的知觉行为控制水平会促使出游意向水平的提升（Han，Lee and Lee，2011）。知觉行为控制水平受到主体不确定性感知水平（perceived uncertainty）的影响，不确定性感知水平越高，主体的知觉行为控制水平越低，出游意向水平越低（Quintal，Lee and Soutar，2010）。空间分隔产生的距离可能带来的旅游者的潜在忧虑，离开了熟悉的安全距离是旅游者不确定性产生的原因之一（Seabra，Dolnicar and Abrantes，2013），并对旅游者的知觉行为控制水平产生不利影响（Quintal，Lee and Soutar，2010）。而距离欲包含旅游者对陌生、不熟悉环境的一种探索与追求，这种情感诉求能够有效降低旅游者的潜在忧虑，把这种忧虑转化为一种征服欲，成为情感体验的来源，是理想化自我实现的路径（Bianchi，Milberg and Cuneo，2017）。因此，较强的知觉行为控制水平有可能影响距离欲的产生，进而促使旅游者积极意向的产生。因此距离欲可能与旅游者知觉行为控制正相关，距离欲也可能是旅游者知觉行为控制与出游意向的中介变量。

距离欲与旅游者出游行为：距离欲所隐含的情感需求还蕴含着旅游者的审美精神，可能外显为旅游者对生存的越境（西美尔，2003），通过旅游活动从生活的连续性中突然消失或离去（西美尔，2001），实现旅游者对生存空间的超越与对连续时间存在的超越。尤其是在时空压缩、流动性加速的当下，人们的精神图景难以匹及转瞬即逝的意向，而时空压缩也总是损害人们应对周边现实的能力（哈维，2016），旅游者在巨大的精神压力下，有可能采取冒进性的旅游决策，直接做出旅游决策，采取"说走就走"的旅游方式，因此距离欲也有可能直接促使出游行为的产生。

基于以上论述，本研究尝试构建了距离欲拓展的旅游者目的地选择模型（DD-TPB）（见上图3-7）。

3.5 距离对旅游者目的选择影响的解释框架

距离是旅游者感知距离的基础，感知距离是旅游者距离欲的来源。距离通过感知距离作用于旅游者的目的地选择，而感知距离则进一步通过距离欲作用于旅游者的目的地选择。感知距离是距离作用于旅游者目的地选择的机制，距离欲是感知距离作用于旅游者目的地选择的机制。

已有理论与实证研究也都发现旅游者目的地选择过程中距离衰减呈现阶段性变化特征，揭示了距离对旅游者目的地选择作用与机制存在尺度效应，而感知距离作为距离作用机制，其对旅游者目的地选择的影响分析是回答距离尺度效应关键。而距离欲作为感知距离的作用机制，不同感知距离水平下距离欲作用分析能够更深层次地揭示距离对旅游者目的地选择影响的作用与机制的尺度效应，并从根本上为距离衰减曲线的阶段性变化提供更完善的理论解释。基于以上思考，本研究在基于距离欲拓展的旅游者目的地选择模型的基础上，进一步构建了基于感知距离拓展的旅游者目的地选择模型（CG-TPB），旨在探索不同感知距离水平下，距离欲作用与机制的尺度效应（参见图 3-8）。如果旅游者的距离欲越强烈，那么感知距离越遥远越能够通过满足旅游者的距离欲而促使旅游者出游意向水平的提升，也越能激发旅游者积极地出游态度的形成，也越能促使重要参照群体的积极意见为旅游者所采纳，也越能够通过提升旅游者知觉行为控制水平来促使旅游者出游意向的形成，从而积极的做出目的地决策行为。

综合距离信息加工的单一维度、旅游者目的地选择行为的综合维度的思考，宏观、微观视角相结合，提出本研究的距离与旅游者目的地选择的基本解释框架（参见图 3-8）。研究框架从右至左反映的是从距离视角切入，对旅游者目的地选择模型的拓展与完善；从左至右反映的是距离作用于旅游者目的地选择行为的机制，包括距离信息的加工过程及其与其他行为变量的相互作用过程，也包括距离的引力机制与阻力机制的全面解析。

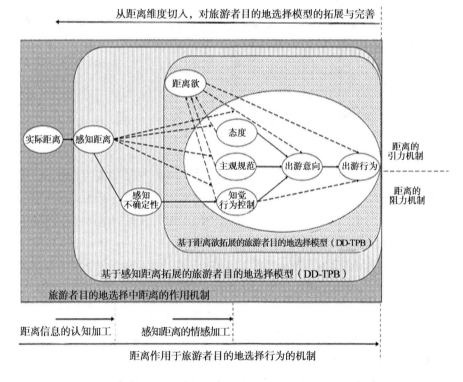

图 3-8 距离对旅游者目的地选择影响的解释框架图

第四章　旅游者目的地选择中的距离与感知距离

本章旨在探索旅游者目的地选择中的感知距离一般标准，比较不同人口统计学特征旅游者的感知距离差异，分析旅游者感知距离随着实际距离变化所呈现出的规律性变化特征。

4.1 旅游者距离感知的一般标准

为了了解旅游者的感知距离是否与实际距离存在差异，以及旅游者感知距离的一般标准，笔者通过计算均值的方式，计算旅游者感知距离的一般标准，并将计算结果与实际距离做了比较，详细内容参见表4-1。

表 4-1 旅游者感知距离的一般标准表

感知距离标准（样本数 N）	感知直线距离（km）	实际距离（km）
1.近（64）	1751.70	2665.21
2.一般（108）	1874.75	2685.77
3.远（590）	2592.45	2730.48
4.遥远（407）	2808.59	2843.74
5.非常遥远（239）	2921.74	2895.48

在感知距离远—近的测量中，"非常近""很近"两组人数为0，因而与"近"组进行了合并，重新分组后的感知距离标准分组为"近"（64人）、"一般"（108人）、"远"（590人）、"遥远"（407人）、"非常遥远"（239人）。感知直线距离的数据来源于问卷调查数据，实际直线距离以受访者居住地信息为基点并通过 GIS 相关组件完成测算。

　　结果显示：旅游者感知距离为"近"时，平均感知直线距离为1751km，实际直线距离为2665.21km；旅游者感知距离为"一般"时，感知直线距离为1874.75km，实际直线距离为2685.77km；旅游者感知距离为"远"时，感知距离为2592.45km，实际直线距离为2843.74km；旅游者感知距离为"遥远"时，感知距离为2808.59km，实际直线距离为2843.74km；旅游者感知距离为"非常遥远"时，感知距离为2821.74km，实际直线距离为2895.48km。

　　可见，随着实际距离的增加，旅游者的感知距离也逐渐增加；在感知距离较近时，旅游者倾向于低估实际距离，感知距离越远，旅游者的感知距离与实际距离的差值越小，在感知距离非常遥远时，倾向于高估实际距离。

　　研究结果证实旅游者的感知距离与实际距离存在差异，与已有有关旅游者感知距离的研究成果相一致（Walmsley and Jinkins，1992；Ankomah，Crompton and Baker，1995；刘佳等，2015），并在感知距离较近时倾向于低估实际距离，而在感知距离非常遥远时，倾向于高估实际距离（Lin and Morais，2008）。感知距离与实际距离的差异可能会导致旅游者不把目的地作为考虑的对象（Ankomah，Crompton and Baker，1995），还有可能会导致旅游者因为对距离信息有偏差而选择目的地作为选择对象（Walmsley and Jinkins，1992）。由此可见，相比较实际距离，感知距离对旅游者目的地选择的影响更为重要性，而感知距离作用于旅游者目的地选择的机制还有待更加深入的探索（Mckercher，2018）。

4.2 不同性别旅游者感知距离差异

　　在旅游者目的地选择行为研究中，感知距离被认为是大尺度空间中，旅游者对当下所在地与旅游目的地之间彼此相距直接不可见的场所间空间距离的信念，是经过个体社会、文化、生活经历加工后所形成的对空间实际距离的心理表征（Ankomah，1992），受到外在环境因素和个体内部空间信息处理能力的综合影响（Golledge et al.，1993），与空间实际距离存在显著的、个体化的差异（Briggs，1973；Canter and Tagg，1975）。性别、年龄、教育背景、收入水平等都被认为是影响旅游者感知距离的重要因素（Ankomah，Crompton and Baker，

1995；Hsu，Kang and Lam，2006)，本章将对不同人口统计学特征的旅游者感知距离差异开展进一步的比较分析。

在心理学认知领域有关性别的比较研究中，学者们发现男性与女性在言语能力、空间能力、数学与推理能力等方面存在着一定的差异（Linn and Peterson，1985），其中，空间能力是性别差异的重要表现（Masters and Sanders，1993），有学者还进一步指出，这种差异并非是能力的差异，而是反映了不同性别对认知资源有差异化的利用方式（Beatty and Duncan，1990)。感知距离是空间认知的重要内容之一，男性与女性对空间认知资源差异化的利用方式也可能表现为差异化的感知距离水平。为了进一步分析不同性别旅游者的感知距离差异，笔者将总体样本依据上一小节中的标准进行了分组，使用了独立样本 T 检验对不同感知距离水平下，不同性别旅游者的直线感知距离差异做了比较，并与实际距离的均值做进一步交叉比较，探索不同性别旅游者的感知距离变化特征。结果如表 4-2 所示。

表 4-2 不同性别旅游者感知距离比较表

感知 距离	感知直线距离差异		不同性别直线感知距离均值			实际直线 距离 （km）
	F 值	显著性	性别	样本量（人）	均值（km）	
近	13.041	0.001	男	36	1293.42	2631.52
			女	28	1940.93	2708.52
一般	0.330	0.567	男	55	1801.93	2637.64
			女	53	1950.32	2613.45
远	0.888	0.346	男	288	2513.24	2725.53
			女	302	2667.98	2735.2
遥远	0.365	0.546	男	220	2859.63	2846.72
			女	187	2748.53	2840.24
非常 遥远	10.468	0.001	男	140	2493.76	2915.57
			女	99	3285.56	2867.07

研究结果显示：

（1）不同性别的旅游者在感知距离"近"（F 值 =13.041，p 值 <0.01）与"非常遥远"（F 值 =10.468，p 值 <0.01）存在显著差异，而在"一般""远""遥远"不存在显著差异。

（2）从不同性别旅游者的直线感知距离均值来看，女性旅游者在各个感知距离水平下的均值均高于男性旅游者，即女性旅游者感知距离标准均高于男性。

（3）从实际距离的变化情况来看，不同性别的旅游者的感知距离都随着实际距离的增加而增加；且在"近""一般""远"时，不同性别的旅游者都倾向于低估实际距离；在"遥远""非常遥远"时，女性旅游者倾向于高估实际距离，而男性旅游者则稳定的倾向于低估实际距离。

通过对不同性别旅游者的感知距离差异与特征的比较，进一步证实了性别是影响旅游者感知距离的重要因素（Ankomah, Crompton and Baker, 1995；刘佳等，2015），不同性别的旅游者有差异化的感知距离特征，并且随着实际距离的变化呈现规律性的变化。

4.3 不同年龄旅游者感知距离差异

认知心理学相关研究发现随着年龄的增长，认知能力也呈现阶段性变化特征，在中青年时期（26~35 岁）达到顶峰后会逐步进入衰退阶段，视觉空间感知、心理意向、记忆、导航等空间认知都会受到衰老过程的影响（Klencklen, Després and Dufour, 2012），还有学者进一步指出空间能力与智力水平密切相关（蔡华俭和陈权，2000），而年龄是智力发展的重要影响因素（Bethell-Fox and Shepard, 1988），也是影响个体空间能力的重要影响因素。为了进一步分析不同年龄旅游者的感知距离差异，本研究使用了单因素方差分析（ANOVA）对不同年龄段的旅游者进行了比较。在进行方差分析之前，本研究对样本的年龄分组进行了适度的调整，考虑到 14 岁以下的旅游者尚且缺乏独立思考及独立开展远途旅游的能力，以及考虑到 65 岁以上年龄群体独立开展旅游活动可能面临的实际限制，"14 岁及以下"被合并进入了 15~24 岁组，形成新分组"24 岁及以下"，重新命名为"青年组"（编码为 1）；"65 岁及以上"被合并进入分组 45~64 岁组，形成新分组"45 岁及以上"，重新命名为"中老年组"（编码为 3）；"25~44 岁"组命名为"中青年组"（编码为 2）。在此基础上，对不同感知距离水平下不同年龄组的旅游者的直线感知距离差异做了比较，并与实际距离的均值做进一步交叉比较，探索不同性年龄旅游者的感知距离变化特征。结果如表

4-3 所示。

表 4-3 不同年龄旅游者感知距离比较表

感知距离	感知直线距离差异			不同年龄直线感知距离均值			实际直线距离（km）
	F 值	显著性	比较结果	年龄组	样本量（人）	均值（km）	
近	4.224	0.019	2>1*	1 青年组	28	1360.75	2638.88
				2 中青年组	34	2141.41	2714.07
				3 中老年组	2	600.00	2203.24
一般	1.358	0.262	n.s.	1 青年组	44	1795.23	2614.54
				2 中青年组	63	1896.56	2626.92
				3 中老年组	1	4000.00	3047.52
远	2.145	0.118	n.s.	1 青年组	208	2557.46	2738.8
				2 中青年组	362	2562.53	2728.97
				3 中老年组	20	3497.80	2671.33
遥远	3.680	0.026	3>1*	1 青年组	157	2586.64	2842.74
				2 中青年组	231	2884.57	2844.46
				3 中老年组	19	3718.79	2843.24
非常遥远	5.660	0.004	2>1*	1 青年组	110	2382.51	2930.94
				2 中青年组	123	3199.35	2862.26
				3 中老年组	6	3133.33	2926.47

注：表中 * 意为检验结果具有显著性。

研究结果显示：

（1）不同年龄的旅游者在感知距离"近"（F 值 =4.224，p 值 <0.05）、"遥远"（F 值 =3.680，p 值 <0.05）、"非常遥远"（F 值 =5.6608，p 值 <0.01）存在显著差异，而在"一般""远"不存在显著差异。

（2）从感知距离的差异性特征来看，感知距离水平为"近"时，中青年组的感知距离标准显著高于青年组；感知距离为"遥远"水平时，中老年组的感知距离标准显著高于青年组；感知距离为"非常遥远"水平时，中青年组的感知距离标准显著高于青年组。既说明年龄是影响旅游者感知距离的重要因素，还更进一步表明年长者有更高的感知距离水平。

（3）从实际距离的变化情况来看，不同年龄段的旅游者的感知距离都随着实际距离的增加而增加；且在"近""一般""远"时，不同年龄段的旅游者都倾向于低估实际距离；在"遥远""非常遥远"时，中青年组、中老年组旅游者都倾向于高估实际距离，而青年组旅游者则稳定的倾向于低估实际距离。

通过对不同年龄段旅游者的感知距离差异与特征的比较，进一步证实了年龄是影响旅游者感知距离的重要因素（Ankomah, Crompton and Baker, 1995；解杼等，2003；刘佳等，2015），不同年龄的旅游者有差异化的感知距离特征，并且随着实际距离的变化呈现规律性的变化。

4.4 不同教育背景旅游者感知距离差异

认知心理学、认知地理学的研究成果证实环境学习与空间知识获取是个体空间能力形成与发展的基础（Hart and Moore, 1973）。Piaget 和 Inhelder（1956）提出空间图示发展理论阐释个体从幼年到青年期的定性认知发展进程，在此基础上，地理学家进一步探索和发展了空间知识的发展理论（Shemyakin, 1962; Siegel and White, 1975; Golledge, 1978b; Kuipers, 1978; Montello, 1998），习得与经验被认为是空间知识发展的重要推动力量（Golledege, 1992）。教育水平能够反映个体差异化的知识结构，不同教育背景的旅游者可能会有差异化的空间认知。为了进一步分析不同教育背景旅游者的感知距离差异，本研究使用了单因素方差分析（ANOVA）对不同教育背景的旅游者进行了比较。在进行方差分析之前，本研究对样本的教育水平分组进行了适度的调整，由于小学及以下学历的受访者数量相对较少，笔者将该类受访者合并进了"初中"组，形成新组"初中及以下"，新分组编码为组 1，高中 / 中专编码为组 2，大专 / 本科编码为组 3，研究生及以上编码为组 4。重新分组后的单因素方差分析结果参见表 4-4。在此基础上，对不同感知距离水平下不同教育水平的旅游者的直线感知距离差异做了比较，并与实际距离的均值做进一步交叉比较，探索不同教育背景旅游者的感知距离变化特征。结果如表 4-4 所示：

表 4-4 不同教育背景旅游者感知距离比较表

感知距离	感知直线距离差异			不同教育背景直线感知距离均值			实际直线距离（km）
	F 值	显著性	比较结果	教育背景	样本量(人)	均值（km）	
近	1.160	0.332	n.s.	1. 初中及以下	6	850.00	2542.97
				2. 中专 / 高中	25	1826.52	2733.30
				3. 大专 / 本科	29	1874.00	2587.75
				4. 研究生及以上	4	1750.00	2984.61
一般	0.747	0.527	n.s.	1. 初中及以下	11	2147.73	2632.30
				2. 中专 / 高中	37	1899.43	2611.32
				3. 大专 / 本科	49	1703.51	2697.66
				4. 研究生及以上	11	2254.55	2347.58
远	2.926	0.033	1>3*	1. 初中及以下	39	3481.44	2855.46
				2. 中专 / 高中	146	2491.05	2722.76
				3. 大专 / 本科	315	2513.92	2710.15
				4. 研究生及以上	90	2646.53	2759.99
遥远	0.638	0.591	n.s.	1. 初中及以下	38	3155.37	2831.55
				2. 中专 / 高中	105	2789.14	2881.02
				3. 大专 / 本科	183	2816.15	2828.67
				4. 研究生及以上	81	2654.01	2835.19
非常遥远	0.608	0.61	n.s.	1. 初中及以下	28	2632.11	2818.27
				2. 中专 / 高中	66	2931.44	2922.31
				3. 大专 / 本科	99	2684.43	2895.10
				4. 研究生及以上	46	3075.28	2895.48

注：表中 * 意为检验结果具有显著性。

研究结果显示：

（1）不同教育背景的旅游者在感知距离"远"（F 值 =2.926，p 值 <0.05）存在显著差异，而在"近""一般""遥远""非常遥远"不存在显著差异。

（2）从感知距离的差异性特征来看，感知距离水平为"远"时，初中及以下组的感知距离标准显著高于大专 / 本科组；教育水平越高的旅游者在各个感知距离水平均有较高的直线感知距离标准。

（3）从实际距离的变化情况来看，不同教育背景的旅游者的感知距离都随着实际距离的增加而增加，但初中及以下旅游者的感知距离呈现波动性变化；

在"近""一般"的感知距离水平下，不同教育背景的旅游者都倾向于低估实际距离；在"远""遥远"的感知距离水平下，初中及以下教育背景的旅游者倾向与高估实际距离，在"非常遥远"的感知距离水平下，研究生及以上旅游者倾向于高估实际距离，虽然其他教育背景的旅游者在各个感知距离水平下都稳定的倾向于低估实际距离，但是低估的程度随着实际距离的增加呈现衰减趋势。

通过对不同教育背景旅游者的感知距离差异与特征的比较，证实了教育背景可能是影响旅游者感知距离的因素（刘佳等，2015），但影响并没有其他因素显著，这可能是因为本研究的案例地为典型的远途目的地，教育背景导致的旅游者感知距离差异在实际距离较远的情况下可能并不显著，不同教育背景的旅游者有差异化的感知距离特征，并且随着实际距离的变化呈现规律性的变化。

4.5 不同收入水平旅游者感知距离差异

有关消费心理学、消费者行为的相关研究显示，不同收入水平的消费者有显著的消费认知与行为差异（Spencer and Blades, 1986)，这种差异还会体现在差异化的消费者空间认知水平与空间行为之中（Potter，1984），收入水平也影响着旅游者的空间认知及具体的空间决策（张捷等，2002）。为了进一步分析不同性别旅游者的感知距离差异，本研究使用了单因素方差分析（ANOVA）对不同收入水平的旅游者感知距离特征做了进一步分析，对比了不同感知距离水平下，不同收入水平旅游者的直线感知距离差异，并与实际距离的均值做进一步交叉比较，探索不同收入水平旅游者的感知距离变化特征。结果如表4-5所示：

表 4-5 不同收入水平旅游者感知距离比较表

感知距离	感知直线距离差异			不同收入水平直线感知距离均值			实际直线距离（km）
	F 值	显著性	比较结果	收入水平（元）	样本量（人）	均值（km）	
近	0.964	0.416	—	1.3000 以下	21	1390.48	2608.57
				2.3001~5000	16	1866.81	2727.89
				3.5001~7000	17	1871.06	2623.95
				4.7001~9000	10	2123.20	2754.00
				5.9001 及以上	—	—	—

续表

感知距离	感知直线距离差异			不同收入水平直线感知距离均值			实际直线距离（km）
	F 值	显著性	比较结果	收入水平（元）	样本量（人）	均值（km）	
一般	2.031	0.096	—	1.3000 以下	24	1373.63	2452.62
				2.3001~5000	37	2090.89	2680.99
				3.5001~7000	30	2211.43	2617.33
				4.7001~9000	13	1407.69	2772.27
				5.9001 及以上	4	1875.00	2740.96
远	0.893	0.501	—	1.3000 以下	162	2723.83	2740.13
				2.3001~5000	165	2489.77	2658.37
				3.5001~7000	156	2425.28	2744.34
				4.7001~9000	57	2813.16	2783.69
				5.9001 及以上	50	2775.52	2833.26
遥远	0.531	0.713	—	1.3000 以下	140	2654.94	2778.72
				2.3001~5000	118	2789.86	2866.95
				3.5001~7000	84	2974.73	2900.81
				4.7001~9000	41	2997.07	2881.89
				5.9001 及以上	24	2893.46	2844.02
非常遥远	1.800	0.130	—	1.3000 以下	100	2510.11	2902.62
				2.3001~5000	73	3141.73	2829.59
				3.5001~7000	35	2627.89	2979.12
				4.7001~9000	16	3385.25	2983.12
				5.9001 及以上	15	3193.27	2879.93

研究结果显示：

（1）不同收入水平的旅游者在不同感知距离水平都未表现出显著差异。

（2）从感知距离的差异性特征来看，由近及远旅游者的感知距离也逐渐增加；收入水平较高的旅游者相比较收入较低的旅游者一般有更高的感知距离标准。

（3）从实际距离的变化情况来看，不同收入水平的旅游者的感知距离都随着实际距离的增加而增加；在"近""一般""远"的感知距离水平下，不同收入水平的旅游者都倾向于低估实际距离；在"遥远"非常"遥远"的感知距离水平下，不同收入水平的旅游者都倾向于高估实际距离。

通过对不同收入水平旅游者的感知距离差异与特征的比较，发现不同收入水平的旅游者的感知距离并没有存在显著差异，这与周芳如等（2016）的研究结果相似，虽然没有显著差异，但是感知距离的均值比较结果显示，较高收入群体的旅游者有着更高的感知距离标准，并且不同收入水平的旅游者有差异化的感知距离特征，并且随着实际距离的变化呈现规律性的变化。

4.6 小结

在对旅游者感知距离一般标准的探索，以及对不同性别、年龄、教育水平、月收入水平的旅游者直线感知距离和实际直线距离的比较过程中我们可以发现以下特征：

（1）旅游者的感知距离与实际距离存在显著差异，以 2600km 为感知距离"远"的参考标准；以 2900km 为"非常遥远"的参考标准。可以作为远途旅游目的地界定的参考标准。

（2）旅游者的感知距离随着实际距离的变化而发生规律变化。随着实际距离的增加，旅游者的感知距离也逐渐增加，与已有有关旅游者感知距离的研究成果相一致（Walmsley and Jinkins，1992；Ankomah，Crompton and Baker，1995；刘佳等，2015），并在感知距离较近时倾向于低估实际距离，而在感知距离非常遥远时，倾向于高估实际距离（Lin and Morais，2008）。感知距离与实际距离的差异可能会导致旅游者不把目的地作为考虑的对象，还有可能会导致旅游者因为对距离信息有偏差的印象而选择目的地作为选择对象。由此可见，相比较实际距离，感知距离对旅游者目的地选择的影响更为重要性，而感知距离作用于旅游者目的地选择的机制还有待更加深入的探索。

（3）从感知距离的整体趋势来看，随着实际距离的增加，不同人口统计学特征的旅游者都呈现感知距离伴随实际距离增加而增加的态势，这一结果与以往有关旅游者感知距离的相关研究结果相一致（Walmsley and Jinkins, 1992; Ankomah, Crompton and Baker, 1995; 张捷等，2002; 刘佳等，2015; 周芳如等，2016）。

（4）从不同性别旅游者感知距离特征来看：总体上，男性与女性的感知距离都随着实际直线距离的增加而增加；在感知距离近、一般、远的范围内，不同性别的旅游者都倾向于低估实际距离（感知距离小于实际距离），而在感知距离遥远、非常遥远的范围内，不同性别的旅游者都倾向于高估实际距离（感知距离大于实际距离）；从性别差异来看，在感知距离"近""非常遥远"时，男性旅游者与女性旅游者存在显著差异；女性旅游者感知距离标准普遍高于男性；男性旅游者普遍倾向于低估实际距离，女性旅游者在感知距离"遥远""非常遥远"时倾向于高估实际距离。

（5）从不同年龄段旅游者感知距离特征来看：总体上，各年龄段的旅游者的感知距离都随着实际距离的增加而增加，但感知距离与实际距离的差异在不同年龄段呈现差异性的变化趋势；从年龄差异来看，不同年龄的旅游者在感知距离"近""遥远""非常遥远"时存在显著差异，年长的旅游者的感知距离标准较年轻人更高；不同年龄段的旅游者的感知距离都随着实际距离的增加而增加；且在"近""一般""远"时，不同年龄段的旅游者都倾向于低估实际距离；在"遥远""非常遥远"时，中青年组、中老年组旅游者都倾向于高估实际距离，而青年组旅游者则稳定的倾向于低估实际距离。

（6）从不同教育背景的旅游者感知距离特征来看：总体上，各年龄段的旅游者的感知距离都随着实际距离增加而增加，但感知距离与实际距离的差异在不同教育背景段呈现差异的变化趋势；从教育背景差异来看，不同教育背景的旅游者在感知距离"远"存在显著差异，初中及以下组的"远"感知距离标准显著高于大专/本科组；在"近""一般"的感知距离水平，不同教育背景的旅游者都倾向于低估实际距离；在"远""遥远""非常遥远"的感知距离水平，较高学历旅游者倾向于高估实际距离，虽然其他教育背景的旅游者在各感知距离水平下都稳定的倾向于低估实际距离，但是低估的程度随着实际距离的增加呈现衰减趋势。

（7）从不同收入水平旅游者感知距离特征来看：总体上，不同收入水平的旅游者直线感知距离都随着实际直线距离的增加而增加；从收入水平差异来看，不同收入水平的旅游者感知距离并没有存在显著差异，但是收入水平较高的旅游者相比较收入较低的旅游者一般有更高的感知距离标准；在"近""一般""远"的感知距离水平下，不同收入水平的旅游者都倾向于低估实际距离；在"遥远"非常遥远"的感知距离水平下，不同收入水平的旅游者都倾向于高估实际距离。

第五章　距离欲对旅游者目的地选择的引力机制实证

第四章的研究结果显示，旅游者目的地选择过程中的感知距离与实际距离存在显著差异，不同群体的旅游者有差异化的感知距离特征，感知距离反映了旅游者对实际距离的认知加工过程与结果，更直接地作用于旅游者决策，其作用路径与方式能够表征实际距离作用于旅游者目的地选择的机制，感知距离的阻力机制已经得到了较为完善的讨论，但引力机制尚且缺乏更深入的研究。本研究在第三章构建了距离欲对旅游者目的地选择影响的解释框架，指出距离欲实质上表征的即为感知距离作用于旅游者目的地选择机制，第四章对旅游者距离欲来源与基础的感知距离特征做了基础性的比较分析，在此基础之上，本章将进一步深入探索距离欲对旅游者目的地选择的影响及其作用机制。

5.1 距离欲作用与机制的模型建构

5.1.1 基于距离欲拓展的旅游者目的地选择模型（DD-TPB）及研究假设

计划行为理论（the theory of planned behavior，TPB）是一种专注于解释和预测明确定义的人类行为的认知模型。该理论认为人的行为是依据他们的行为意向及行为控制观念进行的，而行为意向受到行为态度、主观规范及知觉行为控制的影响（Ajzen，1985）。计划行为理论已被广泛应用于多个行为领域的研究，并被证实能显著提高研究对行为的解释力和预测力（Armitage and Conner，2001）。计划行为理论模型对于旅游者目的地选择行为有较强的解释力和预测力，已有的理论与实证成果都证实计划行为的理论模型框架适用于对旅游者目的地选择行为动态机制的探索（Lam and Hsu，2004a；2006b；Sparks，2007；Sparks and Pan，2009）。本研究以 TPB 计划行为理论分析框架为基础，引入距离欲这一解释变量，探索其在旅游者出游意向的形成过程中发挥的引力作用。此模型将旅游者出游意向作为最终的考察变量，包含出游态度、主观规范、知觉行为控制 3 个前置驱动变量，距离欲 1 个中介变量。

提出以下研究假设：

（1）出游态度（Attitude，ATT）

计划行为理论中的态度指的是个体对特定行为表现的积极或消极的评价（Ajzen，1991；Ajzen and Fishbein，1980）由记忆中容易获得的行为信念（对特定行为可能引发的正面或负面结果的主观评价）所决定（Ajzen and Driver，1992)。行为态度是驱动行为意向的有效预测变量，可以解释与预测行为意向（Ajzen，1991）。Lam 和 Hsu（2004，2006），Sparks 和 Pan（2007，2009），Chien，Yen 和 Hoang（2012）等研究都证实积极的出游态度会促使旅游者较高的出游意向水平的形成。

基于此，提出如下假设：

H1：旅游者的出游态度对其出游意向水平产生正向影响。

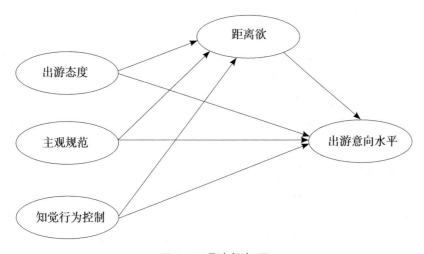

图 5-1 理论框架图

（2）主观规范（Subjective norm，SN）

计划行为理论中的主观规范指的是个体感知到的执行或不执行特定行为

的社会压力，由记忆中容易获得的规范信念（个体对于参照他人或参照团体执行或不执行某个具体行为的感知和看法，以及个体在此过程中对参考对象的顺从动机）所决定。个体的决策与行为与主观规范高度相关（Bearden and Etzel，1982；Cheng，Lam and Hsu，2006）。Lam 和 Hsu（2004，2006）、Sparks（2007）、Sparks 和 Pan（2009）研究都证实出较强的主观规范会促使旅游者较高的出游意向水平的形成。

基于此，提出如下假设：

H2：旅游者出游的主观规范对其出游意向水平产生正向影响。

（3）知觉行为控制（Perceived Behavior Control，PBC）

计划行为理论中的知觉行为控制是个体对自己执行某一行为的能力的感知，由一系列控制信念（个体感受到的可能促使或者阻碍其执行某项行为的因素，以及是否具备掌控这些促使或者阻碍执行行为的因素的能力的判断）所决定。知觉行为控制与行为意向的形成及行为实施密切相关（Ajzen，1985）。高水平的知觉行为控制会促使高水平出游行为意向的形成，而低水平的知觉行为控制同样会抑制行为意向的形成（Han，Lee and Lee，2011；Quintal，Lee and Soutar，2010）。

基于此，提出如下假设：

H3：旅游者出游的知觉行为控制对其出游意向水平产生正向影响。

（4）距离欲（Distance desire，DD）及其中介作用

距离欲表征距离所引起的旅游者的情感需求及其变化，旅游者为了获取最佳旅游体验，会采取特定距离行动，选择特定距离的旅游目的地，这一需求的满足能够促使旅游者出游意向的形成。因此提出以下假设：

H4：距离欲与旅游者出游意向正相关。

距离欲反映旅游者对目的地的感知距离的情感评价，适度的感知距离是形成个体对距离信息情感评价的认知基础，所激发的距离欲能够促使旅游者积极情感的产生（Bullough，1912；Sheller and Urry，2004；Knudsen，Soper and Metro-Roland，2007；Shepherd，2015），是旅游者出游态度的重要组成部分。旅游者积极态度的产生能够促使旅游者做出目的地决策（Lam and Hsu，2004a；2006b；Sparks，2007；Sparks and Pan，2009；Chien，Yen and Hoang，2012），而距离欲可能在旅游者态度与出游意向的作用过程中起到一定的中介作用。因此提出以下假设：

H5：出游态度与旅游者距离欲正相关。

H6：距离欲是旅游者出游态度与出游意向的中介变量。

参照群体是个体决策的重要信息来源（Cheng，Lam and Hsu，2006）。影响旅游者对目的地决策域的认知边界（Bearden and Etzel，1982），旅游者的主观规范信念的强度则影响旅游者对目的地情感态度的强度（Lam and Hsu，2004a；2006b；Sparks，2007；Sparks and Pan，2009），主观规范信念的组成部分中也可能包含旅游者对参照群体有关距离欲观点的认知与评价，最终影响旅游者的目的地决策，换句话说，距离欲有可能在旅游者主观规范与出游意向之间发挥着中介作用。Bianchi，Milberg and Cuneo（2017）在对短途旅游者与长途旅游者的比较研究中发现，社会理想化自我的概念（Ideal social self-concept）能够促使旅游者出游意向的形成，并且比起短途旅游者，这种影响更为显著。这种对"炫耀感"（Todd，2001）的追求，有可能激发旅游者的距离欲，进而促进旅游者出游意向的形成。因此提出以下假设：

H7：主观规范与距旅游者距离欲正相关。

H8：距离欲是旅游者主观规范与出游意向的中介变量。

知觉行为控制反映个体对自己执行某一行为的能力的感知，高水平的知觉行为控制会促使出游意向水平的提升（Han，Lee and Lee，2011）。知觉行为控制水平受到主体不确定性感知（perceived uncertainty）的影响，不确定性感知水平越高，主体的知觉行为控制水平越低，出游意向水平越低（Quintal，Lee and Soutar，2010）。空间分隔产生的距离而可能带来的旅游者的潜在忧虑，离开了熟悉的安全距离是旅游者不确定性产生的原因之一（Lepp and Gibson，2003；Seabraet al.，2013），并对旅游者的知觉行为控制水平产生不利影响（Quintal，Lee and Soutar，2010）。而"距离欲"包含旅游者对陌生、不熟悉环境的一种探索与追求，这种情感诉求能够有效降低旅游者的潜在忧虑，把这种忧虑转化为一种征服欲，甚至是情感体验的来源，是理想化自我实现的路径（Ideal social self-concept）（Bianchi，Milberg and Cuneo，2017）。因此，较强的知觉行为控制水平有可能影响距离欲的产生，进而促使旅游者积极意向的产生。因此提出以下假设：

H9：距离欲与旅游者知觉行为控制正相关。

H10：距离欲是旅游者知觉行为控制与出游意向的中介变量。

5.1.2 距离欲作用机制模型及研究假设

基于感知距离拓展的旅游者目的地选择模型（DD-TPB）旨在探索距离欲对游者出游意向的影响及与其他行为变量及其互动的关系，重在探索距离欲对旅游者目的地选择的引力作用。在此基础上，结合第三章的理论框架，构建基于感知距离拓展的旅游者目的地选择模型（CG-TPB），考察不同感知距离水平下，距离欲作用于旅游者出游意向的具体机制。提出以下研究假设：

从大尺度空间范围来看，旅游者目的地选择行为遵从距离衰减规律，即随着实际距离的增加，感知距离也随之增加，到游客访率随之下降（Zhang et al., 1999; Johnston, Gregory and Smith, 1994; Taylor, 1971），出游意向水平也随之减弱（Mckercher and Lew, 2003）。基于此，提出如下假设：

H11：感知距离与旅游者出游意向水平负相关。

感知距离是距离欲形成的基础，不同的感知距离水平与不同距离欲类型、距离欲水平紧密相关。以感知距离为调节变量，考察不同感知距离水平下距离欲引力作用的的及其变化情况，能够帮助我们更深入的探索距离欲作用于旅游者目的地选的具体机制。

距离欲是旅游者对距离的需求，不同类型的距离能够满足旅游者不同类型的距离欲，都能促进旅游者出游意向的产生。因此，在不同的感知距离水平下，距离欲都与旅游者出游意向积极相关。基于此，提出如下假设：

H12：不同感知距离水平下，距离欲都与旅游者出游意向正相关。

同理，不同感知距离水平下，旅游者的出游态度、参照群体的意见与建议都是旅游者距离信息的来源，也是距离欲形成的基础，因此，在不同感知距离水平下，旅游者出游态度、知觉行为控制都与旅游者距离欲积极相关。基于此，提出如下假设：

H13：不同感知距离水平下，旅游者出游态度都与距离欲正相关。

H14：不同感知距离水平下，距离欲都在旅游者出游态度与出游意向之间发挥稳定的中介作用。

H15：不同感知距离水平下，旅游者主观规范都与距离欲正相关。

H16：不同感知距离水平下，距离欲都在旅游者主观规范与出游意向之间发挥稳定的中介作用。

较近的感知距离可能引发旅游者较低程度的"距离欲"，而有相对较高的知觉行为控制水平，距离欲与知觉行为控制能力的相互关系较为薄弱，但是距离欲包含旅游者对陌生、不熟悉环境的一种探索与追求，这种情感诉求能够有效降低旅游者的潜在忧虑，把这种忧虑转化为一种征服欲，成为甚至是情感体验的来源，是理想化自我实现的路径（Ideal social self-concept）（Bianchi, Milberg and Cuneo，2017）。因此，随着感知距离的增加，旅游者知觉行为控制水平可能与旅游者距离欲由关系不显著变为正相关。基于此，提出如下假设：

H17：感知距离由近及远，旅游者知觉行为控制与距离欲由关系不显著转变为正相关。

H18：不同感知距离水平下，距离欲在旅游者知觉行为控制与出游意向之间发挥差异化的中介作用。

5.2 测量指标的选取与设计

计划行为理论模型（TPB）有较为成熟的量表开发，且在旅游者目的地选择研究领域也取得了较为丰富的实证研究成果。本研究在已有研究的基础之上，结合本次研究的目标与研究内容做了进一步的调适与净化（具体过程已经在前文2.3小节出做了详细介绍）。共选取经典计划行为 TPB 测量共 13 个测量指标，其中旅游者出游态度 4 个指标、旅游者主观行为规范 3 个测量指标、旅游者知觉行为控制 3 个测量指标、旅游者出游意向 3 个测量指标。

根据第四章中有关距离欲概念、维度与层级的讨论，距离欲是距离所引起的旅游者的情感需求及其变化，本次研究参考以往心理学研究有关情感研究的成果，使用"愉快—不愉快""激动—平静""紧张—松弛"的 3 个基本测度指标，并结合旅游者目的地选择行为"异地性"的特点、寻求差异与新奇体验等心理和情感特征，补充距离认知维度 1 个测量指标和"逃离—贴近"旅游动机 1 个测量指标。形成有关距离欲测量的总共 5 个指标。详细指标及参考文献来源参见表 5-1。

表 5-1 变量选择与文献来源表

观察变量 Latent variable	题目 Observed variable	参考文献 Reference
出游态度 （Attitude，ATT）	ATT1：想到去新疆旅游，我会感到愉快	Woodside and Sherrell，1977；Ajzen，1991；Ma，1997；Lam and Hsu，2004a，2006b；Sparks，2007；Sparks and Pan，2009；Quintal，Lee and Soutar，2010；Chien，Yen and Hoang，2012
	ATT2：去新疆旅游，会让我感觉到到舒适	
	ATT3：去新疆旅游，会让我觉得值得一去	
	ATT4：去新疆旅游，会让我收获满意	
参照群体影响水平 (Subjective norm，SN)	SN1：对我很重要的人，认为我应该去新疆旅游	Woodside and Sherrell，1977；Ajzen，1991；Ma，1997；Lam and Hsu，2004a，2006b；Sparks，2007；Sparks and Pan，2009；Quintal，Lee and Soutar，2010；Chien，Yen and Hoang，2012
	SN2：我很尊重他们意见的人，会鼓励我去新疆旅游	
	SN3：我很多的亲戚和朋友，都会去新疆旅游	
行为风险掌控水平 (Perceived behavior control，PBC)	PBC1：是否去新疆旅游，取决于我自己	Woodside and Sherrell，1977；Ajzen，1991；Ma，1997；Lam and Hsu，2004a，2006b；Sparks，2007；Sparks and Pan，2009；Quintal，Lee and Soutar，2010；Chien，Yen and Hoang，2012
	PBC2：只要我想去，我就能够去新疆旅游	
	PBC3：对于我来说，去新疆旅游很容易实现	
出游意向 （Behavior Intention，BI）	BI1：我计划去新疆旅游	Woodside and Sherrell，1977；Ajzen，1991；Ma，1997；Lam and Hsu，2004a，2006b；Sparks，2007；Sparks and Pan，2009；Quintal，Lee and Soutar，2010；Chien，Yen and Hoang，2012
	BI2：我去新疆旅游的可能性很大	
	BI3：如果我去旅游，我就去新疆	

续表

观察变量 Latent variable	题目 Observed variable	参考文献 Reference
距离欲 （Distance desire， DD）	DD1：旅游目的地距离我的居住地越遥远，我越想去那里旅游 DD2：我很想逃离自己现在的生活，到距离遥远的旅游目的地去旅游能够实现这一目标 DD3：目的地越遥远，想到要去那里旅游，我就感到越愉快 DD4：目的地越遥远，想到要去那里旅游，我就感到越放松 DD5：目的地越遥远，想到要去那里旅游，我就感到越兴奋	Bullough, 1912; Urry , 2004; Mckercher, 2008; Knudsen, 2007; Shepherd, 2015

注：出游态度（ATT）、主观规范（SN）、知觉行为控制（PBC）、出游意向（BI）、距离欲（DD）的问项设计采用李克特 5 点法进行测量（1—非常不同意；2—不同意；3—一般；4—同意；5—非常同意）。

5.3 距离欲引力作用分析结果

5.3.1 信度与效度分析

使用 Harman 单因素检验检定本是否存在共同方法偏差，检定结果显示，共 19 个因素，其中 6 个因素占总方差的 70.57%，最大的因素占样本方差的 19.82%，表明常用的方法偏差不是一个重要问题（Podsakoff et al., 2003），可以继续开展后续的分析。

首先，利用克朗巴赫系数测量量表内部的一致信度，所有测量量表的克朗巴赫系数介于 0.754~0.887 之间，均大于 0.7，具有较好的内部一致性（Nunnally, 1967；Hair et al., 2010）。

运用组合信度（CR）测量指标间的内在关联程度。结果如表 5-2 所示：

6 个潜变量的 CR 介于 0.776~0.888 之间，均大于 0.7（Fornell and Larcker, 1981；Hair, et al., 2010），综合模型具有良好的聚合效度。

利用标准化因子载荷系数（Factor loading）和平均方差抽取量（AVE）对测量模型的聚合效度进行检验。参见表 5-2，综合模型中观察变量的标准化因子载荷系数介于 0.543~0.919 之间，均大于 0.5，说明各观察变量对潜变量均有较强的解释能力；所有潜变量的 AVE 介于 0.551~0.711 之间，均大于 0.5，表明所有观察变量被其潜变量解释的变异量均大于被其误差所解释的变异量，说明本研究种各变量具有良好的聚合效度（Fornell and Larcker, 1981）。

采用 Fornell 和 Lacker 建议的方法，对变量间的区别效度进行检验。本研究各变量的均值、标准差、相关系数及平均变异抽取量（AVE）的算数平方根情况参见表 5-3，结果所示，本研究各变量的平均变异抽取量（AVE）的算术平方根均大于对应变量与其他变量之间的相关系数，具有良好的区别效度。

表 5-2 信度和聚合效度检验表

变量	标准化因子载荷系数	CR	AVE
ATT	—	0.882	0.653
ATT1	0.843***	—	—
ATT2	0.790***	—	—
ATT3	0.752***	—	—
ATT4	0.833***	—	—
SN	—	0.880	0.711
SN1	0.877***	—	—
SN2	0.880***	—	—
SN3	0.878***	—	—
PBC	—	0.776	0.551
PBC1	0.543***	—	—
PBC2	0.919***	—	—
PBC3	0.661***	—	—
BI	—	0.877	0.704
BI1	0.870***	—	—
BI2	0.872***	—	—
BI3	0.722***	—	—
DD	—	0.888	0.615
DD1	0.688***	—	—

续表

变量	标准化因子载荷系数	CR	AVE
DD2	0.685***	—	—
DD3	0.861***	—	—
DD4	0.853***	—	—
DD5	0.816***	—	—

注：*** 表明 P ＜ 0.001。ATT 出游态度；SN 主观规范；PBC 知觉行为控制；BI 行为意向；DD 距离欲。

表 5-3 变量区别效度检验表

构念	收敛效度	区别效度					描述性统计		
	Ave	ATT	SN	PBC	BI	DD	平均值	标准	N
ATT	0.651	**0.807**					3.835	0.740	1408
SN	0.711	0.664	**0.843**				3.580	0.876	1408
PBC	0.551	0.492	0.506	**0.742**			3.779	0.745	1408
BI	0.704	0.634	0.698	0.572	**0.839**		3.608	0.883	1408
DD	0.615	0.495	0.484	0.362	0.513	**0.784**	3.289	0.838	1408

注：矩阵对角线为 AVE 平方根，对角线下方为相关系数矩阵。

表中黑体数据额主要为了凸显为区别效度的关键识别值，即 AVE 的平方根，为区别效度检验的结果。

5.3.2 主效应检验

根据表 5-4 学者们推荐使用的模型拟合评价指标及其评价标准（Gerbing and Anderson，1992；Chin and Todd，1995）与主模型的检定结果进行对比，分析结果显示各拟合指数包括（绝对拟合指数、相对拟合指数、简约拟合指数）等都达到了相应的标准，表明假设模型拟合程度很好。

表 5-4 模型评价指标拟合概况表

拟合指数	绝对拟合指数					相对拟合指数				简约拟合指数			
	X2/df	GFI	AGFI	RMSEA	SRMR	NFI	CFI	IFI	RFI	TLI	PNFI	PGFI	PCFI
参考指标	＜3	＞0.9	＞0.9	＜0.08	＜0.08	＞0.9	＞0.9	＞0.9	＞0.9	＞0.9	＞0.5	＞0.5	＞0.5
模型拟合指数	2.750	0.986	0.975	0.035	0.018	0.987	0.992	0.992	0.980	0.987	0.658	0.556	0.661

注：GFI: Goodness of Fit index; AGFI: Adjusted Goodness of Fit Index; RMSEA: Root Mean Squared Error of Approximation; SRMR: Square Root of Mean Square Residual; NFI: Normed Fit Index; CFI: Comparative Fit Index; IFI: Incremental Fit Index; RFI: Relative Fit Index, TLI: Tucker-Lewis Index; PNFI: Parsimony Normed Fit Index; PGFI: Parsimony Goodness of Fit index; PCFI: Parsimony Comparative Fit Index.

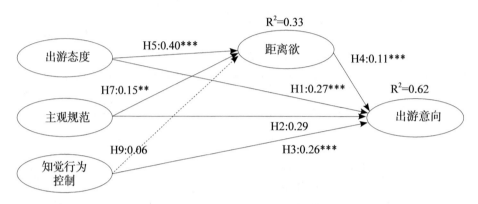

图 5-2 假设模型标准化输出结果图

注：*** (*) significance at P<0.001 (P<0.05); the solid line is the significant path, while the dotted line is not.

表 5-5 显示了本研究提出的假设模型的检验结果。本研究假设检验的通过条件均为 t 值的绝对值大于 1.96，即 p < 0.05。出游态度、主观规范、知觉行为控制、距离欲对出游意向的标准化路径系数分别为 0.267、0.294、0.259，出游态度和主观规范对距离欲的标准化路径系数分别为 0.403、0.152，均达到显著。因此，假设 1 到假设 5 的路径假设关系均得到支持。因变量出游意向水平和距离欲的回归判定系数（R2）分别为 0.621 和 0.327，说明本研究的模型可解释出游意向 62.1% 的方差以及距离欲为 32.7% 的方差，整个模型的解释效力较好。

表 5-5 DD-TPB 模型路径系数估计结果表

路径关系	标准化路径系数	标准误	t 值	假设检验结果
H1：ATT → BI	0.267	0.064	4.573***	支持
H2：SN → BI	0.294	0.043	6.324***	支持
H3：PBC → BI	0.259	0.055	6.936***	支持
H4：DD → BI	0.111	0.025	3.946***	支持

续表

路径关系	标准化路径系数	标准误	t 值	假设检验结果
H5：ATT → DD	0.403	0.084	5.915***	支持
H17：SN → DD	0.152	0.058	2.711**	支持
H19：PBC → DD	0.061	0.071	1.418	拒绝

注：*** 表明 p < 0.001，** 表明 p < 0.01。

5.3.3 中介效应检验

采用 Mackinnon(2002) 以及 Preacher 和 Hayes(2008) 等建议使用的 bootstrapping 技术，从总体样本中进行 2000 次样本的抽取，重新估计总效果、间接效果、直接效果的标准误及信赖区间，如果该区间不包含 0，则代表对应总效果、直接效果或间接效果的理论假设成立。在乘积系数显著，总效果显著的情况下，进一步检验中介效果是完全中介还是部分中介。

表 5-6 距离欲中介效应检定表

	变量	点估计值	系数相乘积 product of coefficients		Bootstrapping			
					Bias-Corrected 95% CI		Percentile 95% CI	
			SE	Z	Lower	Upper	Lower	Upper
	单因素中介　总效果 Totle Effects							
1.	ATT → BI	0.339	0.084	4.036	0.176	0.402	0.179	0.511
	间接效果 Indirect Effects							
	ATT → BI	0.049	0.018	2.722	0.021	0.091	0.019	0.087
	直接效果 Direct Effects							
	ATT → BI	0.291	0.085	3.423	0.129	0.462	0.129	0.462
	单因素中介　总效果 Totle Effects							
2.	SN → BI	0.287	0.055	5.218	0.175	0.508	0.175	0.401
	间接效果 Indirect Effects							
	SN → BI	0.016	0.008	2.000	0.003	0.036	0.002	0.034
	直接效果 Direct Effects							
	SN → BI	0.271	0.054	5.019	0.166	0.388	0.164	0.384

检验结果如表 5-6 所示，总效应显著是进行间接效果检定的前提，而知觉行为控制与距离欲之间关系不显著，则可直接推断其间接效应不存在；出游态

度、主观规范与出游意向的总效应的估计值（点估计值、标准误及 Z 值）分别为（0.339，0.084，4.036）和（0.287，0.055，5.218），使用百分位法及纠偏后的百分位法得到的置信区间均不包含 0，满足了进行间接效果检定的前提条件。

距离欲在出游态度与出游意向的中介效应的检定结果中，间接效果的点估计值为 0.049（标准误为 0.018，Z 值为 2.722），乘积系数检验结果为显著，纠偏后的百分位数法得到的间接效果的置信区间（0.021~0.091）、通过百分位数法得到的间接效果的置信区间（0.019~0.087）均不包含 0，证实距离欲是出游态度与出游意向的中介变量；进一步检定直接效果，其点估计值为 0.291（标准误为 0.085，Z 值为 3.423）乘积系数检验结果为显著，纠偏后的百分位数法和百分位数法得到的间接效果的置信区间一致（0.129 至 0.462）均不包含 0，说明直接效果存在，进一步说明距离欲在出游态度与出游意向的中介效应为部分中介。

距离欲在主观规范与出游意向的中介效应的检定结果中，间接效果的点估计值为 0.016（标准误为 0.008，Z 值为 2），乘积系数检验结果为显著，纠偏后的百分位数法得到的间接效果的置信区间（0.003~0.036），通过百分位数法得到的间接效果的置信区间（0.002~0.034）均不包含 0，证实距离欲是主观规范与出游意向的中介变量；进一步检定直接效果，其点估计值为 0.271（标准误为 S.E.=0.054，Z 值为 5.019），乘积系数检验结果为显著，纠偏后的百分位数法得到的置信区间 (0.166~0.388) 和百分位数法得到的置信区间（0.164~0.384）均不包含 0，说明直接效果存在，进一步说明距离欲在主观规范与出游意向的中介效应为部分中介。

进一步证实 H16，H18 理论假设正确，H10 理论假设不成立。

5.3.4 旅游者目的地选择行为特征差异分析

本研究在文献综述部分回顾了旅游者目的地选择行为影响因素，人口统计学因素被认为对旅游者目的地选择行为具有显著的影响，但不同的学者在研究中得出了差异化的结论。性别、年龄、收入水平、教育背景都是较常使用的分析变量。为了更深入的了解旅游者的群体差异，本研究通过独立样本 T 检定、单因素方差分析（ANOVA）等方法对不同人口统计学特征的旅游者目的地选择行为特征开展了进一步分析。分析了在不同性别、年龄、学历、收入水平条件下，旅游者出游态度、主观规范、知觉行为控制、出游意向、距离欲的组间差异和组内差异情况。

（1）不同性别的旅游者目的地选择行为特征分析

为了更进一步了解不同性别的旅游者是否存在差异化的目的地选择行为特征，本研究使用了独立样本 T 检验对不同性别的旅游者在出游态度、主观规范、知觉行为控制、出游意向水平、距离欲水平进行了比较，分析结果参见表 5-7。由分析结果可知，男性旅游者与女性旅游者在出游态度（t=-3.001，p=0.003）、知觉行为控制（t=-4.4889，p=0.000）、出游意向（t=-2.692，p=0.007）上存在显著差异。而在主观规范（t=-0.429，p=0.466）、距离欲（t=-0.707，p=0.480）上未表现出显著差异。性别差异是影响旅游者目的地选择的重要影响因素之一（Zhang, Qu, Tang, 2004；范向丽和郑向敏，2007），差异化的旅游动机、限制性因素感知被认为是不同性别旅游者目的地选择行为差异的重要来源（丁雨莲和陆林，2006；董亚娟等，2019）。动机是旅游者态度形成的基础，而限制性因素感知影响着旅游者知觉行为控制水平，本研究中不同性别旅游者在出游态度、知觉行为控制、出游意向方面的差异支持了已有的理论与实证研究的成果。主观规范层面不同性别的旅游者未表现出显著差异可能说明参考群体的意见对男性旅游者与女性旅游者来说都具有一定的影响力；在距离欲层面不同性别的旅游者也未表现出显著差异也从一定程度上说明距离需求是男性旅游者与女性旅游者共同的旅游需求。

表 5-7 不同性别的旅游者目的地选择行为特征分析表

	平均值等同性 t 检验			平均值差值	描述性统计量			
	t	自由度	p		性别	个案数	平均值	标准差
出游态度	-3.001	1395.695	0.003	-0.118	男	739	3.779	0.743
					女	669	3.897	0.733
主观规范	-0.729	1406	0.466	-0.034	男	739	3.564	0.821
					女	669	3.598	0.933
知觉行为控制	-4.488	1406	0.000	-0.177	男	739	3.695	0.764
					女	669	3.872	0.714
出游意向	-2.692	1363.102	0.007	-0.127	男	739	3.548	0.848
					女	669	3.675	0.917
距离欲	-0.707	1395.598	0.480	-0.032	男	739	3.274	0.844
					女	669	3.305	0.832

（2）不同年龄旅游者目的地选择行为特征分析

为了更进一步了解不同年龄的旅游者是否存在差异化的目的地选择行为特征，本研究使用了单因素方差分析（ANOVA）对不同年龄段的旅游者在出游态度、主观规范、知觉行为控制、出游意向水平、距离欲水平进行了比较。采取了与第五章相同的分组方法。青年组（24岁及以下）在表格中编号为组1；中青年组（25~44岁）在表格中编号为组2；中老年组（45岁及以上）在表格中编号为组3；单因素方差分析结果参见表5-8。

由分析结果可知，不同年龄段的旅游者在出游态度、主观规范、知觉行为控制、出游意向及距离欲方面都呈现出显著差距。其中，在出游态度方面，25~44岁的旅游者（组2）与25岁以下旅游者（组1）之间差距显著，且年长者态度较年少者更为积极；在主观规范上，25~44岁旅游者（组2）与24岁及以下旅游者（组1）存在显著差异，且较年少者主观规范水平更高，44岁及以上旅游者（组3）与24岁及以下旅游者（组1）存在显著差异，年长者主观规范水平更高；在知觉行为控制上，结果与主观规范检定结果近似，25~44岁旅游者（组2）与24岁及以下旅游者（组1）存在显著差异，前者有更高水平的知觉行为控制水平，44岁及以上旅游者（组3）与24岁及以下旅游者（组1）存在显著差异，年长者知觉行为水平更高；从出游意向水平来看，25~44岁的旅游者（组2）与25岁以下旅游者（组1）之间差距显著，前者有更高的出游意向水平；从距离欲来看，25~44岁旅游者（组2）与24岁及以下旅游者（组1）存在显著差异，年长者距离欲水平更高，44岁及以上旅游者（组3）与24岁及以下旅游者（组1）存在显著差异，年长者距离欲水平更高。

综上，不同年龄段旅游者具有一定差异性的目的地选择行为特征，这一研究结果与张宏梅和陆林（2011），周玲强和李罕梁（2015）相一致。且随着年龄段的增加，旅游者的出游态度、主观规范水平、知觉行为控制水平、出游意向水平以及距离欲水平都呈现递增的态势，这一趋势也与个体生活体验与经验积累有密切关系，尤其是在距离欲的层面，反映了距离需求随年龄增加而增长的变化态势。

表 5-8 不同年龄旅游者目的地选择行为特征分析表

变量		平方和	自由度	均方	F	显著性	比较结果
出游态度	组间	18.117	3	6.039	11.258	0.000	2>1
	组内	753.156	1404	0.536			
	总计	771.273	1407				
主观规范	组间	12.902	3	4.301	5.663	0.001	2>1
	组内	1066.305	1404	0.759			3>1
	总计	1079.207	1407				
知觉行为控制	组间	42.590	3	14.197	26.963	0.000	2>1
	组内	739.235	1404	0.527			3>1
	总计	781.825	1407				
出游意向	组间	51.914	3	17.305	23.245	0.000	2>1
	组内	1045.232	1404	0.744			
	总计	1097.146	1407				
距离欲	组间	17.234	3	5.745	8.306	0.000	2>1
	组内	971.064	1404	0.692			3>1
	总计	988.298	1407				

注：组1：24岁及以下；组2：25~44岁；组3：45岁及以上。

（3）不同教育背景旅游者目的地选择行为特征分析

为了更进一步了解不同教育背景的旅游者是否存在差异化的目的地选择行为特征，本研究使用了单因素方差分析（ANOVA）对不同学历的旅游者在出游态度、主观规范、知觉行为控制、出游意向水平、距离欲水平进行了比较，分组方法与第四章一致。"初中及以下"编码为组1，高中/中专编码为组2，大专/本科编码为组3，研究生及以上编码为组4。不同教育背景旅游者单因素方差分析结果参见表5-9。

由分析结果可知，不同教育背景的旅游者在出游态度、主观规范、知觉行为控制、出游意向及距离欲方面都呈现出显著差距。在出游态度方面，高中到本科之间教育背景的旅游者出游态度与初中及以下、研究生及以上旅游者存在显著差异，态度表现更为积极；在主观规范方面，高中/中专教育背景的旅游者与初中及以下、研究生及以上的旅游者存在显著差异，并具有较高的主观规范水平，研究生及以上的旅游者与初中及以下、大专/本科教育背景的旅游者存在显著差异，且主观规范水平较低；在知觉行为控制方面，研究生及以上的旅游者与初中及以下、高中／中专、大专／本科教育背景的旅游者之间均存在显著差异，后三者均具有较高的知觉行为控制水平；最后，在距离欲方面，研究生及以上的旅游者与初中及以下、高中／中专、大专／本科教育背景的旅游者之间均存在显著差异，后三者均具有较高的距离欲水平。

综上，不同学历背景的旅游者具有一定差异性的目的地选择行为特征，这一研究结果与（葛学峰，2012；毕娟，2017）相一致。高中／中专至大专／本科之间教育背景的旅游者表现出更积极的出游态度和更高程度的出游意向水平以及距离欲水平，教育背景越高的旅游者越不容易受到参照群体的影响。

表 5-9 不同教育背景旅游者目的地选择行为特征分析表

变量		平方和	自由度	均方	F	显著性	比较结果	
出游态度	组间	17.256	3	5.752	10.711	0.000	2>1	2>4
	组内	754.016	1404	0.537			3>1	3>4
	总计	771.273	1407					
主观规范	组间	106.476	3	35.492	51.228	0.000	2>1	2>4
	组内	972.731	1404	0.693			1>4	3>4
	总计	1079.207	1407					
知觉行为控制	组间	16.214	3	5.405	9.911	0.000	3>1	
	组内	765.612	1404	0.545			3>4	
	总计	781.825	1407					
出游意向	组间	81.243	3	27.081	37.427	0.000	1>4	
	组内	1015.903	1404	0.724			2>4	
	总计	1097.146	1407				3>4	
距离欲	组间	44.252	3	14.751	21.938	0.000	1>4	
	组内	944.046	1404	0.672			2>4	
	总计	988.298	1407				3>4	

注：组1：初中及以下；组2：高中／中专；组3：大专／本科；组4：研究生及以上。

（4）不同收入水平旅游者目的地选择行为特征分析

为了更进一步了解不同收入水平的旅游者是否存在差异化的目的地选择行为特征，本研究使用了单因素方差分析（ANOVA）对不同收入水平的旅游者在出游态度、主观规范、知觉行为控制、出游意向水平、距离欲水平进行了比较。月收入 3000 元以下的旅游者被设定为组 1，3000~5000 元设定为组 2，5001~7000 编码为组 3，7001~9000 元编码为组 4，9001 元及以上编码为组 5。单因素方差分析结果参见表 5-10。

表 5-10 不同收入水平旅游者目的地选择行为特征分析表

变量		平方和	自由度	均方	F	显著性	比较结果	
出游态度	组间	23.910	4	5.977	11.221	0.000	2>1	4>1
	组内	747.363	1403	0.533			3>1	5>1
	总计	771.273	1407					
主观规范	组间	40.659	4	10.165	13.732	0.000	2>1	4>1
	组内	1038.548	1403	0.740			3>1	
	总计	1079.207	1407					
知觉行为控制	组间	64.375	4	16.094	31.472	0.000	2>1	4>1 4>2
	组内	717.450	1403	0.511			3>1	5>1
	总计	781.825	1407					
出游意向	组间	85.956	4	21.489	29.815	0.000	2>1	4>1
	组内	1011.191	1403	0.721			3>1	5>1
	总计	1097.146	1407					
距离欲	组间	41.065	4	10.266	15.206	0.000	2>1	4>1
	组内	947.233	1403	0.675			3>1	5>1
	总计	988.298	1407					

由分析结果可知，不同收入水平的旅游者在出游态度、主观规范、知觉行为控制、出游意向及距离欲方面都呈现出显著差距。在出游态度方面，其他收入水平的旅游者都与月收入 3000 元以下的旅游者存在显著差异，收入较高的旅游者有更为积极的出游态度；在主观规范方面，月收入 3000 元以下的旅游者也其他收入水平旅游者存在显著差异，收入较高的旅游者主观规范水平更高；在知觉行为控制方面，月收入 3000 元以下的旅游者与其他收入水平的旅游者同样存在显著差异，月收入 7001~9000 元的旅游者与收月入 3000~5000 元的旅游者之间也存在显著差异，高收入的旅游者有更高水平的知觉行为控制能力；在出游意向方面，月收入 3000 元以下的旅游者也与其他收入水平旅游者存在显著差异，收入较高的旅游者有更加高的出游意向；在距离欲方面，月收入 3000 元以下的旅游者也与其他收入水平旅游者存在显著差异，收入较高的旅游者相比收

入较低的旅游者有更高水平的距离需求。

综上，不同收入水平的旅游者具有差异的目的地选择行为特征，这一研究结果与（Fourie, Santana-Gallego and Maria, 2013；Huang, Tsaur and Yang，2012）相一致。较高收入的旅游者比起较低收入旅游者表现出更积极的出游态度和更高程度的出游意向水平以及距离欲水平，随着收入水平的增加，旅游者在出游态度、主观规范、知觉行为控制、出游意向、距离欲方面都有更积极的表现。

5.4 距离欲引力机制分析

5.4.1 感知距离与旅游者出游意向

为了更好地了解感知距离与旅游者出游意向之间的相互关系，笔者采用 SPSS 的线性回归来进行检定，由于 SPSS 无法直接处理构念，因此需要对构念进行预处理，根据 Hair（2014）的建议，对旅游者出游意向的指标进行项目加总（summated scale/ item parcel）并进行均值的计算，进而使用线性回归检定感知距离对旅游者出游意向的影响。检定结果参见表 5-11。

检定结果显示，德宾沃森检定结果为 1.683，没有超过 5 的临界值，说明数据满足样本独立性要求，不存在自我相关；非标准化系数为 -0.140（t 值为 -6.056，p 值小于 0.001），说明感知距离对旅游者出游意向的影响的检定达到显著，并且感知距离与旅游者出游意向之间负相关。这一研究结果证实在大尺度空间内旅游者目的地选择存在距离衰减的普遍规律（Mckercher, 2018）。

同时也验证了假设 H11 成立。

表 5-11 感知距离与出游意向关系检定表

DV	IV	未标准化系数 B	标准误	标准化系数 Beta	t	显著性	德宾 - 沃森	R 方
出游意向	（常量）	4.092	0.083		49.187	0.000	1.683	0.025
	感知距离	-0.140	0.023	-0.159	-6.056	0.000		

5.4.2 不同感知距离水平距离欲的引力作用分析

基于理论基础与模型建构，笔者将在不同感知距离水平下，对距离欲与旅游者目的地选择引力作用做进一步比较分析。以感知距离远—近作为分组依据，应用 AMOS 软件开展了距离欲引力作用的多群组分析，考察在不同感知距离水平下：（1）距离欲是否仍然稳定的积极作用于旅游者出游意向的形成；（2）距离欲是否仍然稳定的与旅游者出游态度、主观规范正相关；（3）距离欲是否随着感知距离的增加而与知觉行为控制的关系由不显著变的显著。前两者主要通过多群组分析进行检定，距离欲与知觉行为控制的关系变化主要通过调节效应分析进行检定。

分析方法参考了 Homburg 和 Giering（2001）的有关建议。由于本章旨在考察不同感知距离水平下，距离欲的引力作用分析，因此将感知距离作为调节变量，将其细分为低水平组与高水平组。分别带入结构方程进行参数估计，观察不同数据组估计的结构方程模型在路径参数上是否存在差异，如果不存在差异，则证明原有假设模型具有相当的稳健性，如果存在差异，则证明可能存在一定的调节作用。针对连续变量的高低水平组划分，高水平组与低水平组的划分标准需要根据研究的实际情况确定，但一般以区分程度最大化为原则（Edwards and Lambert，2007；Wang et al，2019）。前后 27% 是可供参考的标准之一（即按照题项得分由低至高排列，前 27% 的得分归入低水平组，后 27% 得分归入高水平组）（Kelley，1939），有学者经过数理分析证实这一分组方法能够有效的应用于调节效应研究（Koo，Poh and Ruzita，2016；Wang et al，2019）。针对感知距离的分组，笔者同样借鉴了 27% 的划分比例并将分组结果与感知距离的尺度进行比对，发现前 27% 与"感知距离非常近""感知距离很近""感知距离比较近"三组相重叠，后 27% 与"感知距离非常遥远"组基本重叠，因此笔者得到了 172 个样本的低水平组和 239 个样本的高水平组。通过比较两个群体在"出游态度—距离欲"（ATT-DD）、"主观规范—距离欲"（SN-DD）、"知觉行为控制—出游意向"（PBC-DD）、"距离欲—出游意向"（DD-BI）路径系数上的估计参数，检验其是否具有显著差异，如果路径系数显著且不存在组间差异，则证明距离欲引力作用的稳定性，如果存在组间差异，且差异显著，则认为距离欲的引力作用随着感知距离的增加发生了一定程度的变化。

表 5-12 距离欲引力作用多群组分析表

| | 基准路径模型 | | 恒定路径模型 | | | | 卡方差检验 | P value |
| | | | 低水平组 | | 高水平组 | | | |
	标准化估计系数	p	标准化估计系数	P	标准化估计系数	P		
H12 距离欲→出游意向	0.11	***	0.08	*	0.22	***	6.080	*
H13 出游态度→距离欲	0.40	***	0.17	***	0.39	**	0.530	n.s.
H15 主观规范→距离欲	0.15	**	0.19	*	0.21	*	0.004	n.s.
H17 知觉行为控制→距离欲	0.06	n.s.	0.06	n.s.	0.17	***	2.122	n.s.
	χ^2/df=2.75		χ^2/df=1.27					
	CFI=0.99		CFI=0.98					
	NFI=0.98		NFI=0.96					
	RMSEA=0.03		RMSEA=0.03					

注：路径系数为标准化路径系数；* 代表在 $p<0.05$ 显著水平下显著；** 代表在 $p<0.01$ 显著水平下显著；*** 代表在 $p<0.001$ 显著水平下显著；其他代表不显著。

多群组分析结果如表 5-12 所示。高、低感知距离水平下，假设模型均达到的理想的配适度指标，有稳定的测量效果。通过高、低水平组的对比分析，可以发现：

（1）距离欲在不同感知距离水平下均稳定的、积极的作用于旅游者出游意向的形成，假设 H12 通过检验；

（2）出游态度在不同的感知距离水平下均有稳定的、积极的作用于旅游者的距离欲，假设 H13 通过检验；

（3）主观规范在不同的感知距离水平下均有稳定的、积极的作用于旅游者的距离欲，假设 H13 通过检验；

（4）知觉行为控制在不同感知距离水平下，对旅游者距离欲的作用发生了变化，由关系不显著，变的显著，假设 H17 通过检验。

在对限制模型和自由模型上的卡方差进行估计并进行卡方差异的显著性检验（ $\Delta df=25$ ， $\Delta \chi 2=90.830$ ， $p<0.001$ ）过程中还进一步发现以下分析结果：

（5）随着感知距离水平的增加，距离欲与旅游者出游意向之间的积极关系显著增强（ $\Delta df=1$ ， $\Delta \chi 2=8.806$ ， $p=0.014$ ）。高水平组距离欲到出游意向之间的路径系数（0.22）高于低水平（0.08）在（ $p<0.05$ ）的情况下显著，证明感知距离越远，旅游者距离欲越能够积极的作用于旅游者出游意向的形成，且变化显著。

5.4.3 不同感知距离水平距离欲的引力作用机制分析

在对不同感知距离水平下距离欲引力作用分析的基础上，还需要进一步考察不同感知距离水平下，距离欲是否在其他行为变量作用于旅游者出游意向的过程中发挥着稳定的中介效应。分析方法采用了 Hayes 和 Andrew（2013）的建议，运用 Bootstrap 法对有调节的中介效应进行检验，分析内容包括：中介效果是否存在跨群组特性的不同（是否存在部分中介与完全中介之间的变化）；中介效果的强度是否有差异（是否存在中介效果从显著到不显著之间的不变化）；中介效果的异质性检定（Heterogeneity test，即群组之间中介效果是否存在显著差异）。

首先，借助 AMOS 软件的 Bootstrop 技术，进行感知距离高低群组的距离欲的中介效应分析。两群组的结构方程配适度指标已经在上一小节中做了报告。检定结果显示，中介效应分析的各条路径条件总效果均达到显著，满足了继续进行间接效应分析的基本条件。在条件简介效应的检定中，发现除了低水平组知觉行为控制→距离欲→出游意向的间接效果不显著，其他中介效果均通过了检定。在进一步对条件直接效应的检定中，发现各直接效应均显著，证明已经通过的中介效应检定均为部分中介。

其次，通过中介效果的点估计值与标准差对高低群组的中介效果进行异质性检定（Heterogeneity test）。检定结果显示感知距离高低群组间知觉行为控制→距离欲→出游意向中介效果存在显著差异，存在有调节的中介效应。而距离欲在出游态度、主观规范与出游意向之间的中介效果异质性检定结果显示并未存在显著差异，但是其路径系数的显著性程度确实发生了一定程度的变化。检定结果参见表 5-13 所示：

表 5-13 距离欲引力机制多群组分析表

中介路径	感知距离调节组	条件总效应	条件间接效应	条件直接效应	中介效果	中介效果受调节检定结果
H14 出游态度→距离欲→出游意向	低水平组	0.25***	0.025**	0.225*	部分中介	中介效果稳定，组间差异不显著，显著性程度发生细微变化。
	高水平组	0.39***	0.037**	0.253***	部分中介	
间接效果异质性检定（p-value 及显著性）		0.267 (n.s.)				
H16 主观规范→距离欲→出游意向	低水平组	0.31**	0.031**	0.269*	部分中介	中介效果稳定，组间差异不显著，显著性程度发生细微变化。
	高水平组	0.29***	0.015**	0.275**	部分中介	
间接效果异质性检定（p-value 及显著性）		0.925 (n.s.)				
H18. 知觉行为控制→距离欲→出游意向	低水平组	0.33***	n.s.	0.223**	无中介	中介效果受调节变量影响作用明显，组间形成显著差异，随着感知距离的增加，中介效应由不显著变得显著。
	高水平组	0.24***	0.032**	0.273**	部分中介	
间接效果异质性检定（p-value 及显著性）		0.045 *				

注：路径系数为非标准化回归系数；* 代表在 p<0.05 显著水平下显著；** 代表在 p<0.01 显著水平下显著；*** 代表在 p<0.001 显著水平下显著；其他代表不显著；Bootstrap 执行次数为 2000 次，中介效应检定采用双尾检定。

（1）距离欲在出游态度作用于旅游者出游意向的过程中发挥着稳定的中介作用，假设 H14 通过检验；

（2）距离欲在主观规范作用于旅游者出游意向的过程中发挥着稳定的中介作用，假设 H16 通过检验；

（3）不同感知距离水平下，距离欲在旅游者知觉行为控制与出游意向之间发挥差异化的中介作用，假设 H18 通过检验。具体来看，感知距离越远，距离欲在知觉行为控制作用于旅游者出游意向的过程中的中介作用越显著，即感知距离越远知觉行为控制越有可能通过距离欲作用于旅游者出游意向的形成。

5.5 小结

（1）距离欲是促成旅游者出游意向形成的重要因素

距离欲反映了旅游者对距离的需求，在旅游者目的地选择过程中表现为旅游者为了获取最佳的审美体验，采取特定距离行动，持续激发和唤醒积极情感产生，选择一定距离的旅游目的地的要求和愿望，这一需求的满足能够促使旅游者出游意向的形成。在第四章有关距离欲概念、内涵、维度的讨论基础上，尝试建构了距离欲的测量指标，证明其测量有效性的同时还证实了距离欲与旅游者出游意向之间存在积极联系，距离欲是促成旅游者出游意向形成的重要因素。

（2）距离欲在其他行为变量作用于旅游者出游意向的过程中发挥着重要的中介作用

高水平的距离欲不仅能够直接促使旅游者出游意向，还在其他行为变量作用于旅游者出游意向的过程中发挥着重要的中介作用。研究结果证实，距离欲在旅游者出游态度与出游意向之间、主观规范与出游意向之间发挥着部分中介作用，说明距离欲是旅游者出游态度、主观规范作用于旅游者出游意向的重要路径。

（3）距离欲的引力作用与机制

距离欲的引力作用与机制可以通过以下内容进行阐释：距离欲在旅游者目的地选择过程中，稳定的促进旅游者积极出游意向的形成；并且在旅游者出游态度、主观规范作用于旅游者出游意向的过程中发挥着稳定的、重要的中介作用；旅游者出游态度、主观规范都是旅游者距离欲形成的重要基础；随着感知距离的增加，旅游者知觉行为控制开始通过距离欲积极的作用于旅游者出游意向的形成。

（4）距离欲为旅游者目的地选择过程中的二律背反作用提供了解释

距离欲变量与旅游者出游意向之间的关系得到检定，证实距离欲表征的距离欲的引力作用确实存在。而距离欲与旅游者出游意向的直接关系，以及在其他行为变量与旅游者出游意向之间的中介效用的检定则帮助我们进一步认识了距离引力作用发挥的具体机制。基于此构建的基于距离欲拓展的旅游者目的地选择模型（DD-TPB）提供了距离欲与旅游者目的地选择的微观解释框架，模型的可靠性、有效性通过了检定，距离欲的作用机制得到了进一步阐明，距离的引力机制得以证实。在旅游者目的地选择过程中，距离欲及其作用机制的动态变化为我们更深刻的认识旅游者目的地选择过程中距离衰减曲线的阶段性变化即距离的二律背反现象提供了新思考与可靠的解释。

（5）不同属性的旅游者有差异化的行为特征

不同人口统计学特征的旅游者存在着一定差异化的行为特征，不同性别的旅游者在出游态度、知觉行为控制、出游意向上存在显著差异，但是在距离欲上没有显著差异；不同年龄段旅游者具有一定差异性的目的地选择行为特征，随着年龄段的增加，旅游者的出游态度、主观规范水平、知觉行为控制水平、出游意向水平以及距离欲水平都呈现递增的态势，这一趋势也与个体生活体验与经验积累有密切关系，尤其是在距离欲的层面，反映了距离需求随年龄增加而增长的变化态势。不同学历背景的旅游者具有一定差异性的目的地选择行为特征，中高等教育背景的旅游者表现出更积极的出游态度和更高程度的出游意向水平以及距离欲水平，教育背景越高的旅游者越不容易受到参照群体的影响。较高收入的旅游者比起较低收入旅游者表现出更积极的出游态度和更高程度的出游意向水平以及距离欲水平，随着收入水平的增加，旅游者在出游态度、主观规范、知觉行为控制、出游意向、距离欲方面都有更积极的表现。

（6）距离欲探索的理论与实践价值

距离欲能够为距离作用于旅游者目的地选择的二律背反提供了可能的理论解释。即在一定的距离范围内，空间距离既是需要旅游者花费时间和精力去克服的阻力因素，又是激发旅游者距离欲的吸引力因素，两者共同构成了旅游者目的地选择中的二律背反。这两股力量的交互作用，影响着旅游者目的地选择中距离衰减曲线的走向。而距离欲不仅能够帮助我们解释距离衰减曲线在局部范围内的修正的原因，还能够帮助我们深入探索距离作用于旅游者目的地选择的神秘维度。

距离欲的引入能够进一步完善和提升旅游者目的地选择模型的解释力与预测力。旅游目的地选择模型在不断的发展过程中，开始修正主客体对立的研究方法，不再单方面侧重对客体旅游目的地吸引力因素的探讨，或是单方面侧重对主体旅游者动机和偏好的探索，逐渐转向于对两者作用机制的更为宽阔的作用场的探索，在这一转型的发展过程中，能够评价两者作用关系的相对指标的选取尤为关键。"距离欲"作为旅游者对主客体作用的情感评价，既反映旅游者偏好，又能反映旅游者对主客体相对距离的信念和期待，能够成为理想的相对指标。

距离欲的中介作用的证实，为出游态度作用于旅游者出游意向的机制探索提供了新的思考。已有的研究都证实出游态度是影响旅游者目的地选择的重要因素。并对态度的维度与强度等开展了深入探索，本研究在已有研究的基础上做了有益的补充，认为旅游者对"距离"的态度也是影响旅游者目的地选择的重要因素，并证实距离欲是出游态度与出游意向的中介变量，即在态度作用于旅游者目的地选择的过程中，距离欲发挥着重要的中介作用。

距离欲的中介作用的证实，为主观规范作用于旅游者出游意向的机制探索提供了新的思考。主观规范是影响旅游者目的地选择重要因素，已有的研究揭示了参照群体的信息来源、信息内容，及主体对信息源与信息内容的重视程度都影响着旅游者的目的地选择，但是有关信息内容的细分，除了形象信息、安全信息等，对其他类型信息等的探索还较为缺乏，本研究的成果证实了主观规范作用于旅游者目的地选择过程中，距离信息及主体对距离信息的观点和信念是其影响的路径之一，即在主观规范作用于旅游者目的地选择的过程中，距离欲发挥着中介作用。

距离欲被证实与知觉行为控制并不存在显著的相关关系，虽然知觉行为控制直接影响旅游者出游意向的形成，但其并没有对距离欲产生显著影响，这可能是在出游意向的形成阶段，距离欲作为旅游者一种对距离情感的追求，反映自身与旅游目的地特定距离的观点和信念，不容易受到对自身行为控制能力的影响。

（7）距离欲作用机制探索的理论与实践价值

本章在前两章的理论与实证分析基础上，探析了距离欲作用于旅游者出游意向的具体机制。

感知距离虽然被证实与旅游者出游意向负相关，与以往的研究结果以及距离衰减理论保持一致，但是有关距离欲引力作用与机制的分析和讨论，则揭示了距离衰减的表象背后，距离作用于旅游者目的地选择的复杂机制，尤其是在以往研究对距离阻力机制充分讨论的基础上，补充了对距离引力机制的阐释，距离欲就是感知距离作用于旅游者目的地选择的引力机制。

不同感知距离水平下，距离欲都稳定的作用于旅游者出游意向的形成。说明在目的地营销实践中，距离欲的激发与提升旅游者出游态度、主观规范水平、知觉行为控制的策略和措施一样都非常重要，是可供参考的效用稳定的营销战略选择。

不同感知距离水平下，距离欲在出游态度、主观规范作用于旅游者出游意向过程中的中介作用保持稳定，说明基于距离欲的出游态度提升、主观规范提升策略具有较为广泛的参考价值，可以适用于不同的感知距离范围的目的地。

不同感知距离水平下，距离欲作用于旅游者出游意向的强度发生了变化，随着感知距离的增加，距离欲对旅游者出游意向的影响越来越大，旅游者知觉行为控制也开始逐渐通过距离欲这个中介作用于旅游者出游意向。由此可见，近、远途目的地可以据此打造差异化的发展战略，以距离欲的维度、层级为参考，基于距离欲的精准营销策略。

不同属性的旅游者有差异化的感知距离特征，性别、年龄、教育背景、收入水平都是重要的影响因素。有关旅游者感知距离特征的研究成果，能够与基于距离欲的营销策略相结合，针对目标市场的特点实施精准营销。

第六章 距离欲对旅游者目的地选择引力与机制的尺度效应

基于距离欲拓展的旅游者目的地选择模型（DD-TPB）和基于感知距离拓展目的地选择模型（CG-TPB）在上一章当中得到了验证，证实了距离欲的引力作用与机制。本章将进一步考察距离欲引力作用与机制的尺度效应。

6.1 决策域与距离范围

距离范围是主体对特定行为空间的认识，是识别行为空间差异的重要内容，是回答和解释环境背景中人的行动价值与意义的重要线索。在旅游者目的地选择行为研究中，距离范围的概念起源于家域的概念，以家域为基准，有学者尝试将距离范围细分为心理距离范围（psychological range）、混合距离范围（hybrid range）和物理距离范围（physical range）（Lin and Morais, 2008）。心理距离范围被认为是伴随着实际距离增加旅游者出游意向水平随之增加的行为区间，在这一距离范围内，旅游者行为特征表现为追求距离需求的满足（逃离熟悉环境、寻求新奇感的满足等）；混合距离范围被认为是涵盖一个合理的、最适宜的旅游距离范围，这一距离范围内，旅游者的行为特征表现为在旅游地属性特征与空间抑制因素之间权衡寻求实现最大化的旅游体验；物理范围被认为是伴随着实际距离的增加旅游者出游意向锐减的距离范围，在这一范围内距离表现为旅游者行为的强大阻力。

旅游者目的地决策域理论有着较为丰富的理论与实证研究成果，生动细致地刻画了目的地如何经过"漏斗"式的选择而成为旅游者最终决策的过程。但是距离往往仅被视作是目的地选择的阻力因素，而忽视了其引力作用。将距离欲引入旅游者目的地选择决策域研究，不仅能够完善决策域的相关理论，还能够提供一个动态分析的视角，来帮助我们更全面地认识距离作用于旅游者目的地选择的机制。由于本研究重点关注距离作用的引力机制，因此动态考察的对象也主要是距离引力机制的动态变化。此外，有关距离欲的理论探索也指出距离欲表征着旅游者对距离的需求，而这一需求的产生往往在决策域的初期阶段，即出游意向的行程阶段，是影响目的地能否进入旅游者决策域的重要因素（曹晶晶等，2018）。至此，距离范围研究为决策域研究提供了细分的新视角，对应距离范围的概念，心理距离范围与混合距离范围对应的即为决策域内，而物理距离范围则对应决策域外。

在此基础之上，本研究将在对决策域控制作用进行检定的基础之上，进一步比对决策域内、域外、域限旅游者距离欲作用的强度、路径的变化，进而更全面地考察距离欲作用与机制的尺度效应。

6.2 感知距离偏差与距离范围

感知距离偏差 (BCD：Bias of cognitive distance) 指的是感知距离估计值（ECD：Estimates of cognitive distance）与实际距离 (RD：Real distance) 之间存在的差异。在旅游者目的地选择研究中，感知距离偏差主要指旅游者所感知到的与旅游目的地之间的感知距离与旅游目的地之间实际距离的或正或负的差异。

有学者在进一步探索距离范围的过程中还发现，不同的距离范围内旅游者除了差异化的出游意向水平，还会呈现差异化的感知距离特征，其中感知距离偏差是预测旅游者出游意向的重要变量，出游意向较高的旅游者更容易低估实际距离，而出游意向较低的旅游者更容易高估实际距离，感知距离是识别旅游者感知距离范围的重要指标。在心理距离范围的旅游者更倾向于低估实际距离，而在物理距离范围的旅游者更倾向于高估实际距离，在混合距离的旅游者的感知距离准确度较高（Lin and Morais, 2008）。在上一小节中笔者已经对感知距离范围与决策域的有机联系做了阐释，心理距离范围和混合距离范围位于决策域内，而物理距离范围位于决策域外，则决策域内的旅游者可能更加倾向于低估实际距离，而决策域外的旅游者可能更加倾向于高估实际距离。

　　感知距离偏差不仅是识别距离范围、决策域的重要指标，还为基于感知距离的目的地营销策略的制定提供了比感知距离更具有可操作性的调控工具。在前两章的研究中，虽然距离的引力机制得以证实，感知距离的调节作用也得到了进一步探析，说明感知距离确实是目的地旅游营销的重点内容，但其实践应用却存在着相当的困难，感知距离的调控既缺乏具有一致性的度量尺度又缺乏具有普适性的区分标准。而感知距离偏差作为感知距离与实际距离的差值，不仅承载着比感知距离更加丰富的信息，而且为目的地基于感知距离的营销策略提供了可实质进行操作的变量，即可以通过控制目的地距离信息的披露程度与路径方式来影响旅游者感知距离偏差的方向与强度，进而影响旅游者的距离欲强度、感知距离水平，进而影响各行为变量的相互作用，最终促进旅游者积极出游意向的形成。

　　本研究将对感知距离偏差的控制作用进行检定，并对不同感知距离偏差域（低估／高估）的距离欲作用与机制的尺度效应开展进一步分析。

6.3 研究假设

　　通过文献回顾与梳理可以发现距离的二律背反已经得到了学者们的关注，并在已有的实证研究成果中都发现了这一现象的存在，学者们还尝试通过旅游的本质、旅游者决策域等来从理论与实证层面提供解读规律的解读。有关旅游本质的讨论为距离吸引力提供了假设基础，而距离范围的相关研究成果则从实证层面验证了距离引力的客观存在，在进一步的探索中学者们还尝试进一步构建距离范围与旅游者决策域之间的有机联系，且在不同距离范围旅游者的出游意向水平、感知距离、感知距离偏差可能存在一定的相关性和规律性变化，而距离范围是识别刻画距离引力机制动态变化的重要标准。但是心理距离范围、混合距离范围、物理距离范围虽然有相关的理论支持，但由于更加偏向于概念性定义，而在实践中存在诸多困难，已有的距离范围研究成果指出决策域、感知距离偏差都是进行距离范围划分的重要参考依据。本章研究将把决策域、感知距离偏差变量作为控制变量，引入本研究构建的基于感知距离拓展的旅游者目的选择模型，通过对其控制作用的检定结果来确定其作为距离范围划分标准的可靠性与可行性。具体包括：

（1）尺度细分标准有效性的检定，提出以下假设：

H19 决策域是尺度细分的参考标准。

H20 感知距离偏差域是尺度细分的参考标准。

（2）如果距离范围尺度细分标准（决策域、感知距离偏差域）的控制效果显著，则进一步开展不同尺度下，距离欲引力作用与机制的比较分析。

（3）不同旅游者目的地选择行为有差异化的特征，具体提出以下假设：

H21a 心理距离范围的旅游者的出游态度更积极。

H21b 心理距离范围的旅游者的主观规范水平更高。

H21c 心理距离范围的旅游者的知觉行为控制水平更高。

H21d 心理距离范围的旅游者的出游意向水平更高。

H21e 心理距离范围的旅游者的距离欲水平更高。

6.4 研究结果

6.4.1 决策域与感知距离偏差的控制效果检定

旅游者决策域的计算主要通过问卷题项中旅游消费预算与预计旅游消费支出的差值计算得出，如果旅游消费预算 – 预计旅游消费支出为正值，则代表旅游消费在旅游者的预算之内，即为旅游者决策域内；如果差值为 0，则代表为旅游消费域限的临界值，及决策域限；如果差值为负值，则代表旅游消费支出超出了旅游者消费预算，即为旅游者决策域外。

感知距离偏差的测量主要通过旅游者直线感知距离与实际直线距离的差值计算得出，由于感知距离的单位的认知存在较大的个体化差异，可能会给研究结果带来不利影响，而感知距离偏差的正负包含着感知距离偏差的方向信息，也同样能够被用来开展感知距离的相关研究（Lin and Morais，2008）。因此，本研究根据感知距离偏差计算的结果，即 BCD（感知距离偏差，Bias of cognitive distance）= ECD（感知距离估计值，Estimates of cognitive distance–RD（实际距离，Real distance），将结果为正值（即感知距离 > 实际距离）组定为高估组，将结果为负值（即感知距离＜实际距离）定位低估组。

本研究借助 SPSS24.0 软件，采用层次回归法，基于感知距离拓展的旅游者目的地选择模型，对决策域和感知距离偏差的控制作用检定，并在加入控制变量的情况下考察原有模型的稳健性。在对相关潜变量执行 Item parcel 处理的同时（Hair，2014），对感知距离调节作用的测量项进行了中心化处理进而构建调节作用的交互乘积项，这一操作能够有效地消除调节效应检定中可能存在的共线性问题（Hair，2014）。具体做法是，首先将距离欲、出游意向设为因变量，再加入控制变量（决策域、感知距离偏差域），再放入前置变量（出游态度、主观规范、知觉行为控制、距离欲），最后放入调节变量（感知距离对出游态度、主观规范、知觉行为控制、距离欲与出游意向的调节作用）至回归方程，进行层级分析检定。检定结果如下表 6-1 所示：Model1、Model2、Model3 检定的是以距离欲为因变量、以决策域与感知距离偏差域为控制变量，以感知距离为调节变量的层级回归检定，由 Model1 可以发现决策域的控制效果（B=0.140，p<0.001）和感知距离偏差域的控制效果（B=0.106，p<0.05）均达到显著，说明两个变量的控制效果存在；由 Model2 可以发现，出游态度（B=0.292，p<0.001）、主观规范（B=0.238，p<0.001）、知觉行为控制（B=0.106，p<0.001）与距离欲的关系均达到显著；Model3 检定结果进一步显示，加入控制变量后，感知距离在出游态度与距离欲之间发挥着正向的调节作用（B=0.056，p<0.05）。

Model4、Model5、Model6 检定的是以出游意向为因变量、以决策域与感知距离偏差域为控制变量，以感知距离为调节变量的层级回归检定，由 Model5 可以发现决策域的控制效果（B=0.140，p<0.001）和感知距离偏差域的控制效果（B=0.150，p<0.01）均达到显著，说明两个变量的控制效果存在；由 Model6 可以发现，出游态度（B=0.245，p<0.001）、主观规范（B=0.301，p<0.001）、知觉行为控制（B=0.268，p<0.001）、距离欲（B=0.106，p<0.001）与出游的关系均达到显著；Model3 检定结果进一步显示，加入控制变量后，感知距离在感距离与距离欲之间发挥着正向的调节作用（B=0.048，p<0.05）。

表 6-1 决策域与感知距离偏差控制效果检定表

因变量	距离欲			出游意向		
	Model 1	Model 2	Model 3	Model 4	Model 5	Model 6
控制变量 （control variables）						

续表

因变量	距离欲			出游意向		
决策域	0.140***	0.075**	0.072**	0.140***	0.034	0.035
感知距离偏差域	-0.106*	-0.031	-0.034	-0.150**	-0.044	-0.046
自变量 (Independent variables)						
出游态度		0.286***	0.292***		0.245***	0.249***
主观规范		0.236***	0.238***		0.301***	0.298***
知觉行为控制		0.106***	0.099***		0.268***	0.269***
距离欲					0.106***	0.099***
调节变量 (Moderator)						
感知距离 * 出游态度			0.056*			0.013
感知距离 * 主观规范			0.023			0.047
感知距离 * 知觉行为控制			0.033			-0.040
感知距离 * 距离欲						0.048*
判定系数 R 方	0.016	0.302	0.312	0.019	0.554	0.559
调整 R 值 ΔR 方	0.016	0.286	0.010	0.017	0.552	0.556
F 值（F value）	11.401***	191.344***	6.991***	13.312***	419.745***	4.667**

注：路径系数为非标准化回归系数；* 代表在 $p<0.05$ 显著水平下显著；** 代表在 $p<0.01$ 显著水平下显著；*** 代表在 $p<0.001$ 显著水平下显著；其他代表不显著；采用双尾检定。

层级回归的结果显示距离欲与感知距离偏差都发挥着一定的控制效用，说明决策域和感知距离偏差域可以作为划分尺度细分的参考标准，假设 H19、H20 通过检定。

6.4.2 不同尺度距离欲引力作用与机制的比较分析

决策域与感知距离偏差作为距离欲引力作用与机制分析尺度细分的重要依据，其有效性已经在前一小节中得到了检定，本小节将在此基础上开展不同尺度下的比较分析。笔者尝试在以感知距离为横坐标、旅游者出游意向为纵坐标的象限图对尺度细分标准做出图示，参见图6-1。

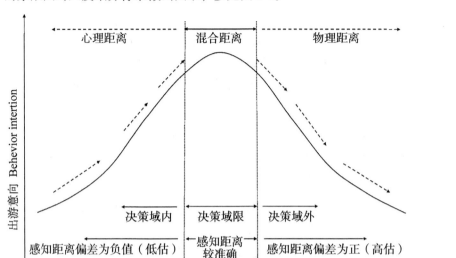

图6-1 距离范围示意图

心理距离范围被认为是伴随着实际距离增加（感知距离随着实际距离增加而增加，也即伴随着感知距离增加而增加）旅游者出游意向水平随之增加的行为区间，在这一距离范围内，旅游者行为特征表现为追求距离需求的满足（逃离熟悉环境、寻求新奇感的满足等），位于旅游者的决策域内，并且旅游者倾向与低估实际距离（即感知距离偏差为负值）；混合距离范围被认为是涵盖一个合理的、最适宜的旅游距离范围，这一距离范围内，旅游者的行为特征表现为在旅游地属性特征与空间抑制因素之间权衡寻求实现最大化的旅游体验，出游意向水平达到峰值，决策辅助信息最为丰富，对目的地的距离特征把握更为准确，即感知距离更加准确；物理范围被认为是伴随着实际距离的增加旅游者出游意向锐减的距离范围，在这一范围内距离表现为旅游者行为的强大阻力，并且旅游者倾向与高估实际距离（即感知距离偏差为正值）。

为了能够进一步比较不同距离范围旅游者目的地选择行为的特征，笔者将前几章的研究成果进行了梳理和汇总，分析内容呈现于表6-2，该表格由四部分内容组成：

（1）对七条模型主要的路径系数进行不同距离范围的比较，比较其随着距离范围的变化（心理距离范围→混合距离范围→物理距离范围的变化）而发生的变化，并比较同一距离范围不同识别标准（感知距离水平、感知距离偏差水平、决策域）是否具有近似的结果推论。

（2）对三个中介效应的不同距离范围，比较其随着距离范围的变化（心理距离范围→混合距离范围→物理距离范围的变化）中介效应的变化情况。

（3）结合不同距离范围模型主要路径的系数变化情况，对感知距离的调节作用与感知距离偏差的调节作用进行比较和分析。

（4）结合不同距离范围模型主要路径的系数变化情况，不同距离范围距离欲中介作用的变化情况、不同距离范围感知距离的调节作用的变化情况，对有感知距离、感知距离偏差调节的中介效应进行比较和分析。

表 6-2 距离欲引力作用与机制的尺度效应分析表

| 主路径 | 心理距离范围 | | | 混合距离范围 | 物理距离范围 | | | 调节效应 | |
	感知距离低水平组	感知距离偏差域内（低估组）	决策域内	决策域限	决策域外	感知距离偏差域外（高估组）	感知距离高水平组	感知距离的调节	感知距离偏差的调节
1. 出游态度→出游意向	0.25***	0.14*	0.21***	0.21**	0.28*	0.43***	0.39***		正向调节
2. 主观规范→出游意向	0.31***	0.38***	0.37***	0.36***	0.25*	0.18*	0.29*		负向调节
3. 知觉行为控制→出游意向	0.33***	0.27***	0.29***	0.33***	0.30***	0.30***	0.24***	负向调节	
4. 距离欲→出游意向	0.08*	0.08*	0.10***	0.09*	0.13**	0.11*	0.22***	正向调节	
5. 出游态度→距离欲	0.17***	0.43***	0.28***	0.34***	0.44**	0.49***	0.39**		

续表

主路径	心理距离范围			混合距离范围	物理距离范围			调节效应	
	感知距离低水平组	感知距离偏差域内（低估组）	决策域内	决策域限	决策域外	感知距离偏差域外（高估组）	感知距离高水平组	感知距离的调节	感知距离偏差的调节
6. 主观规范→距离欲	0.19*	0.12*	0.30***	s.n.	s.n.	s.n.	0.21*		
7. 知觉行为控制→距离欲	s.n.	s.n.	n.s.	s.n.	s.n.	s.n.	0.02***		
中介路径									有调节的中介效应检定
1. 出游态度→距离欲→出游意向	部分中介	完全中介	部分中介	部分中介	部分中介	部分中介	部分中介	n.s.	完全中介到部分中介
2. 主观规范→距离欲→出游意向	部分中介	部分中介	部分中介	n.s.	n.s.	n.s	部分中介	n.s.	部分中介到不显著
3. 知觉行为控制→距离欲→出游意向	n.s.	n.s	n.s.	n.s.	n.s.	n.s.	部分中介	从不显著变的显著	n.s.

注：路径系数为标准化路径系数；* 代表在 $p<0.05$ 显著水平下显著；** 代表在 $p<0.01$ 显著水平下显著；*** 代表在 $p<0.001$ 显著水平下显著；n.s. 代表不显著。

（1）距离欲引力作用的尺度效应分析

如表 6-2 所示，以混合距离范围（决策域限）为中轴，左侧为心理距离范围的分析结果，右侧为物理距离范围的分析结果，表格分别呈现了两个距离范围下，参考不同距离范围指标（感知距离、感知距离偏差、决策域）设定下模型的主要路径系数检定结果，结合感知距离、感知距离偏差的调节效果检定结果。可以发现：

①在出游态度作用于旅游者出游意向的过程中，物理距离范围的旅游者出游态度对出游意向的形成的重要性更大。不同距离范围指标的检定结果达成一致。即伴随着实际距离的增加，旅游者感知距离的增加，旅游者高估感知距离时，旅游者态度对旅游者出游意向形成的重要性程度逐渐增加。

②在主观规范作用于旅游者出游意向的过程中，心理距离范围的旅游者主观规范水平对出游意向的形成的重要性更大。不同距离范围指标的检定结果达成一致。即当感知距离较近，或目的地位于旅游者决策域内，旅游者低估感知距离时，主观规范水平对旅游者出游意向形成的重要性程度逐渐增加。

③在知觉行为控制用于旅游者出游意向的过程中，物理距离范围的旅游者知觉行为控制水平对出游意向的形成的重要性更大。不同距离范围指标的检定结果相对一致。在以感知距离的高低组比较中，高水平组的知觉行为控制的路径系数低于低水平组路径系数，说明感知距离的控制效果可能与其他两个距离范围指标存在一定的差异。而导致差异的具体路径和方式还需要进一步的结合相应的中介效应、调节效应的结果进行深入分析。但总体而言，其他两项指标的检定结果相对一致，即伴随着实际距离的增加，旅游者感知距离的增加，旅游者高估感知距离时，知觉行为控制水平对旅游者出游意向形成的重要性程度逐渐降低。

④在距离欲作用于旅游者出游意向的过程中，物理距离范围的旅游者距离欲水平对出游意向的形成的重要性更大。不同距离范围指标的检定结果达成一致。即伴随着实际距离的增加，旅游者感知距离的增加，旅游者高估感知距离时，距离欲对旅游者出游意向形成的重要性程度逐渐增加。

⑤在出游态度与距离欲的互动中，物理距离范围的旅游者出游态度与距离欲的关系更加紧密。不同距离范围指标的检定结果达成一致。对比即伴随着实际距离的增加，旅游者感知距离的增加，旅游者高估感知距离时，其积极的出游态度与积极的距离欲作用强度更高。

⑥在主观规范与距离欲的互动中，心理距离范围和物理距离范围的旅游者具有显著的差异，物理距离范围的旅游者的主观规范水平与距离欲水平的作用强度要弱于心理距离范围的旅游者。即当感知距离较近，或目的地位于旅游者决策域内，旅游者低估感知距离时，更高的主观规范水平与更积极距离欲的作用强度更高。

⑦在知觉行为控制与距离欲的互动中，心理距离范围和物理距离范围的旅游者并无显著差异，知觉行为控制不会对旅游者距离欲产生显著影响，在距离非常遥远的情况下，可能会对距离欲产生微弱影响。

（2）距离欲作用机制的尺度效应分析

如表 6-2 所示，以混合距离范围（决策域限）为中轴，左侧为心理距离范围的分析结果，右侧为物理距离范围的分析结果，表格分别呈现了两个距离范围下，参考不同距离范围指标距离欲中介效应的检定结果，结合加入感知距离、感知距离偏差的有调解的中介效应检定结果。可以发现：

①在不同距离范围，距离欲都在旅游者出游态度与出游意向之间发挥着稳定的中介作用。说明距离欲是旅游者出游态度作用于旅游者出游意向的重要路径方式。心理距离范围内距离欲发挥的中介效用要高于物理距离范围。

②在不同距离范围，距离欲在旅游者主观规范与出游意向之间发挥着差异化的中介作用。在心理距离范围内，距离欲是旅游者主观规范与出游意向的中介变量，但在物理距离范围内，其中介效应并不显著。

③在不同距离范围，距离欲在旅游者知觉行为控制与出游意向之间并没有发挥显著的中介作用。但是随着实际距离的增加，距离欲的中介作用会逐渐显著。

6.4.3 不同尺度下旅游者目的地选择行为特征

在考察了不同距离范围感知距离引力作用机制尺度效应，本研究将进一步开展不同距离范围旅游者目的地选择行为特征的比较与分析。通过单因素方差分析（ANOVA）对不同距离范围的旅游者在出游态度、主观规范、知觉行为控制、出游意向水平、距离欲水平进行了比较。决策域内编码为组 1，决策域限编码为组 2，决策域外编码为组 3，比较结果呈现于表 6-3。

表6-3 不同决策域旅游者目的地选择行为特征表

		平方和	自由度	均方	F	显著性	比较结果
出游态度	组间	4.168	2	2.084	3.817	0.022	1>3
	组内	767.105	1405	0.546			
	总计	771.273	1407				
主观规范	组间	10.119	2	5.060	6.649	0.001	2>3
	组内	1069.088	1405	0.761			1>3
	总计	1079.207	1407				
知觉行为控制	组间	6.930	2	3.465	6.283	0.002	2>3
	组内	774.895	1405	0.552			1>3
	总计	781.825	1407				
出游意向	组间	20.123	2	10.062	13.126	0.000	2>3
	组内	1077.023	1405	0.767			1>3
	总计	1097.146	1407				
距离欲	组间	14.989	2	7.494	10.819	0.000	2>3
	组内	973.309	1405	0.693			1>3
	总计	988.298	1407				

注：组1：决策域内；组2：决策域限；组3：决策域外。

由比较结果可知：

（1）心理距离范围的旅游者（决策域内）的出游态度比起物理距离范围（决策域外）旅游者出游态度更加积极，假设H21a得到支持。

（2）心理距离范围的旅游者（决策域内）的主观规范水平比起物理距离范围（决策域外）旅游者主观规范水平更高，假设H21b得到支持。

（3）心理距离范围的旅游者（决策域内）的知觉行为控制水平比起物理距离范围（决策域外）旅游者知觉行为控制水平更高，假设H21c得到支持。

（4）心理距离范围的旅游者（决策域内）的出游意向比起物理距离范围（决策域外）旅游者出游意向水平更高，假设H21d得到支持。

（5）心理距离范围的旅游者（决策域内）的距离欲水平比起物理距离范围（决策域外）旅游者主观规范水平更高，假设H21e得到支持。

6.5 基于距离欲引力作用与机制尺度效应分析的旅游者出游意向动态调控策略

　　基于以上距离欲引力作用与机制的尺度效应分析，本研究进一步提出旅游者出游意向动态调控策略。为了进一步明确调控方向而将混合距离范围以出游意向的峰值为临界值分为两部分，形成下图（图 6-2）中的四个距离范围。分别编码为范围①、范围②、范围③、范围④，其中范围③为心理距离范围，范围④为物理距离范围，范围①为心理距离的调控目标范围，范围②为物理距离范围的调控目标范围。理论意义即通过调控策略而促使旅游者出游意向的最大化，从而促使旅游者目的地选择行为的实现。

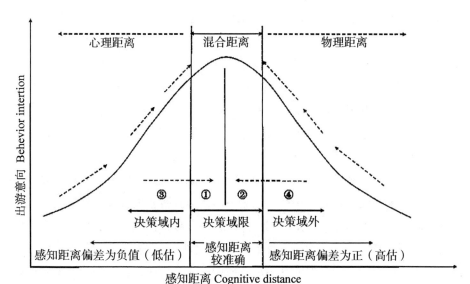

图 6-2 旅游者出游意向动态调控机制图

　　结合上一小节经过汇总的研究成果，具体提出以下调控策略：

（1）心理距离范围旅游者出游意向调控策略

　　从距离范围的特征来看，这一距离范围的目的地可能距离旅游者较近，位于旅游者决策域内，旅游者倾向于低估实际距离。

　　心理距离范围③的调控目标是通过有效举措不断提升旅游者出游意向水平，

以范围①为目标开展调控。结合本研究的理论与实证成果，从感知距离视角可以采用的调控策略包括：首先，对距离信息采取模糊化处理，采用更加多元的表达形式，其中能够激发旅游者距离欲形成的要素与形式对旅游者形成出游意向最为有效；其次，旅游目的地需要结合自身实际，参考距离欲的维度与层级制定相应的营销策略，而其能够激发旅游者距离欲的水平直接正向影响旅游者出游意向水平，间接影响旅游者出游态度与出游意向的相互关系，具体来看，距离欲的激发与旅游目的地的属性结合越佳，能够满足旅游者距离欲需求的层次越丰富，旅游者的出游意向水平越高；再次，参照群体的意见与建议对旅游者出游意向的形成具有较为稳定的作用，即良好的口碑宣传、参照群体的推荐等能够促进旅游者积极处出游意向的形成，但是参照群体意见中有关距离欲的信息对旅游者出游意向形成的影响力虽然持续存在，但逐渐弱化，此时参照群体意见中的其他信息比起距离信息更加重要。

（2）物理距离范围旅游者出游意向调控策略

从距离范围的特征来看，这一距离范围的目的地可能距离旅游者遥远，位于旅游者决策域外，旅游者倾向于高估实际距离。

物理距离范围④的调控目标是通过有效举措不断提升旅游者出游意向水平，以范围②为目标开展调控。结合本研究的理论与实证成果，从感知距离视角可以采用的调控策略包括：首先，考虑旅游者距离估算偏好，采用多种途径、多种形式向旅游者传达准确的距离信息，有效控制旅游者感知距离偏差；其次，通过降低目的地旅游产品价格、提升旅游服务品质、丰富旅游产品内容等多种产品组合形式，提升目的地旅游产品竞争力，向旅游者决策域内积极转化；再次，旅游目的地可以转换视角，把距离遥远的劣势转换为距离优势，结合距离欲的相关理论基础，开发能够满足旅游者多层次距离欲需求的产品，旅游者距离欲需求的激发能够积极促成其出游意向的形成；再次，在由决策域外向决策域内的转化过程中，参照群体有关距离欲的意见和信息的重要性逐渐凸显，也说明在目的地的营销实践中，有关距离欲的信息内容的丰富程度、组织形式、精准营销能力都会对旅游者出游意向产生显著影响，总而言之，能够激发旅游者距离欲的主观规范能够积极促成旅游者出游意向的形成；最后，旅游目的地还应该积极做好旅游服务保障、风险防范等工作，向旅游者传达积极的、安全的、有竞争力、有吸引力的旅游目的地形象，有效促进旅游者知觉行为控制水平的提升，从而促进旅游者积极出游意向的形成。

6.6 理论与实践价值

（1）为距离范围提供理论识别标准与实证分析经验

距离范围理论是分析旅游者目的地选择过程中距离二律背反作用的重要理论，心理距离范围、混合距离范围、物理距离范围被用来刻画距离衰减曲线的阶段性变化及在某一阶段中旅游者表现出来的差异化的行为特征。基于距离范围已有的理论成果，本研究提出以决策域作为距离范围的识别标准，在已有理论的支持下提出相关假设并开展了实证研究。研究结果证实，决策域能够被作为距离范围划分的参考标准，不同决策域的比较分析结果支持了距离范围理论的相关假设，即心理距离范围的旅游者比起物理距离范围旅游者其出游态度更积极、主观规范水平、知觉行为控制水平、出游意向出游水平更高。为距离范围理论提供了实证分析结果的支持。

此外，在比较分析的过程中笔者还发现，心理距离范围的旅游者的距离欲要高于物理距离范围的旅游者，且在不同距离范围，距离欲在旅游者出游态度作用于旅游者出游意向的过程中都发挥着稳定的中介作用，但是其在主观规范作用于旅游者出游意向的过程中的中介效应随着距离范围的变化而发生了变化。验证了距离引力机制发挥作用的同时，也说明距离的引力机制具有尺度效应，从距离欲视角进一步丰富了距离范围相关理论。

（2）挖掘了可用于营销实践的距离范围标准及可用于调控的距离变量

在已有关于距离范围、感知距离研究的文献回顾过程中，进一步发现感知距离偏差可能是识别距离范围的参考标准，而相比较感知距离在单位统一、标准一致上存在的测量困境，感知距离偏差的优势体现在其既承载了感知距离信息，还反映了偏差的方向与强度，为基于距离视角的营销策略提供了抓手。

研究结果证实，感知距离偏差能够被作为距离范围识别的有效标准；再将其与识别距离范围的另一标准决策域的测量结果进行比较的过程中发现，其分析结果与决策域的结果相对一致，进一步说明感知距离偏差作为距离范围识别依据的可靠性。

在感知距离偏差与感知距离的对比研究中发现，感知距离偏差与感知距离一样都发挥着重要的调节作用，调节作用在整体稳定近似的前提下，路径与强度还存在一定的差异性，这种差异性主要源自旅游者对距离信息的加工程度的变化，各行为变量对感知距离偏差的变化更加敏感，因而感知距离偏差的调节效应也更为显著。感知距离偏差在承载感知距离信息的同时，能够为距离的引力机制提供更深入的解读。而在营销实践中，相比较模糊的感知距离远近的标准，感知距离偏差存在着的方向和强度变化，能够为基于距离的营销战略制定提供广阔的操控空间。

（3）分析了距离欲引力作用与机制的尺度效应

伴随着实际距离的增加，旅游者感知距离的增加，旅游者高估感知距离时，旅游者态度对旅游者出游意向形成的重要性程度逐渐增加；主观规范控制水平对旅游者出游意向形成的重要性程度逐渐降低；距离欲对旅游者出游意向形成的重要性程度逐渐增加；其积极的出游态度与积极的距离欲作用强度更高。

当感知距离较近，或目的地位于旅游者决策域内，旅游者低估感知距离时，主观规范水平对旅游者出游意向形成的重要性程度逐渐增加；更高的主观规范水平与距离欲的作用强度更高。

在知觉行为控制与距离欲的互动中，心理距离范围和物理距离范围的旅游者并无显著差异，知觉行为控制不会对旅游者距离欲产生显著影响，在距离非常遥远的情况下，可能会对距离欲产生微弱影响。

在不同距离范围，距离欲都在旅游者出游态度、主观规范与出游意向之间发挥着稳定的中介作用，心理距离范围内距离欲在出游态度与出游意向发挥的中介效用要高于物理距离范围，而在主观规范与出游意向之间的中介效用要低于物理距离范围。在旅游者知觉行为控制与出游意向之间并没有发挥显著的中介作用。但是随着实际距离的增加，距离欲的中介作用会逐渐显著。

（4）提出基于距离欲引力作用与机制尺度效应的旅游者出游意向动态调控建议

基于距离作用于旅游者目的地选择的分析框架，综合本研究的实证研究成果，分别提出心理距离范围、物理距离范围旅游者出游意向调控策略与建议。针对心理距离范围的旅游者，可以采用的调控策略有：距离信息的模糊化与多元化表达；直接激发旅游者距离欲的产品开发及宣传推广策略制定等等。针对物理距离范围的旅游者，可以采用的调控策略有：精准的距离信息传达；通过价格策略、产品组合策略等提升旅游产品竞争力；利用距离优势开发满足旅游者多层次、多维度距离需求的距离产品，通过激发和提升旅游者距离欲需求来提升旅游者出游意向的形成；注重宣传推广过程中有关距离欲的信息的丰富程度、组织形式和精准营销；积极做好旅游服务保障、风险防范等工作，向旅游者传达积极的、安全的、有竞争力、有吸引力的旅游目的地形象等等。

第七章　结论

　　距离是影响旅游目的地选择的重要因素，距离的二律背反普遍存在于旅游者目的地选择过程之中，其阻力机制得到较为广泛而深入的讨论，但是其引力机制既缺乏相应的理论探索也缺乏相应的实证研究。本研究以行为地理学、心理学、审美学等相关理论为指导，以距离在旅游者目的地选择中的引力机制及其动态变化过程为研究目标，借助历史文献分析、问卷调查法等手段，运用结构方程模型、单因素方法分析、异质性检定等技术，提出并阐释了表征距离引力作用的距离欲的概念与内涵，剖析了其维度、层级及实质。在此基础上，提出了距离对旅游者目的地选择影响的宏观与微观解释框架。结合计划行为理论构建了研究内容逐步拓展的基于距离拓展的旅游者目的地选择模型（DD-TPB）和基于感知距离拓展的旅游者目的地选择模型（CG-TPB），论证模型有效性的同时分析了距离欲的引力作用与机制及其尺度效应，并有针对性地提出相应的调控措施。本研究具有一定的理论意义与实践意义，从理论贡献上看，本研究从距离引力机制的视角补充和完善了旅游者目的地选择的相关理论，为旅游者目的地选择过程中的距离的二律背反、距离衰减曲线的阶段性变化提供了可供参考的理论解释，为距离范围等理论提供了实证研究成果；从实践价值来看，本研究为旅游目的地提供了针对感知距离的具有可操作性的营销策战略指导，包括基于距离欲的产品开发策略、基于感知距离的精准营销战略以及基于感知距离偏差的调控策略等等。

7.1 主要研究结论

（1）经过系统的文献梳理与理论思辨，本研究系统阐述了距离欲的概念、内涵与本质，认为在旅游者的出游行为研究中，距离欲是距离所引起的旅游者的情感需求及其变化。

距离欲的概念源起于布洛的相关理论，但更强调由实际空间距离所引起的旅游者的情感需求及变化，在旅游者目的地选择过程中表现为旅游者为了获取最佳的旅游体验，采取特定距离行动，持续激发和唤醒积极情感产生，选择一定距离的旅游目的地的要求和愿望，这一需求的满足能够促使旅游者出游意向的形成。距离欲因为能够反映主体深层次的心理加工过程与结果，因此与主体决策最为紧密，并且内涵最为深刻，能够帮助我们进一步探索旅游者对距离的意义的个体化解读。距离欲的实质是人类超越自我的本质追求和抵御异化的审美救赎，既客观反映了旅游审美需求的现代化转向，又为个体应对高速发展的流动性社会提供了应对策略。距离欲是旅游者对"远方"的追求，不仅仅反映旅游者对感知距离的情感加工，更是旅游者对距离意义的解读。

（2）距离欲为我们认识旅游活动的本质提供了新视角。

通过对距离欲本质的讨论，本研究进一步指出，距离欲的实质是旅游者对诗意远方的追求，在适度的心理距离的情感需求的背后，是人类基本的审美需求，也是人类超越自我的本质追求，更是高速发展的流动性社会中个体抵御异化的审美救赎，为旅游动机分析提供了新的解释。距离欲是旅游者对距离意义的解读，同时为我们进一步认识旅游活动的本质提供了新的解读视角，旅游活动带来的距离的审美体验能够满足旅游者对和谐（弥合日常生活所导致的各种区隔和分裂）、宽容（对差异性的尊重与认可）、独立（个性的自由建构）精神境界的追求，旅游以审美体验的形式参与建构和重塑旅游者的心理结构，从而帮助旅游者更好的重返现实世界，以和谐、宽容、独立的美学境界来重塑现实世界，提升旅游者个体、群体乃至全人类的生存品质。

（3）距离欲的维度可以被细分为认知维度、情感维度及旅游动机维度三个维度，旅游者的距离欲层级依据旅游活动的特殊性可以被细分为游戏的距离欲、时尚的距离欲以及冒险的距离欲三个层级。

维度与层级细分有助于我们更深刻的把握距离欲的内涵，也为旅游者的日常休闲、大众旅游、定制旅游、特种旅游等活动偏好提供了源于距离的分析视角，还为"说走就走"的旅游行为提供了可供参考的理论解释，同时也为探索距离欲作用于旅游者目的地选择的理论模型建构奠定了基础。

（4）距离欲是感知距离作用于旅游者目的地选择的机制，能够积极促成旅游者出游意向形成，在其他行为变量作用于旅游者出游意向的过程中发挥着重要的中介作用，为旅游者目的地选择中的二律背反作用提供了解释。

基于距离欲及旅游者目的地决策等相关理论开发的量表信度效度良好，经过拓展的旅游者目的地选择理论模型通过检定，证实距离欲测量有效性的同时，还证实了距离欲与旅游者出游意向之间存在积极联系，距离欲是促成旅游者出游意向形成的重要因素。高水平的距离欲不仅能够直接促使旅游者出游意向的形成，还在其他行为变量作用于旅游者出游意向的过程中发挥着重要的中介作用。研究结果证实，距离欲在旅游者出游态度与出游意向之间、主观规范与出游意向之间发挥着部分中介作用，说明距离欲是旅游者出游态度、主观规范作用于旅游者出游意向的重要路径。距离欲及其作用机制探索补充和完善了距离对旅游者目的地选择影响研究，为旅游者目的地选择中的二律背反作用提供解释。

（5）距离欲的引力作用与机制具有尺度效应，具体表现为：距离欲在不同尺度下均稳定的促进旅游者积极出游意向的形成，在旅游者出游态度作用于旅游者出游意向的过程中都发挥着稳定的中介作用，但在主观规范作用于旅游者出游意向的过程中的中介效应随着尺度变化而发生了变化。

尺度效应是认识距离欲引力作用与机制的重要内容，距离范围是探索尺度效应的重要理论，也为分析旅游者目的地选择过程中距离二律背反作用奠定了重要的理论基础，心理距离范围、混合距离范围、物理距离范围被用来刻画距离衰减曲线的阶段性变化及在某一阶段中旅游者表现出来的差异化的行为特征。基于距离范围已有的理论成果，本研究进一步验证了决策域作为距离范围识别标准的有效性，检验了相关理论假设并开展了实证研究。研究结果显示，决策域能够被作为距离范围划分的参考标准，以及距离欲引力作用与机制尺度分析的依据。不同决策域的比较结果支持了距离范围理论的相关假设，即心理距离范围的旅游者比起物理距离范围旅游者其出游态度更积极，主观规范水平、知觉行为控制水平、出游意向出游水平更高，为距离范围理论提供了实证分析结果的支持。

　　此外，在比较分析的过程中还发现，心理距离范围的旅游者的距离欲要高于物理距离范围的旅游者，且在不同尺度下，距离欲在旅游者出游态度作用于旅游者出游意向的过程中都发挥着稳定的中介作用，但是其在主观规范作用于旅游者出游意向的过程中的中介效应随着距离范围的变化而发生了变化。验证了距离欲引力机制发挥作用的同时，也说明距离的引力作用与机制具有尺度效应。

　　多尺度的综合比较分析结果显示，距离欲的引力作用与机制具有尺度效应，具体表现为：距离欲在不同尺度下均稳定的促进旅游者积极出游意向的形成，在旅游者出游态度作用于旅游者出游意向的过程中都发挥着稳定的中介作用，但是其在主观规范作用于旅游者出游意向的过程中的中介效应随着尺度变化而发生了变化。

　　（6）感知距离偏差为距离欲引力作用与机制尺度分析提供了依据，也为基于感知距离的目的地营销策略提供了操作性变量。

　　研究结果证实感知距离偏差能够被作为距离范围的识别标准，可以被用于距离欲引力作用域机制的尺度分析。

　　在已有关于距离范围、感知距离研究的文献回顾过程中，进一步发现感知距离偏差可能是识别距离范围的参考标准，而相比较感知距离在单位统一、标准一致上存在的测量困境，感知距离偏差的优势体现在其既承载了感知距离信息，还反映了偏差的方向与强度，为基于距离视角的营销策略提供了抓手。

　　研究结果证实，感知距离偏差能够被作为距离范围识别的有效标准，是距离欲引力作用与机制尺度效应分析的重要依据；在将其与识别距离范围的另一标准决策域的测量结果进行比较的过程中发现，其分析结果与决策域的结果相对一致，进一步说明感知距离偏差作为距离范围识别依据的可靠性。而在营销实践中，相比较模糊的感知距离远近的标准，感知距离偏差存在着的方向和强度变化能够为基于距离的营销战略制定提供广阔的操控空间。

　　（7）不同属性的旅游者具有差异化的感知距离特征。

　　在对旅游者感知距离一般标准的探索，以及对不同性别、年龄、教育水平、月收入水平的旅游者直线感知距离和实际直线距离的比较过程中我们可以发现以下特征：旅游者的感知距离与实际距离存在显著差异，以2900km为"非常遥远"的参考标准。可以作为远途旅游目的地界定的参考标准。从规律性变化特征来看，不同人口统计学特征的旅游者感知距离都随着实际距离的变化而发生规律变化，且随着实际距离的增加，旅游者的感知距离也都逐渐增加，并在感知距离较近时倾向于低估实际距离，而在感知距离非常遥远时，倾向于高估实际距离。从差异性特征来看，①性别差异：男性旅旅者与女性旅游者对感知距离"近""非常遥远"存在显著差异，女性旅游者感知距离标准普遍高于男性旅游者，男性旅游者普遍倾向于低估实际距离，女性旅游者在感知距离"遥远""非常遥远"时倾向于高估实际距离；②年龄差异：不同年龄的旅游者在感知距离"近""遥远"、"非常遥远"时存在显著差异，年长的旅游者的感知距离标准较年轻人更高，在"近""一般""远"时，不同年龄段的旅游者都倾向于低估实际距离，在"遥远""非常遥远"时，中青年组、中老年组旅游者都倾向于高估实际距离，而青年组旅游者则稳定的倾向于低估实际距离；③教育背景差异：不同教育背景的旅游者在感知距离"远"存在显著差异，初中及以下组的"远"感知距离标准显著高于大专 / 本科组；在"近""一般"的感知距离水平下，不同教育背景的旅游者都倾向于低估实际距离，在"远""遥远""非常遥远"的感知距离水平下，较高学历旅游者更倾向于高估实际距离，虽然其他教育背景的旅游者在各个感知距离水平下都稳定的倾向于低估实际距离，但是低估的程度随着实际距离的增加呈现衰减趋势；④收入水平差异：不同收入水平的旅游者感知距离并没有存在显著差异，但是收入水平较高的旅游者相比较收入较低的旅游者一般有更高的感知距离标准；在"近""一般""远"的感知距离水平下，不同收入水平的旅游者都倾向于低估实际距离；在"遥远"非常遥远"的感知距离水平下，不同收入水平的旅游者都倾向于高估实际距离。

（8）不同属性的旅游者具有差异化的目的选择行为特征。

不同人口统计学特征的旅游者存在着一定差异化的行为特征。具体表现在以下几方面：不同性别的旅游者在出游态度、知觉行为控制、出游意向上存在显著差异，但是在距离欲上没有显著差异；不同年龄段旅游者具有一定差异性的目的地选择行为特征，随着年龄段的增加，旅游者的出游态度、主观规范水平、知觉行为控制水平、出游意向水平以及距离欲水平都呈现递增的态势，这一趋势也与个体生活体验与经验积累有密切关系，尤其是在距离欲的层面，反映了距离需求随年龄增加而增长的变化态势。不同学历背景的旅游者具有一定差异性的目的地选择行为特征，中高等教育背景的旅游者表现出更积极的出游态度和更高程度的出游意向水平以及距离欲水平，教育背景越高的旅游者越不容易受到参照群体的影响。较高收入的旅游者比起较低收入旅游者表现出更积极的出游态度和更高程度的出游意向水平以及距离欲水平。

（9）随着距离范围的变化，旅游者行为特征呈现一定规律性变化。

伴随着实际距离的增加，旅游者感知距离的增加，旅游者高估感知距离时，旅游者态度对旅游者出游意向形成的重要性程度逐渐增加；主观规范控制水平对旅游者出游意向形成的重要性程度逐渐降低；距离欲对旅游者出游意向形成的重要性程度逐渐增加；其积极的出游态度与积极的距离欲作用强度更高。

当感知距离较近，或目的地位于旅游者决策域内，旅游者低估感知距离时，主观规范水平对旅游者出游意向形成的重要性程度逐渐增加；更高的主观规范水平与距离欲的作用强度更高。

在知觉行为控制与距离欲的互动中，心理距离范围和物理距离范围的旅游者并无显著差异，知觉行为控制不会对旅游者距离欲产生显著影响，在距离非常遥远的情况下，可能会对距离欲产生微弱影响。

在不同距离范围，距离欲都在旅游者出游态度、主观规范与出游意向之间发挥着稳定的中介作用，心理距离范围内距离欲在出游态度与出游意向发挥的中介效用要高于物理距离范围，而在主观规范与出游意向之间的中介效用要低于物理距离范围。在旅游者知觉行为控制与出游意向之间并没有发挥显著的中介作用。但是随着实际距离的增加，距离欲的中介作用会逐渐显著。

（10）基于距离欲引力作用与机制尺度效应的旅游者出游意向调控建议。

基于距离作用于旅游者目的地选择的分析框架，综合本研究的实证研究成果，分别提出心理距离范围、物理距离范围旅游者出游意向调控策略与建议。针对心理距离范围的旅游者，可以采用的调控策略有：距离信息的模糊化与多元化表达；直接激发旅游者距离欲的产品开发及宣传推广策略制定等等。针对物理距离范围的旅游者，可以采用的调控策略有：精准的距离信息传达；通过价格策略、产品组合策略等提升旅游产品竞争力；利用距离优势开发满足旅游者多层次、多维度距离需求的距离产品，通过激发和提升旅游者距离欲需求来提升旅游者出游意向的形成；注重宣传推广过程中有关距离欲的信息的丰富程度、组织形式和精准营销；积极做好旅游服务保障、风险防范等工作，向旅游者传达积极的、安全的、有竞争力、有吸引力的旅游目的地形象等等。

7.2 研究创新点

（1）系统地讨论了距离欲的概念，并对其内涵、本质、维度与层级进行了辨析。

距离的二律背反普遍存在与旅游者目的地选择过程之中，其阻力机制得到较为广泛而深入的讨论，但是其引力机制既缺乏相应的理论探索也缺乏相应的实证研究。本研究系统的阐释了表征距离引力作用的距离欲的概念、内涵与本质，辨析了其特征、维度与层级，补充和完善了距离对旅游者目的地选择影响的理论基础，还从距离视角提供了对旅游活动本质的解读，阐释了时空压缩背景下旅游者对距离意义的理解，具有一定的前沿性与创新性。

（2）完善了距离影响旅游者目的地选择的理论解释框架。

基于距离欲的理论探析，在已有旅游者目的地选择理论的基础上完善了距离对旅游者目的地选择影响的理论解释框架，构建了基于距离欲拓展的旅游者目的地选择模型（DD-TPB），通过实证研究论证模型有效性的同时，阐明了距离引力作用的机制，距离欲不仅直接作用于旅游者出游意向的形成，还在出游态度、主观规范作用于出游意向过程中发挥的重要中介作用。在进一步拓展后的基于感知距离拓展的旅游者目的选择模型（CG-TPB）中，距离引力机制的讨论得以进一步完善，距离欲作用于出游意向的路径表现稳定，距离欲在出游态度、主观规范作用于出游意向中的中介效果表现稳定，表明了距离引力机制的稳定性；而知觉行为控制与出游意向的强度以及距离欲与出游意向的强度受到了感知距离的正向调节，距离欲在知觉行为控制与出游意向之间的中介效应逐渐显现，反映了距离引力机制随着感知距离变化发生了路径和强度的变化。

（3）揭示了距离欲引力作用与机制的尺度效应特征。

距离范围理论是分析旅游者目的地选择过程中距离二律背反作用的重要理论，心理距离范围、混合距离范围、物理距离范围被用来刻画距离衰减曲线的阶段性变化及在某一阶段中旅游者表现出来的差异化的行为特征。也为距离欲引力作用与机制尺度效应的分析提供了理论基础。研究结果发现心理距离范围的旅游者比起物理距离范围旅游者其出游态度更积极、主观规范水平、知觉行为控制水平、出游意向出游水平更高，同时还表现出较高水平的距离欲；且在不同距离范围，距离欲在旅游者出游态度作用于旅游者出游意向的过程中都发挥着稳定的中介作用，但是其在主观规范作用于旅游者出游意向的过程中的中介效应随着距离范围的变化而发生了变化。验证了距离欲引力机制稳定性的同时，也进一步说明距离欲引力作用与机制具有尺度效应，从动态分析的视角进一步丰富了距离对旅游者目的地的影响研究。

（4）提出了可供参考的尺度效应分析和距离范围识别标准，以及具有可操作性的旅游者出游意向调控变量及其调控策略。

研究发现距离的引力机制在不同距离范围发生着动态变化，而旅游者目的地选择行为特征也随着距离范围的变化而发生一定的规律性变化。因此，距离范围的识别标准能否得以明确，以及针对距离范围的可变化性能否找到可以进行调控的操作变量对于旅游者目的地的营销实践至关重要。研究结果证实，决策域与感知距离偏差都能够作为距离范围的识别标准，都对目的地的针对感知距离的营销战略制定有一定的启发意义。而其中感知距离偏差有效的构建了距离欲、感知距离、决策域、距离范围的沟通桥梁，承载了更加丰富的距离信息，并且在方向和强度上提供了目的地市场营销机构广阔的调控空间。结合距离引力机制的动态分析及旅游者者感知距离特征、目的地选择行为特征成果，进一步提出了旅游者出游意向的调控策略。

7.3 研究不足与展望

对以距离欲表征的距离引力机制的动态研究，为全球化的流动时代旅游者外出旅游动机分析提供了新解释；为我们提供了对旅游本质的解读方式，能够帮助我们更好地理解距离之于旅游者的意义；为我们提供了从微观层面认识旅游者目的地选择的距离衰减规律的新视角；为更加全面地认识距离作用于旅游者目的地选择的动力机制提供可能的理论解释；为进一步完善和提升旅游者目的地选择模型的解释力与预测力提供可能性；为目的地营销机构针对感知距离的精准营销战略的制定提供新思路。但是，由于距离作用机制的复杂性，以及研究时间和精力的现实，有些问题和困难仍需进一步研究和探索。

本研究中有关距离的引力机制及其动态变化的探索主要关注旅游者出游意向的形成阶段，从旅游者形成出游意向到做出目的地决策这一过程中，距离的引力机制是否有差异化的影响路径及作用强度，还有待在未来开展进一步探索。

　　本研究的样本选择的是没有出游经历的旅游者，因此研究结论也主要适用于无到访经历的初次潜在旅游者，对于有到访经历的二次旅游者而言，距离欲对其目的地选择的影响力的大小及作用机制是否与无经历的旅游者存在差异？这一问题也有待在未来开展进一步的比对研究。

　　此外，本研究选取了典型的远途目的地作为研究对象，证实了距离的引力机制并探索了其动态变化情况。未来可以选取多群体的旅游者、多类型目的地的不同组合，开展比较研究，在进一步验证距离引力机制的同时，对不同类型目的地、不同类型旅游者的距离欲的维度与层级开展深入探索。

　　最后，心理距离是一个复杂的多维度的概念，其也为未来对距离欲的深入探索提供可能的发展空间。感知距离中的时间维度、社会维度、文化维度等是否能够为距离欲的维度与层级提供更好的解释，它们与距离欲之间存在怎样的相互关系，是否存在着协同演化的变化趋势？它们如何共同作用于旅游者目的地的选择？作用的层次与作用的机制又是如何？都有待我们在未来进行深入探索，更好的解答距离作用于旅游者目的地选择神秘维度的谜题。

附录 1　流动时空中的距离欲研究展望

　　距离是影响旅游目的地选择重要因素，距离的二律背反普遍存在于旅游者目的地选择过程之中，其阻力机制得到较为广泛而深入的讨论，但是其引力机制既缺乏相应的理论探索也缺乏相应的实证研究。本研究以行为地理学、心理学、美学交叉学科研究的视角，引入距离欲的概念补充阐释了旅游者目的地选择中距离的引力作用，并建构了基于距离欲拓展的旅游者目的地选择模型，为旅游者目的地选择中的距离的二律背反作用提供了可供参考的理论解释，并通过模型的实证研究揭示了距离欲的作用机制，为更加科学的解释和预测旅游者目的地选择提供了可能。而伴随着技术进步带来的急剧的时空压缩，距离欲对旅游者目的地选择的影响也在发生着深刻的变化，距离欲的深入研究也需要在流动的时空中得到更进一步的观察和讨论。本研究以行为地理学、心理学、美学交叉学科研究的视角，引入距离欲的概念补充阐释了旅游者目的地选择中距离的引力作用，并建构了基于距离欲拓展的旅游者目的地选择模型，为旅游者目的地选择中的距离的二律背反作用提供了可供参考的理论解释，并通过模型的实证研究揭示了距离欲的作用机制，为更加科学的解释和预测旅游者目的地选择提供了可能。而伴随着技术进步带来的急剧的时空压缩，距离欲对旅游者目的地选择的影响也在发生着深刻的变化，距离欲的深入研究也需要在流动的时空中得到更进一步的观察和讨论。

F.1 具身性体验与距离欲研究

　　伴随着研究技术与研究方法的革新，心理学研究取得了系列成果，尤其是与神经科学、哲学的互动愈加紧密，社会、认知、情感神经科学成为新的热点领域，具身理论的提出与实践被认为是心理学认知研究领域有代表性的突出进展。而该理论的发展也为旅游体验的探索提供了新的可能性。

不同的旅游活动类型往往代表不同程度的身体参与，也同样会形成不同类型的旅游体验。距离欲表征旅游者对距离的情感需求，不仅与旅游动机的产生紧密相关，同样是影响旅游体验的重要变量。而身体不仅仅多种感官的融合体，更是情绪体验的中介物，与旅游者行为和情绪感受强相关。从具身性体验视角探索旅游者距离欲的形成及其构成维度，将有助于我们更全面的认识距离欲及其特征；从具身性体验视角分析距离欲伴随着旅游者活动的变化过程，将有助于我们更全面的认识旅游者行为特征与行为过程；从具身性体验视角分析距离欲与其他行为变量的互动过程，将有助于我们旅游体验的行程与变化活成提供更加科学全面的阐释。

F.1.1 具身认知的概念与内涵

具身理论是阐释人类如何在系统地获取外部世界知识基础上进而建构内部概念系统的基本理论，是打破"计算隐喻""联结主义"壁垒，阐释人类知识获取和表征世界本质的新视角（伍秋萍等，2011）。"身心一体"是具身理论的核心观点，认知是身体在认知，而身体是认知的身体（叶浩生，2014）。在真实情景中认知、感觉、行动一体化协调与互动，身体透过生理边界与外部环境融为整体，并正在认知过程中实现与环境的互动嵌入的复杂系统（Barsalou,2008; Marsh et al.,2009；叶浩生，2010），在互动过程中，认知受到时间框架约束作用明显，而身体条件差异又与心智和体验生成和产生相互约束，而环境互动不仅是环境基底,更是制约认知约束条件和减轻认知负担的存储工具（Wilson,2002）。

具身认知（Embodied Cognition）认为认知不是抽象、独立于身体和环境的过程，而是与身体紧密联系的认知过程，这一过程与人类的知识、思维、身体和感官体验的互动过程紧密相关（Anderson,2003）。在这一互动过程中，身体知识（生理状态、生理活动、运动、情感状态等）和经验被广泛用于解读和理解环境和社会环境信息（Gallese，2019），而这一过程带来的差异化的身体体验又会带来认知差异进而形成差异化的思维方式，成就不同的个体特质（叶浩生，2014）。在场的情境体验构成了具身理论的本质内核。

旅游活动全程贯穿旅游者对非惯常环境的认知和体验过程，这一过程中伴随着对外部环境因素的加工以及对所在空间的身体位置、姿势、移动以及眼、耳、鼻、舌、肤的感知为主导的多感官知觉，促使旅游者获得"在场"的身临其境的感受，进而形成真实和具象化的旅游体验。具身理论的研究在旅游研究领域有天然的适应性，而具身认知则成为旅游理论的重要的新的支点，从而使人们对旅游现象的独特性拥有更为全面的理论认识（谢彦君，2018）。

感知距离是旅游者对旅游目的地属性的认知的重要内容，距离欲则反应旅游者对旅游目的地感知距离的情感深加工过程，而这一互动过程更深层次隐喻旅游者对可接近性、易获得性的感知和情感偏好，而在这一互动过程中身体变量与身体所在时间、空间等变量的复杂互动关系的探析，将有助于我们揭示旅游者体验形成机制、旅游者空间认知与空间行为规律的探索。

F.1.2 具身性体验的理论基础与研究进展

具身体验研究起源于对身体的研究，身体问题是"人"的基本问题，身体的概念基础是自然的物质存在，也在文化与社会建构中不断得到内涵的丰富与拓展。在西方哲学传统中，身体是经典议题之一，从古希腊延续至中世纪的"身体—灵魂"的对立二元理论框架是主要的论点，欲望、本能、需求和冲动与身体紧密联系，知识、智慧、理性、真理则存于灵魂，并且认为灵魂高于身体。到了中世纪，神学语境下的身体则被视为是上帝的制造，身体成为必须要被控制的对象。随着哲学和科学的发展，身体研究的重要性得到关注和提升，医学和社会科学从生物学角度对身体的研究取得了重要进展，但是身体研究在人文社会科学的关注仍然收到了约束与抑制，直至哲学领域对身心二元论的打破和对二元叙事传统的突破，"身体—主体论"等哲学思想开始动摇意识在知识领域的霸权地位，强调人类心智与身体的一致性，人的注意、记忆、情绪、感知、直觉、体验等都产生于实质的身体实践与客观世界的互动之中，外部环境影响着这心智的产生过程。具身理论不仅打破了传统哲学的桎梏，还从理论创新层面，为生理学、生物学、心理学科学、社会学的交叉研究奠定了理论基础。伴随着后人类主义的兴起，身体的概念也伴随着科学技术的进步而生产处新的内容，人的根本定义与物种的范畴都后现代面临新的挑战，人与物质、环境、自我的关系都需要面临全新的审视。尤其是对"人"的概念的解构，传统身体依赖的物质性、动物性也面临网络空间、虚拟技术的挑战，具体形象不再是人类唯一可以标识的身份，而伴随着电子世界和开放式现实的呈现，身体更被赋予了信息承载物，技术再造与官能再生的全新含义。

具身理论涵盖四个维度包括身体学习、身体经验、认知方式与环境互动。镜像神经元被认为是具身效应的生理机制，包括具身模仿、合作行为、情绪传播、共情、意向技术与言语解释。发生认知论则阐释了具身理论的互动机制，即身体运动方式会影响认知的结果，动作是知识的来源，智力发展的本质是动作内化和动作的协调，动作也是身体与环境相互作用的基本方式，认知则是身体环境动作的相互嵌入的互动过程。认知发展理论将文化历史理论引入阐释具身理论的神经心理系统，阐释了高级神经活动内化人类文化活动与中介符号及其引申出来的社会意义，以及社会活动与实践活动内化过程在本质上具有的历史性，拓展了具身理论对环境的认知（不仅仅是物理环境，更是社会文化环境）。认知语言学和进化心理学则为具身理论中思维方式与概念体系建构与"感知—运动"能力的进化连续性视角提供了解读，予具身理论放动态演化的分析视角。

具身研究关注真实情境，关注在真实情景中高度具身化、动态化的活动，不在受限于抽象符号的形式操作，把身体、环境协同引入了认知研究的广阔领域。具身研究强调在实际生活中考察认知过程，关注认知形成层的情境性、具身性和动力性分析，提升了研究结果的可靠性尤其是其生态效度。具身研究促进了心理学、哲学、文化人类学、计算机科学、语言学、社会学的跨学科对话与沟通，为交叉学科的行程与发展提供了更为广阔的发展空间。

F.1.3 旅游具身性体验的研究进展

旅游体验理论与具身性理论有良好的交叉研究基础，并为具身理论在旅游场域的研究建构了扎实的研究基础。旅游体验被认为是旅游者在旅游活动过程中与现实世界当下实时互动过程中收获的身心一体的畅爽感受（谢彦君和樊友猛，2017），涉及旅游者在旅游过程中的认知体验（在目的地观察、感知、思考和解释中行程对目的地属性的认知）、情感体验（在参与旅游活动、参与社会交往等旅游活动过程中的情绪状态和情感反应等心理状态的感受）、行为体验（在旅游动机、个人偏好等驱动下不同的程度的行为参与和反馈）、社会交往体验（在旅游活动过程中与不同类型的主体间的文化互动与交流带来的冲突与融合、情感共享与社会认同）等等，研究内容涵盖旅游者对目的地属性的认知、对旅游产品和服务的期望及满意度、情感变化、行为偏好、归属感与认同感等等。旅游体验理论的提出为旅游学科的发展和产业实践提供了重要支撑，被认为是"旅游世界的硬核"（谢彦君，2005）。旅游体验理论与具身理论的融合也经历了从发展探索到理论融和、实践创新的多个阶段，早起的旅游具身体验研究成果主要融合人类学、社会学的身体转向的思潮，对传统的旅游体验研究理论展开批判性的反思（Crang，1997），重点凸显身体在旅游体验中主体性地位（Veijola，1994）。伴随着现象学、人文地理学等学科有关表征、隐喻、场域等概念体系的建构以及身体现象学、非表征理论的引入，旅游具身体验理论研究与探索得以进一步深入 (Andrews，2005)，旅游具身体验的研究框架得以初步建构，并且涌现了优秀的质性研究成果（Crouch and Desforges,2003;Pritchard，2007；Evertt，2008）。伴随着具身理论自身理论基础巩固与完善及其与心理学、营销学、管理学的交叉学科融合理论的成熟与跨学科研究方法、研究技术的完善，旅游具身体验的研究内容得到极大的拓展，且伴随着科学技术进步，使得具身研究难以观测的身体数据能够有效获取（Paananen et al.,2019; 王林强，2023），更加助推了具身体验研究领域有价值的实证研究的开展（Palmer,2017；谢彦君等，2018）。

从旅游具身性体验的研究内容来看，其研究成果主要聚焦于内部因素（感官知觉、躯体觉）如何影响旅游体验的情绪、认知，而旅游体验的情绪和认知又如何经由身体表现出来，及外部因素（经济、社会、文化、政治、权力、意识形态与性别、年龄、职业、种族、健康等等）如何与不同的身体互动进而导致差异化的旅游体验。视觉体验是感官知觉研究中研究成果较为丰富的领域，旅游凝视理论也被认为是旅游研究领域的重要的基础理论，伴随着旅游具身研究理论的兴起，旅游凝视理论的单向性、孤立性、静态性和结构性的视觉中心主义的不足得到了来自具身理论的有效改善与提升，旅游凝视的具身性与多感觉性的本质得到了重视与审视（Larsen and Urry,2011）。与此同时，旅游体验中更多类型的感官体验如听觉体验（Waitt and Duffy,2010；仇梦嫄等，2013）、嗅觉体验（Dann et al.,2002）、味觉体验（Quan and Wang，2004；Everett，2008；胡明丽等，2021）、触觉体验（Pons，2007）等都在实证研究中得以证实为旅游活动中具身体验的重要内容并与旅游者体验质量紧密相关，并且为旅游目的地属性的识别提供了重要的技术支持（吕兴阳，2018）。与身体肌肉、关节、内脏、平衡器官相关的运动、姿势、平衡、体位、速度感等关注在真实世界中运动、神经和心理交互机制下旅游体验及其变化（谢彦君，2017；孙晋坤等，2023）。性别也不再仅仅被视作主体识别的静态标签，而是关注旅游体验形成过程中持续性的生成，关注社会系统与身体的相互塑造（Coffey，2013），并持续关注与之相关的性别公平与正义（Small，2016）。对残障人士和旅游活动中身体障碍要素的研究启发则启发了对身体刻板定义的反思（Poria and Beal，2017；陈青文，2023），身体特质与旅游体验的互动而形成的异质化体验得到关注，为旅游健康研究、旅游可进入研究、旅游高质量发展以及旅游发展的公平正义研究提供了源于具身体验的新思考（Small，2012；Michopoulou et al.，2015）。在旅游活动过程中旅游者身体与自我身份的认知、社会认同的建立也得到广泛关注，并在背包客、朝圣旅游、旅游演艺等领域取得了系列实证研究成果（O'Regan，2016），在旅游活动过程中，身体承担了旅游者个体与旅游场域下历史、文化、自然信息的传递者，与社会文化环境积极互动并成就了旅游者的自我关照。旅游具身体验的研究成果推动了旅游基础理论的革新，拓展了旅游体验研究的边界，也从理论与实践层面发展了对旅游体验本质的科学认识。

尽管旅游具身体验取得了系列成果，但是成果还主要集中于技术相对成熟的感官研究领域，虽然学者们也尝试通过多感官研究来避免单一研究的偏颇，但是在身体整体性的探索方面还缺乏科学的理论建构，对知觉机制观察深入，而缺乏对情绪、情感及其过程的具身体验深入探究。而相应的，在生理身体的积累了一定的研究成果，但是对社会建构中的身体与生理身体的交互研究还缺乏深入的探索，尤其是数字技术变革影响下，身体概念的变革与虚拟现实中的解构都是未来旅游具身体验研究必须应对的新挑战。

F.1.4 旅游具身性体验与距离欲的关系探讨

（1）距离欲是旅游具身性体验生成的重要变量

"在场"的主体感受是具身体验的核心，而"在场"的认识基础在于旅游者对空间位置的认知，从这个角度看，"距离"是具身体验研究的基础与关键。距离欲在表征旅游者距离认知基础的同时，还进一步表征旅游者对距离的情感加工过程和结果，能够更深层次揭示旅游者具身体验的获得过程。从旅游者具身体验的形成过程来看，从旅游者离开惯常环境进入旅游环境，其对"惯常环境—旅游环境"的距离属性的认知就是旅游者"具身—嵌入"认知系统的基本内容，在场基础上旅游者在融入旅游环境，将身体置于环境之中，又将这一认知置于身体至上的过程都伴随着旅游者对于旅游场中位置的判别，距离信息的感知和加工支撑着"具身—嵌入"认知系统有效的运行。而在知觉意识基础上，旅游者对于多感官知觉、本体知觉和运动的原初意识以及在旅游情境中直觉意识的变化过程与体验，既涉及对抽象的初始状态与运动变化状态中的心理距离的认知变化过程，又涉及心理距离作用影响下的情绪、情感、行为的变化过程。距离欲作为解释旅游者对距离的认知与情感加工过程的重要变量，能够为旅游者具身体体验的动态变化过程提供可供观测的变量，还能够从"知觉意识—情感体验—价值判断"层面揭示旅游者的距离认知体验，为旅游者具身体验的意义呈现提供解读。距离欲在表征旅游者对距离的认知情感加工过程与结果的同时，还蕴含旅游者对距离的偏好及意义与价值的判断，能够为旅游者主体与旅游世界的互动的旅游情境中旅游者具身实践及价值判别。

（2）距离欲及其与其他变量的交互作用是有待探究的旅游者具身体验生成机制

旅游者具身体验关注旅游活动过程中对旅游者与环境的交互体验，但无论是交互体验作用的身体，还是交互体验的发生都必然处在特定的时空中，而身体的空间属性及时空体系西安的社会文化脉络长处于缺位的状态，难以深层次揭示旅游者空间行为与所在空间结构的相互建构。距离是阐释空间结构的重要属性，旅旅游者对距离的认知加工与情感加工反映了旅游者对空间信息的主体建构过程，而在这一基础上，社会性、文化性、历史性约束条件下的距离欲的形成和变化过程，则为身体空间属性的识别提供了理论分析视角。距离欲能够为"身在空间""身为空间"的理论建构与互动机制分析提供有效的支撑。距离欲是"身为空间"，即身体作为微空间的实践的重要实践内容。距离欲的空间异质性则能够揭示"身在空间"即身体所在宏观空间中受到社会文化、资本、权力约束下的距离调控策略。距离欲在"旅游场"中推动"身在空间"与"身为空间"相互建构，为旅游者具身体验生成机制提供了重要线索。

（3）旅游者具身体验丰富了距离欲概念体系的建构的理论基础

从距离欲的本质来看，距离欲是旅游者对诗意的远方的追求，不仅仅反映旅游者对感知距离的情感加工，更是旅游者对距离意义的解读。旅游者外出旅游，是因为旅游活动带来的距离的审美体验能够满足旅游者对和谐（弥合日常生活所导致的各种区隔和分裂）、宽容（对差异性的尊重与认可）、独立（个性的自由建构）精神境界的追求，满足旅游者个人身心健康、提升生活品质的根本需求。距离欲的核心是一种审美精神，这一精神追求的实现能够帮助旅游者重塑日常生活，实现个体的精神提升，使旅游者通过旅游活动超然于日常生活的琐碎与局限，进入更高的精神境界。而旅游者具身体验理论则从"旅游世界—身体—主体"的互动中真实存在于意义的获取中肯定了距离欲的研究价值。

距离欲为我们解读旅游的本质提供了新线索，旅游活动带来的距离的审美体验能够满足旅游者对和谐、宽容、独立精神境界的追求，旅游以审美体验的形式参与建构和重塑旅游者的心理结构，从而帮助旅游者更好的重返现实世界，以和谐、宽容、独立的美学境界来重塑现实世界，提升旅游者个体、群体乃至全人类的生存品质。而旅游者具身体验理论则"具身—嵌入"的系统分析中为距离欲提供了"知觉意识与身心合一——情绪情感与幸福感知—价值判别与真实存在"的互动过程分析框架。

基于距离欲审美情感与审美态度的基本属性，距离欲可以细分为认知维度、情感维度、旅游动机维度三个维度，而旅游具身体验理论则从知觉意识、情感体验、价值判断层面为距离欲的维度细分提供理论支撑。根据旅游者旅游审美需求的层次结构，距离欲的层级可以细分游戏的距离欲、时尚的距离欲以及冒险的距离欲三个层级。而旅游具身体验理论则从旅游者具身嵌入视角，观察旅游者知觉意识、情感体验、价值判断层及其意义呈现面，为距离欲的层级细分提供理论解读。距离欲一方面属于审美需求的基本范畴，因此具有稳定的层级结构；另一方面，由于审美需求具有鲜明的时代特征与个体化差异，因此距离欲层级的具体表现也具有一定的变化性，并且在历时性分析、个体性分析、差异性群体对比性分析中体现出时代特征与文化性格。而旅游具身体验理论则从"身在空间"与"身为空间"相互建构层面一方面为旅游者距离欲的空间实践提供解释框架，另一方面为距离欲与其他行为变量的互动过程提供理论分析框架。

（4）旅游具身体验阐明了距离欲与旅游者空间行为的互动过程与结果

距离欲表征的距离的引力作用在研究中得以证实，其与旅游者出有意向的关系也得以检定。距离欲的概念与内涵在旅游人地关系理论与旅游具身体验的交叉融合中得以丰富和提升，距离欲与其他行为变量的互动过程称为建构旅游者具身体验的重要动能，旅游者具身体验也表征了距离欲与旅游者空间行为的互动过程与结果。基于距离欲拓展的旅游者目的地选择模型（DD-TPB）提供了距离欲与旅游者目的地选择的微观解释框架，模型的可靠性、有效性通过了检定，其中，旅游者的心智状态与旅游情景因素相互嵌入的旅游者距离欲、出

游态度、主观规范与知觉行为控制都是旅游者在特定情境中旅游者具身体验的
建构过程，而其互动过程的结果则经由旅游者出有意向表征差异化的旅游者具
身体验。

具身体验理论揭示"弱交互"与"强交互"作用下旅游者空间行为的异质
化与异质化空间的旅游者体验差异。为距离欲的尺度效应分析提供了分析视角，
已有的研究成果证实了距离范围理论是分析旅游者目的地选择过程中距离二律
背反作用的重要理论，心理距离范围、混合距离范围、物理距离范围能够被用
于刻画距离衰减曲线的阶段性变化及在某一阶段中旅游者表现出来的差异化的
行为特征。研究成果还证实"决策域"能够被作为距离范围划分的参考标准，
以及距离欲引力作用与机制尺度分析的依据。旅游者具身体验的"期望—价值"
效应是决策域形成与判定的重要支撑，是识别距离欲作用于旅游者出有意向空
间效应的重要行为过程。异质化空间效应作用下，距离欲与其他行为变量的交
互作用的强弱变化又为具身体验理论中难以具象化研究的"弱交互"与"强交
互"作用提供的可供观察的效应评估工具。

具身体验理论在关注宏观层面空间异质化和异质化空间旅游者身心与环境
交互过程与特质的同时，同样关注微观层面异质化群体的共性与差异性特征，
旅游者具身体验的差异性不仅体现在距离欲的维度与层级差异，还动态化的表
征为伴随着实际距离的增加，不同人口统计特征的旅游者群体呈现的感知距离
的变化趋势及不同距离范围内，距离欲与其他行为变量交互作用的方向与强度
变化，以及距离欲在行为变量交互作用中中介作用强度的规律性变化。旅游具
身体验在丰富基于距离欲拓展的旅游者目的地选择模型的同时，进一步阐明了
距离欲与旅游者空间行为的互动过程与结果。

F.1.5 旅游具身性体验视角下距离欲的研究方向与展望

**（1）从"旅游具身性体验"研究视角切入，丰富和完善"距离欲"研究的
理论框架**

虽然距离欲的概念与内涵已经在人地关系的宏观层面与空间认知与空间情
感的互动框架下得以阐释，并在拓展的旅游者空间行为模型中得以论证。但限
于研究篇幅与重点，对于距离欲的维度与层级的讨论还不够全面和深入，尤其
需要在旅游活动的情境中更加深入的考察和更加全面的论证。"旅游具身体验"

为距离欲的深入探索，提供了扎实的理论与可靠的分析技术。首先，具身旅游体验分析注重旅游者身体与外部环境情境互动所产生的感觉活动与内部概念的互相建构过程研究，尤其擅长对于建构过程中的思维、态度、感知等具身认知分析，且伴随着具身理论的发展，身体感知、多感官知觉、运动觉等神经活动也进入旅游者具身体验的研究范畴，基于旅游者具身体验的距离欲研究也将有机会从多维感官和多层级身体环境交互分析中得到理论内涵的丰富拓展，在原有的分析维度基础上，可以借鉴旅游者具身体验研究的最新成果，丰富身体感知层面、运动觉层面的维度，在已经构建的距离欲层级基础上进一步探析由距离变化引起的旅游者具身体验强度与特征的变化，为距离欲层次细分提供更坚实的理论支撑的同时，进一步探明不同层级距离欲演化的深层动因与具体表征。

（2）从"距离欲"与"旅游具身性体验"互动过程研究进一步探究旅游活动的本质

虽然距离欲的研究与旅游具身体验研究有广泛的交叉与融合，但两者关注重点与研究范畴仍然存在一定的差异性。从现有的阶段性成果来看，在旅游者空间行为研究领域，距离欲研究侧重于旅游者出游意向形成阶段有特定指向的旅游者对距离的具身体验，其研究框架与已有的旅游具身体验研究框架具有良好的融合基础，互相促进了理论基础与分析框架的完善。而旅游具身体验不仅关注旅游者出有意向的形成，更加关注旅游活动的全过程，其研究范畴更为广泛和全面，在感官知觉变量得到广泛关注的同时，距离欲变量的引入能够从情感层面丰富旅游具身体验的研究内容，从细分维度的拓展层面丰富具身性体验的内涵，为旅游具身性体验研究提供可供操作和评估的观察变量，还能够为旅游者具身体验的动态演化机制提供动力分析。距离欲与旅游具身性体验互动过程为未来距离欲的探究指明了方向，距离欲的研究不应当仅仅局限于对旅游者出有意向的影响，距离欲作为表征旅游者对距离的情感需求实际上影响着旅游者旅游活动过程的始终，并在旅游者具身体验中扮演者重要角色，是旅游者空间行为策略制定的重要依据，旅游者距离欲的变化与旅游者具身体验的交互作用以及在不同尺度下的强度变化，将为阐明旅游者空间行为规律及探索旅游本质提供新视角与新路径。

（3）从"距离欲"与"旅游具身性体验"及其他行为变量的作用机制进一步揭示旅游空间行为规律

在旅游者空间行为规律的探索中，距离欲作为因变量旨在阐明旅游者对距离信息的认知与情感加工过程，旅游者具身体验相关研究能够从理论建构层面提供哲学、社会学、生物学、心理学、神经科学等交叉学科前沿理论视角，以及扎根理论技术、认知行为实验技术、脑电技术、皮肤点技术、图片启发式访谈技术、多模态话语分析技术等等也从具身体验研究视角为距离欲研究提供科学的测量与评价的技术工具，虚拟实验环境的完善以及户外检测设备的轻量化与动态数据信息处理技术的革新都为未来旅游者距离欲实证研究提供有效的技术支撑。而距离欲作为重要的行为变量也是评估旅游场空间结构及空间交互作用的重要依据，能够为旅游具身体验研究提供空间分析的理论基础与可以观测和操纵的空间自变量，为旅游具身体验的空间异质性研究与异质空间的旅游具身体验研究提供新的分析视角。而放眼更加宏观的旅游活动本质的探讨与旅游者空间行为规律探索，距离欲与旅游具身性体验交互作用研究（如在不同距离欲强度条件下开展旅游者具身体验特征的差异化比较分析，或在不同维度的旅游者具身体验分析中比较距离欲强度与层级特征），距离欲与旅游具身性体验及其他行为变量的交互作用研究（如目的地选择、目的地属性、旅游动机、旅游消费、满意度、身份认同、忠诚度、Flow 体验、环境行为等过程中距离欲与旅游者具身体验及其他行为变量的交互作用机制）将有可能为旅游空间行为规律探索贡献新的理论知识。

（4）丰富实证研究成果践行"距离欲"与"旅游具身性体验"交叉融合研究促进旅游业高质量发展的使命

具身范式推动了学界对人地关系的更全面的审视，尤其是作为空间中最小单位的人的身体及其具身实践以及与空间的相互建构过程，得以纳入人地关系讨论的整体框架之中，并在强调"具身情景"与"鲜活体验"的范式下促进了由"工具性身体"向"主体性身体"研究的回归，从理论到实证研究层面都论证了旅游活动以身体的旅游实践实现了更好的生存，阐明了旅游活动的本质，为旅游旅游成为小康社会人民美好生活的刚性需求的价值判断提供了理论依据，更为蓬勃发展的旅游业承担的社会责任与时代需求提供了理论支撑。在旅游具身体验视域的距离欲则着重探究旅游活动带来的距离的审美体验如何满足旅游者对和谐、宽容、独立精神境界的追求，以及在此过程中旅游活动如何以审美体验的形式参与建构和重塑旅游者的心理结构，从而帮助旅游者更好的重返现实世界，以和谐、宽容、独立的美学境界来重塑现实世界，提升旅游者个体、群体乃至全人类的生存品质。在理论创新的基础上，基于距离欲的空间实践还将为地理位置相对偏远受到距离因素困扰的旅游目的地（地理位置偏远、可进入性差、相对贫穷、民族区域、社会问题多发区）提供改善旅游发展条件的政策建议，尤其是基于利用距离优势的空间竞争策略，通过推动旅游发展有效促进经济发展，提升群际交往，增进沟通和理解，消除偏见与歧视，改善群际关系，进一步推动社会和谐稳定发展。在这一研究范式的驱动下，不同情境下的距离欲与旅游具身体验研究、旅游者身体实践与内部效应研究、旅游目的地管理与服务研究等等探索都将为新时期旅游发展提供可供参考的战略指引，服务旅游业高质量发展。

F.2 后现代视域下的距离欲

后现代主义不是一个独立的理论体系，而是由一系列相互关联的思潮、观点和批评构成的。这些思潮在各个文化和学术领域中呈现出多样化的形式。后现代主义挑战了传统、普遍和绝对真理观念，鼓励人们接受破碎、流动和相对的认知方式。这种思潮影响了人们对世界的感知和理解。而距离欲作为一种内在的心理状态和外显的行为模式，也必然受到后现代主义思潮的深刻影响。

F.2.1 后现代主义思潮与核心论点

后现代主义（Postmodernism）是在 20 世纪后半叶兴起的一种哲学、文化和艺术运动，它对现代主义的特征和观念进行了批判和颠覆，是一种对现代主义的批判性延伸和反思，它试图揭示现代主义的局限性和偏见，强调文化相对主义，反对大叙事，拒绝统一的真理和价值标准，同时强调文化多样性、模糊性和混杂性。后现代主义的兴起与 20 世纪中叶反对帝国主义、种族主义、性别歧视等社会运动大背景紧密相关（汪民安，2015；王文章，2021），社会变革推动了人们对权威、传统与现代性本身的反思，这一批判性的思想进而影响到了哲学、文学、社会文化等众多领域（王宁，1997；曾军，2020）。

后现代主义体现为对宏大叙事和确定性的反叛，表现在人们对模式化、单一性的反思，而追求个性化、差异化的表达，体现为对思维定式和"真理话语"的反思，表现为对主体意义的解构。宏大叙事是现代性的产物，是对世界的统一性、普遍性的追求。而后现代主义则批判这种追求是一种对人的主体性与自由的压抑，因而应对宏达叙事提出明确的拒绝，反对任何形式的统一性与普遍性，而关注差异凸显特色，进而实现主体性及其自由（张晨耕，2021）。种批判在文化与社会实践中产生了新的知识，也伴随着全球化进程的加速，而在全球范围内得到了广泛传播。例如在艺术设计领域融合创新的艺术形式与表达手法、环境友好互动的空间规划与建筑设计、去中心化非线性叙事的文学创作等等。

后现代主义还体现为反深度、反中心以及对传统意识形态的深刻怀疑倾向，表现为价值观的相对主义与怀疑主义，认为普遍真理与客观标准作为历史特定阶段的产物与权力关系的表征必须加以解构，价值观的差异性是客观存在并且有其合理性。后现代主义强调知识、价值、文化的多元性，反对任何绝对化和普遍化的观念，因而所有的真理都是相对的，所有的价值都是多元的，这种思潮鼓励人们开始重新审视自己的信仰和价值观，个体成为自我表达和自我实现的主体，在解放思维的同时尊重多元文化的发展。

同时，许多因为非主流文化而未受到足够重视的问题在现代化的语境中得到了关注，并在权力、知识与真理的哲学思辨、非线性与碎片化的历史观念、反对霸权主义、鼓励文化间平等对话、促进文化多样性与包容性等方面积累了丰富的研究成果。

然而，后现代主义思潮也有存在自身的局限性，对权威知识与宏大叙事的批判，暗含分散化碎片化知识结构合理性的判断，也让知识的获取失去了连贯性进而影响共同知识基础的建构。而对模式化、单一性的反叛进而追求个性化、差异化的同时，也暗含观念与价值观的完全由主体决定的隐喻，而置主体于价值观念的混乱和社会意识的碎片化的风险之中，诱发道德规范与伦理标准动摇，受到虚无主义、颓废主义侵袭。再者，对现代性和理性的批判隐含着对不确定性和混乱性追求，进而诱发对未来发展无序与无意义的感知，带来个体悲观情绪与群体悲观主义。最后，后现代主义对多元性和差异性的强调，隐含多元文化及其差异化的标准评价，而导致在多元文化的背景下，不同的文化或群体可能会被视为不同的、甚至是对立的，这可能导致某些文化或群体受到歧视或排斥，而相对性和不确定性则可能导致某些文化或群体的价值观和信仰被视为不可理解或不可接受，从而进一步加剧文化边缘化或者文化冲突。

总之，后现代主义对传统意识形态和社会结构提出了挑战，推动了文化的多样化发展，但同时也带来了价值观念的混乱和社会思维的碎片化。在全球化加速推进时代进程中，后现代主义的影响力也在不断扩大和深化，其对旅游行业及距离欲研究的启示也值得我们进一步探讨和深究。

F.2.2 后现代主义理论范式与研究进展

后现代主义在哲学思辨中颠覆对总体性信念与形而上学的公设，实质是对本质主义的反思。总体性要求秩序、纪律和因果的逻辑链条进而进入理性的结构分析中，这一机制假设要求局部环节牺牲进而忽视部分本性从而流入整体的架构之中，其必将形而上学的排斥一切异质性，并阻碍一切影响总体性的要素（如身体、感性、欲望等必须受到抑制从而实现理性的权威性与秩序的严谨性）。本质和起源是形而上学的起点与核心，被认为具有无可比拟的优越性，在本质的基石之上万物围绕其生长演进，并形成结构严谨秩序森然的控制系统，本质主义也在一定时期内成为稳定的认识论、信念与哲学形式。后现代主义通过哲学思辨试图祛除起源式的本质论（福柯，1998），认为万物尤其各自的起源，不存在确定的同一性，表象才应该成为认识的来源，差异性才是世界的本源，物质相比较理念更应该得到关注（陈嘉明，2009）。这一批判强调解开本质性与控制性的总体桎梏，松开因果链条与理性的捆绑，表象脱离了虚幻的本质的支配，细节不再屈居与体系之中，差异突破了严密的系统控制，强调对同一性和绝对性的颠覆，事物终将回归本身，向着不确定性自由生长。

后现代主义哲学思辨指出真理的不确定性，批判其在社会空间中的权力操纵。真理在原有的这些体系中被认为具有决定性，能够自我确证，无法纳入真理系统的异质也必将受到排斥。而后现代主义批判真理的绝对性，认为其是即时的、短暂的、瞬间的，并且容易受到外部因素的影响尤其是权力的支配，进而沦落为社会空间中权力游戏的道具，福柯批判其为具体而微的权利工具和可以操纵的隐秘手段，而后现代主义正是要带着这种反思，批判真理隐喻的权力支配。

后现代主义强调语言研究的重要性，认为其不仅仅是通达其他知识的路径，而本身就是知识对象，文本自身具有物质力量来源于隐秘的符号世界，并认为主体和语言的关系不再是前者凌驾、支配后者，相反，主体正是在语言中进入了异化的世界，臣服于符号的秩序，生存于规范化的先在的言语世界，而主体不再是中心与焦点，而是成为语言的功能，而知识与概念体系既会突然出现也将再次消散。

后现代主义同样批判力图缝合历史缺口的线性历史观，以想象的因果关系建构历史演进轨迹，假定在平衡性、稳定性、连贯性中具有隐蔽的同一性，以想象般的主观性功利的选择解释和预测，而忽视了历史中的机遇性、偶然性，屏蔽其异质性、散乱性和细节，以压迫式的知识形式进行着宏大叙事。而后现代主义则力主打破这种元叙事，强调局部知识的重要性，拜托共识、真理和普遍性的束缚，包容异质性，让沉默的、边缘的隐晦角落得到关注与讨论。

后现代主义以摧毁性又兼具生产性的实践，贡献了后现代视角下的身体观、语言符号、历史观、伦理观等分析范式，观察着人类生产实践活动，探索者人类社会历史发展。在不同的学科领域都产生了深远的影响。后现代主义思潮的批判性精神资源，正是推动学术研究不断反思与进步的动力，其挑战了传统的研究范式，特别是那些忽视差异、多样性和边缘群体经验的方法论，后现代主义鼓励研究者承认知识的局限性和偏见，促使他们对自己的研究立场和方法保持批判和反思。在心理学研究领域，后现代主义对现代主流社会心理学提出了质疑和挑战，强调了语言、权力和知识的重要性，以及心理现象的文化依存性和社会建构性，促进了研究者从本土文化、历史和社会实践出发，建立更符合本土实际的理论框架和研究方法。在政治研究领域，后现代主义政治理论强调权力关系的复杂性和多样性，着重关注权力在社会中的微观运作机制以及个体身份在政治过程中的重要性，揭示了政治现实中的复杂性和多元性，拓展了政治学研究的视野，提供了更为丰富和深刻的政治分析工具。在艺术研究领域，后现代主义鼓励学者重新审视艺术的本质和功能，推动了艺术理论与艺术创作形式的创新，在形式上打破传统限制的同时，在内容上呈现出对当代社会、文化和人类经验的深刻反思。在文化研究领域，后现代主义断挑战传统的文化概念和研究范式，促使学者们重新思考文化身份、消费文化以及全球化下的文化动态，以后现代的视角更深入地分析和解读日益复杂的文化现象，例如网络文化的兴起、流行文化的快速更迭以及文化产品的全球流通等，并推动文化研究领域走向更开放和跨学科的方向。在社会学领域，后现代主义则鼓励学者们重视差异性与多样性以及这些差异性如何在权力关系的互动中被塑造和维持（社会结构、权力关系和身份认同等）批判和解构传统的社会理论，揭示社会现象背后的复杂性和不确定性，提供了解读现代社会变迁的新视角和工具。

F.2.3 后现代语境下旅游相关研究进展

后现代转向不仅仅是理论内部互动的产物，更是对现代社会多样性变化的回应（郑中玉和李鹏超，2021）。后现代主义以去中心化、多元化的视角解读旅游活动的特殊性与旅游需求复杂性，并关注在旅游活动过程中的各种现象。

后现代主义思潮重新定义了旅游文化研究的概念。在后现代主义的视角下，旅游不再被简单地视为物理上的移动或消遣活动，而是被看作一种文化交流的媒介和个体身份的表达方式。后现代主义启发以多元的方法和角度来审视旅游消费者的行为个性化、情感化倾向，为旅游文化分析提供了多维的理论支持，提供文化体验视角的旅游动因分析，并揭示在这一过程中传统、现代与后现代的关系建构与诠释（钟士恩和章锦河，2014）。

后现代主义也拓展了学界对旅游空间的研究视野。在后现代语境中，旅游空间被视为多重叙事和文化身份的交汇场所，其中包含了丰富的象征元素和社会意义。旅游者在旅游空间中的行为不再是简单的空间移动，而是一种文化建构和社会互动的过程。他们参与到这一过程中，既是旅游文化的创造者，也是其传播者。因此，后现代视角下的旅游文化研究强调对空间的文化解读，试图理解旅游者如何在不同的旅游场所中寻找意义，以及这些意义如何重塑他们的世界观和自我认同。

后现代主义为学界对旅游真实性研究的反思提供了重要启示。在后现代主义的审视下，旅游真实性的概念发生了深刻转变，不再局限于传统的客观、物质的真实性分析，更加强调真实的多元性、主观性以及其不断构建的过程。这一研究专项不断丰富了真实性研究的理论基础，更对旅游产业实践产生了显著影响，例如对传统秩序的解构拓展了旅游业对新旅游资源的挖掘、对新目的地的探索以及对新旅游时尚的追逐，而旅游目的地不再仅仅被视作物理空间的存在，还可以在后现代语境中以文化符号、文化文本为旅游者体验和解读，启发了旅游目的地运用故事化、主题化的方式对旅游目的地进行改造，更好地满足旅游者的真实性体验需求。

后现代主义同样也启发了对旅游消费行为的反思。后现代主义的审视下，具身体验回归旅游体验的核心领域，旅游消费与旅游者自我认同、生活态度与价值观的深刻联系得到了进一步关注。旅游消费不仅仅是为了满足旅游者的基本需求，更兼具深化自我属性与社会属性认知的重要功能，隐喻着深层次文化社会意义的寻求，消费者通过选择特定的旅游目的地、旅游方式和旅游产品，来展示自己的个性、品位和生活方式，旅游活动成为旅游者展示自我、建构身份认同的媒介，成为对自我认同、自我认同、生活态度和价值观的追寻。

后现代主义同样启发了学界对旅游活动价值与意义的思考。从微观层面来看，旅游活动提供给个体复杂的生活场景，丰富个体应对变化与挑战的旅游体验，并以旅游体验的形式培育个体的适应能力、创新能力和解决问题的能力，并在这一互动过程中帮助旅游者认识自我，培育能力与激发个人潜能进而助力个体实现自我价值和人生目标。从宏观层面来看，后现代主义鼓励对差异性与多元文化的理解与尊重，而旅游活动作为促进文化交流与理解的重要路径的重要性也这一认识中得到凸显，为文旅融合理论与实践研究提丰富了理论基础，也对旅游践行促进和谐发展的使命提供了实践路径。在全球化的大背景下，旅游活动的流动性特征使其成为多元文化交流的重要方式，后现代主义强调尊重不同的旅游方式和选择，欣赏不同文化和价值观的差异、开放与包容心态的旅游方式，推动全球文化的交流与融合，并在这一过程中有打破地域和文化的隔阂，增进人类之间的相互理解和尊重，进而减少误解和冲突，推动世界和平的进程。

总的来说，后现代主义思潮拓展了旅游研究视角，加深了我们对旅游活动的认识和理解。在未来的旅游发展中，我们应当充分发挥旅游的多元价值，推动旅游业朝着可持续发展的方向发展，为人类的文明进步和和谐共处做出更大的贡献。

F.2.4 后现代视域下距离欲的理论思辨

（1）距离欲为旅游"本真性"研究提供分析视角

真实性研究是旅游研究领域的核心理论之一，也是旅游研究中重要的社会学范式，重点讨论旅游活动中旅游者动机、旅游体验、旅游吸引物的真实性问题，在不同的理论导向下，旅游真实性研究的范式主要有以下四种：首先是现实主义理论范式，它主张旅游活动的真实性应体现在对客观现实的真实还原与再现。在这一范式下，旅游景点和旅游体验被赋予了极高的客观真实性要求，即旅游者应能深刻感受到当地的文化底蕴、历史脉络和独特的风土人情。这一范式强调旅游活动应尽可能地展现真实的文化与环境，避免过度商业化和虚构成分的干扰。其次是建构主义理论范式，认为旅游活动中的真实性是社会和文化因素共同建构的结果。在这一理论下，旅游的真实性并非客观存在，而是受到社会和文化背景的深刻影响。旅游者的体验和理解往往受到旅游业者精心设计和安排的影响，具有一定的虚构性和表演性。再者是体验主义理论范式，它强调旅游真实性在于旅游者的主观体验和情感共鸣。这一范式认为，真实的旅游体验应当触动旅游者的情感，赋予其个人意义。旅游者的参与和互动在体验过程中起着至关重要的作用，共同创造了旅游的真实性。最后是批判性理论范式，它关注旅游活动中隐藏的权力关系和社会问题。在这一范式下，真实的旅游体验应当能够揭示社会现实和权力结构，引发对旅游业的深入反思。这一范式强调对旅游业中的社会不平等、文化冲突等问题的关注，倡导旅游的社会责任和可持续发展。后两种范式充分体现了后现代主义的反思与批判，而在真实性的探讨中，惯常环境与旅游目的地的距离为旅游者带来了不同地域环境、差异化社会文化体验的独特感受，这一距离体验本身就是真实性体验的重要内容，而这种体验所带来的旅游者深层次的情感加工过程和结果，又建构了真实性体验其本身。距离欲得到满足的距离感也是旅游者自我进行反思和探索的过程，这种内在的体验也是旅游的真实性之一，通过离开熟悉的环境和生活方式重新审视个体的生活方式、价值观念，这种内在的体验和成长也是旅游的真实性之一。距离欲的相关研究不仅为旅游的真实性提供了新的分析视角，同时也让我们借鉴后现代主义视角更全面的理解旅游活动中的真实性问题，探讨距离感带给旅游者的独特体验和深刻意义，进而更全面地认识旅游本真性，丰富旅游本真性研究的理论基础，拓展旅游研究视角。

（2）距离欲为后现代思潮下的旅游者消费行为新特征分析提供解释变量

距离欲的相关研究完善和拓展后现代主义视角下的旅游者消费行为研究中发挥了以下作用。一是进一步拓展了旅游心理学、旅游消费行为的理论基础，为旅游动机分析、旅游需求分析提供距离欲分析，更提供了观察个体在全球化流动性进程加快的宏观叙事中的差异化、多元化认识的分析变量，拓展了旅游消费行为特征分析的理论视野。二是进一步拓展了对旅游消费行为特征分析的情感因素与主观因素分析，为后现代主义关注的个体差异化特征观察提供可供分析的观察变量，同时以具身体验研究将旅游中的人与旅游场景链接在一起，探索其互动过程中的相互建构，进而为旅游价值与意义的获得提供解释变量，提供了旅游者消费行为新特征分析的重要参考。三是构建了旅游消费行为特征分析与旅游活动的社会文化建构的有机联系，以旅游消费行为分析理解旅游活动过程中个体认同与社会文化互动，以旅游活动该过程中的个体认同和社会文化互动更好的分析和解释旅游消费行为特征，而在构建和整合并完善旅游者消费行为研究的同时，距离欲本身就隐喻旅游者对距离认知与情感及其形成过程中的个体认同与社会文化，其深入探索与研究对于旅游者消费行为新特征分析具有重要价值。

（3）后现代结构主义空间范式为旅游者距离欲探析提供了理论基础

后现代结构主义空间范式是后现代主义理论中的一个重要概念，强调空间的社会建构、非线性特征以及与权力、知识的关系。距离是空间分析的基本概念。后现代结构主义批判了以客观存在和物质实体为特征的传统空间认知，空间是社会实践和权力关系的产物。空间的行程和再现会受到社会、文化、政治等多重因素影响，因此空间不是客观存在的，而是被主体性和社会关系所构建的，这也为距离欲的相关研究奠定了理论基础，其建构过程也在一定程度上反馈了反馈了距离欲的形成与加工过程。后现代结构主义强调打破传统的地理空间概念的局限，空间是非线性的、多元的、多维度的、多层次的，时间、情感、想象等研究拓展了新的空间维度，为非线性空间中旅游者距离欲体验与多元感知分析提供了分析基础，距离欲与其他行为变量的多维互动过程的探讨，对于理解个体在空间中的行为和体验具有重要意义。后现代结构主义强调权力、知识和空间之间的密切关系，认为空间不仅是社会实践的产物，也是权力和知识的表现和运作场所，而作为旅游者空间行为研究的重要分析变量，距离欲也必然受到权力关系与知识形态的影响，距离欲本身也代表知识点的生产与权力关系的表达，代表着社会建构与意义的空间表达。最后，后现代结构主义认为空间具有流动性和变化性，距离欲也因为流动的空间而呈现复杂、多元的变化特征，不仅能够用来表征个体的空间活动和体验的多样化特征，还能够成为个体对抗异化的积极应对策略。后现代结构主义空间范式也为距离欲相关研究提供了全新的视角，用于解释和探讨距离欲与空间生产、空间意义、空间体验等的多重关系，丰富距离欲相关研究基础的同时，对于理解和分析旅游活动的空间现象、空间体验以及权力、知识在空间中的运作具有重要的启示意义。

（4）后现代主义对现代性的重构为旅游者距离欲的内部结构解析和与外部变量的交互作用分析提供了新的分析视角

后现代主义批判传统现代性中总体性、稳定性、确定性的基本观念，认为多元、复杂、碎片、动态才是常态，这一基本观念也启示在距离欲研究过程中，需要对距离欲理论结构开展批判与反思，需要把距离欲放置在旅游情境中持续的观察与完善，更需要充分认识和把握距离欲的差异化特征分析与其他变量交互作用的复杂性。后现代主义批判传统的主客体二元对立研究，认为现实世界中主体和客体的边界模糊而复杂，重视其互动过程与相互建构的结果，这一基本观念也启示在距离欲研究中具身体验的重要性，关注宏观层面空间异质化和异质化空间旅游者身心与环境交互过程与特质的同时，同样应当关注微观层面异质化群体的共性与差异性特征，关注旅游者身体与外部环境情境互动所产生的感觉活动与内部概念的互相建构过程研究。后现代主义批判权力、知识、语言和文化的固化和支配，认为真理的确定性和普世价值是存疑的，权力和知识是相互建构的，这一基本观念也启示在距离欲研究中，距离欲也不应当局限于个体的心理现象，而是与而是与权力、知识、语言和文化等社会因素紧密相连，不同的文化、社会和历史背景可能会对距离欲产生不同的影响，对距离欲的理解和解释也可能存在多样性，我们对距离欲的认识变得更加复杂和多元。后现代主义的基本观念为我们重新审视距离欲提供了重要的启示。在距离欲的研究中，我们需要关注权力、知识、语言和文化等社会因素的影响，以更加全面和深入地理解距离欲的本质和意义。

F.2.5 后现代视域下距离欲的研究方向与展望

（1）深化"后现代"理论思辨的基础上，完善和丰富"距离欲"研究的理论框架

后现代主义的理论思辨与社会实践让非线性、碎片化、流动性、多元性的观察视角进入旅游研究的视野，也启发了我们要带着批判、带着反思的视角不断审视"距离欲"的理论体系，透视距离欲表征旅游者对距离的情感需求背后复杂的社会和文化建构，将个性心理特征、社会期望、文化价值观、旅游情景纳入距离欲的分析之中，重视流动性过程中距离欲随着时间空间变化而发生的方向与强度变化，以动态变化的分析视角开展多维度的观察，尊重不同文化背景、不同符号体系对距离欲的解读和阐释，以开放式包容的态度对距离欲相关研究开展讨论。在后现代主义的认识论中，对客体世界的真实性诉求不再是探讨的中心，转而强调主体间性或消解客体真实性的多元视角。这种转向意味着，距离欲研究不再局限于表征旅游目的地的"真实"状态，而是转向探讨旅游者在寻求旅游体验的过程中所构建的有关距离的真实性感知和文化认同，关注旅游者如何在后现代文化语境中塑造和体验自我认同与他者认同。后现代环境哲学为我们提供了一种新的理论视角，通过对环境微地图的存在及特征的探讨，我们得以理解距离欲在多维地理空间中的体现。在后现代环境哲学的视角下，距离欲所涉及的地理空间不再是简单的物理坐标或客观实体，而是充满了旅游者个人记忆、情感和想象的复合空间。因此，距离欲研究的理论拓展应当融合地图学、地理学、心理学等多学科的理论资源，深入探讨旅游者如何在心理地图中距离欲特征与作用机制。后现代主义理论的不断发展和变迁，为距离欲研究提供了更为多样化的理论框架和方法论工具。距离欲研究的理论拓展与深化，应当紧跟后现代主义理论的发展趋势，不断吸收和融合来自文化研究、社会学、心理学等领域的新理论和新方法。通过跨学科的研究视角和方法论的创新，我们可以从更加宽广的视野和更加深刻的层次，理解和解释距离欲这一复杂且多维的现象。后现代主义理论同时为距离欲透视旅游活动的本质铺垫了理论基础，距离欲表征旅游者对距离的情感需求，背后蕴含着复杂的社会和文化建构，揭示了在流动过程中的旅游者具身体验的动态变化与文化交流身份重构的互动过程。距离欲的研究不仅是对旅游者行为的描述和解释，更是对旅游本质和价值的深入探究。以批判和反思的视角来审视现有的距离欲理论体系，以能够推动旅游研究的不断发展和进步。

（2）从"距离欲"与"后现代"的理论探讨中进一步探究旅游活动的本质

"距离欲"与"后现代"理论在为我们提供了对旅游活动本质更为深刻的洞察。从"距离欲"的视角来看，旅游活动的内在心理驱动力得到了深刻揭示。旅游者的"距离欲"不仅体现在对对远离日常生活环境实现空间跨越的向往，更体现为对文化、生活方式、社会角色等方面的距离感追求。这种距离的情感需求，既源于对异质性、新奇性的追求，也是对自我认知、自我实现探索的体现。旅游者借助旅游活动，暂时解脱日常生活的束缚，感受不同的文化和生活方式，以此满足心理需求，实现自我成长和丰富。而后现代主义强调对现代性的反思和批判，注重个体的主观性和差异性，以及文化和社会背景对个体认知和行为的影响。在旅游活动中，后现代理论引导我们关注旅游者的具身体验和旅游情景，以及旅游场域中的交叉负责的社会、经济、政治等因素，这些因素不仅影响旅游者的"距离欲"的形成与表现，更塑造着旅游活动的整体形态，构建旅游活动的意义。距离欲参与建构和重塑旅游者心理结构的过程，实质上是一种对现实世界和生活体验的追求与超越。在后现代主义的语境下，旅游不再仅仅局限于休闲活动的形式，而逐渐演化为一种文化实践，一种生活艺术，甚至是一种存在的表达。距离欲在这一过程中起到了关键性的作用，以距离体验的形式帮助旅游者更好地重返现实世界的同时，还积极地促进旅游者以和谐、宽容、独立的美学境界来重塑现实世界。结合"距离欲"与"后现代"的理论，我们可以进一步探讨旅游活动这一以文化交流为典型特征的具身体验过程。对差异性、多元文化的深刻体验既是旅游者距离欲的需求也是后现代视角下旅游活动的本质特征，文旅融合发展的重要性与必要性得到了凸显，与此同时，后现代主义对差异化、多元文化的包容与理解的支持态度也为旅游者距离欲需求的满足提供了思想指引，为旅游活动的本质提供了理论支撑，也为全球化加速推进下旅游促进社会和谐发展提供了发展路径的指引。

F.3 元宇宙时空中的距离欲研究

F.3.1 元宇宙与旅游产业融合发展的研究进展

元宇宙作为网络交互的新兴形态是当前技术进步领域的焦点。元宇宙，即Metaverse，是一个集多种虚拟现实空间与互动体验于一体的数字化世界（郑世林等，2022）。这个世界巧妙地融合了虚拟现实、增强现实及人工智能等尖端科技，力求构建一个与现实世界既相似又超越其限制的虚拟空间（方凌智和沈煌南，2022）。元宇宙不仅是虚拟与现实的交融，更是人们共同参与、互动与创造的数字化平台（Sarah et al., 2019）。在这个世界中，用户可以通过虚拟角色与他人进行互动，参与丰富多样的活动，并深入体验元宇宙提供的各种场景。根据元宇宙所体现的空间和信息形态，其可被划分为四大类别：增强现实、将增强的外部环境信息注入现实，形成一种融合现实的形态；生命记录则侧重于将个人或事务在现实活动中产生的信息与虚拟世界相结合，实现信息的交融与共存；镜像世界展现的是外部环境信息与虚拟空间的无缝连接，二者融为一体，形成全新的空间结构；虚拟世则实现个人或事务存在于一个完全由虚拟元素构成的空间中，实现完全虚拟的生活与工作体验。

在旅游业的数字化转型的中，元宇宙与旅游实现了协同发展，其内在逻辑在于双方均致力于为消费者提供更加丰富、高质量的体验（石培华等，2022）。一方面，元宇宙以多用户共享、沉浸式的虚拟空间环境，为用户带来了前所未有的旅游体验。这种体验打破了传统的地理和物理界限，使用户能够在虚拟世界中自由探索，这种体验不受时间和空间的限制，为用户提供了极致的便利性和个性化选择。另一方面，元宇宙以其技术创新为核心优势，打破物质与思维界限（王卓和刘小莞，2022），为文旅产品创新提供创新平台与技术支持，为文旅产业的数字化变革提供了新的路径，使得传统文旅产业能够通过技术手段实现服务的创新与升级。从技术层面来看，元宇宙的核心技术如虚拟现实（VR）、增强现实（AR）、区块链以及人工智能（AI）等不断进步，为旅游产业的数字化变革提供了坚实的支撑，提供足不出户却仿若身临其境的旅游场景、安全可靠的支付与交易平台、旅游资源的优化配置和高效管理等综合服务。从市场需求的视角来看，元宇宙为满足新一代消费者对旅游体验的需求日益多元化和个性化需求提供了丰富的解决方案，能够摆脱时间空间的限制，为消费者带来更加自由、便捷和沉浸式的旅游体验。从产业升级的层面来看，元宇宙的发展为旅游产业的转型升级提供了重要契机，旅游产业可以借助元宇宙平台实现线上线下的深度融合，不仅延续传统的旅游服务，还能推送数字旅游产品创新，为旅游产业带来新的收入增长点，并增强了其抵御风险的能力，此外元宇宙可以通过生产要素的发掘与配置、公共服务的质量提升、非可再生资源的数字化保护、市场治理的手段与机制的数字化优化等方面，驱动文旅产业的高质量发展（张柏林，2022）。

F.3.2 虚拟旅游的理论基础与研究进展

在元宇宙中旅游活动也有了新的形式与内容，在由数字技术建构的虚拟世界中，虚拟旅游成为以虚拟现实技术为主的数字技术与旅游相结合的新模式（郭峦等，2023）。虚拟旅游体验是虚拟旅游的内核，虚拟旅游本身就是虚拟旅游体验，是出于虚拟世界中的旅游者与其虚拟的旅游空间情境进行深度融合所感知到的身心一体的畅爽体验（Martins et al.，2017）。相比较传统旅游，虚拟旅游在多维感官、实时交互、超时空性方面具有突出优势，并且随着产业发展与技术迭代正在朝着用户大众化、功能休闲化、技术集成化、产品多样化、需求娱乐化等方向积极拓展（Fan et a., 2022；王林强，2024）。虚拟旅游活动开展的方式主要有聚焦视觉体验的依托显示器或移动终端设备的桌面式虚拟旅游体验；依托座舱设备辅以半自助操作的座舱式虚拟旅游体验；依托可穿戴设备匹配方位检测器的增强现实的虚拟旅游体验；依托 AI 算法、眼动追踪、3D 渲染技术与沉浸式观影系统的沉浸式虚拟旅游体验。

内容质量（虚拟旅游内容生产的表现形式、准确度和完整性）、技术支持质量（包括虚拟旅游环境的生动性和真实性、人机交互的技术对临场感支持、虚拟旅游系统使用的感知有用性欲感知易用性）、感官刺激舒适度（视觉、嗅觉、听觉、触觉等层次性、丰度及适宜的强度）、旅游个性心理特征（人口统计学特征、性格特质、对虚拟技术的认知和态度、对个体与虚拟技术的情感认同和依赖、个体创新能力等）被认为是影响旅游者体验质量的影响因素。

"刺激—有机体（过程）—反应"（Stimuli-Organism-Response）理论框架和"认知—情感—行为"（Cognition-Affect-Conation Pattern）理论模型较为广泛地被使用于虚拟旅游体验过程研究。从认知维度来看，旅游者在虚拟旅游活动过程中获得了临场感（旅游者受虚拟世界诱发的特殊的意识状态）和沉浸感（旅游者有意识的深度参与和体验虚拟环境）的技术体验，旅游者对虚拟体验对象信息的加工处理方式和实时的心理状态的心理意向，功利价值（虚拟旅游有用或有效的成就体验）、享乐价值（虚拟旅游带来的愉悦的体验判断）、感知风险（对虚拟旅游的成本的评估）、受教育感（对虚拟旅游创新技术体验和收获）的价值体验等。从情感维度看，旅游者在虚拟旅游体验活动过程中收获了积极的愉悦感、享受感、逃避感、美感等情感体验以及高度注意力集中和时间失真带来的心流体验。

虚拟旅游体验会对旅游者的态度和行为产生持续性的影响。虚拟旅游体验能够培育更加积极的旅游目的地态度（偏好、喜欢、兴趣），虚拟旅游的认知与情感交互体验能够激发更高程度的旅游满意度与旅游忠诚度，虚拟旅游体验还会影响旅游者产生虚拟空间依恋并影响其对与之相关的广告、品牌的积极态度的行程等等。而在行为意愿层面，虚拟旅游体验会对旅游者出游意向产生积极影响，对旅游者对虚拟旅游方式的偏好产生积极影响，对旅游者的购买意愿提升与口碑推荐产生积极影响。

情境理论也是虚拟旅游体验的重要理论支撑，被认为是人体行为与环境、外部刺激与个体内部认知相互建构的个性化心理物理场。空间情境被认为是区别虚拟旅游与其他形式旅游活动的典型特征（Fan et a., 2022）。旅游者在虚拟旅游体验中虽然身处真实的物理空间，但是感官体验则来源于虚拟旅游建构的虚拟空间，现有的虚拟空间技术在视觉、听觉、部分触觉的层面已经能够通过融合技术实现情境体验，突破时空的束缚突破。

　　已有的研究在虚拟旅游的应用层面和技术层面积累了较为丰富的成果，但是理论基础仍然建立在心理学、信息技术分析的基本框架之上，没有实现交叉学科的知识创新，也没有就旅游活动的特殊性开展深入的探讨。虽然虚拟旅游行为特征得到了一定程度的关注，但是对于虚拟旅游行为的动因分析、影响因素分析的研究成果还相对薄弱；对虚拟旅游活动的阶段性特征做了比较与分析，但是对虚拟旅游行为的动态变化过程的研究成果仍然较为薄弱；虽然探讨了虚拟旅游体验对旅游者态度和行为的影响，但是对于虚拟旅游体验作用于旅游者的机制分析还较为薄弱；而从技术层面来看，对元宇宙技术革新推进虚拟旅游形式内容创新的关注还有待进一步加强，更多元的实验技术、生物测量技术等都可以被引入虚拟旅游体验的相关研究之中；最后，对于虚拟旅游与旅游方式变革的哲学思辨还应当以更加包容的态度开展跨学科的讨论，从科学观、伦理观、技术观、艺术观、文化观等多角度进行深入剖析，真正理解和把握虚拟旅游的本质和价值，推动旅游行业的持续发展和创新。

F.3.3　元宇宙与距离欲的关系探讨

（1）距离欲是元宇宙时空中旅游者虚拟旅游体验的重要变量

　　随着元宇宙技术的进步，虚拟世界成为人们探索未知的新领域。距离欲是旅游者对距离的情感需求，这一需求不仅是推动旅游者外出旅游的重要动力，也是推动旅游者进入虚拟世界探索未知的动力，在元宇宙的时空里，距离不再受物理法则的束缚，这为旅游者提供了前所未有的自由度和体验深度，而距离欲则是他们在探索过程中不断权衡和选择的关键因素。

　　从心理层面分析，距离欲是旅游者对距离的情感需求，它源于人们对未知世界的好奇与向往。距离欲是驱动旅游者追求虚拟旅游体验的关键因素。元宇宙为旅游者构建了一个无边界的虚拟空间，使其得以摆脱物理世界的束缚，自由探索未知空间。这种探索欲望正源于距离欲的驱动，反映了旅游者对于超越现实世界的体验以及满足对未知世界的好奇与向往。

在行为层面，距离欲决定了旅游者在元宇宙中的活动模式。在虚拟世界中，旅游者的行为不再受限于现实世界的时空与行为规制，他们可以根据自己的兴趣和需求，自由选择虚拟旅游目的地和虚拟旅游方式。这种以虚拟旅游体验为评价标准的选择方式，正是距离欲在行为层面的体现。它促使旅游者摆脱传统的出游限制因素的影响，以更加个性化和自由的方式探索虚拟世界。

此外，元宇宙的开放性和互动性也为旅游者的多维度、多层次的距离欲提供了满足的条件。不仅仅能够实现对时间空间的超越，还能够打破旅游吸引物的既有认识，而使元宇宙及其要素成为新的旅游吸引物，产生新的旅游方式，实现元宇宙技术与旅游产业的融合创新，为旅游者提供更加多样化、个性化、高质量的虚拟旅游产品和服务。

（2）距离欲及其与其他行为变量的交互作用能够揭示虚拟旅游体验的生成机制

元宇宙技术改变了人们探索世界的方式，也改变了人们的旅游活动方式。而距离欲这一心理现象，不仅是激发个体探索未知的动因，也是推动旅游者参与虚拟旅游重要动能。它既是影响虚拟旅游体验的重要因素，也是决定旅游者心理状态和行为的关键变量。

从虚拟旅游的阶段性特征来看，距离欲是影响虚拟旅游体验的重要前因，它促使旅游者产生探索未知的欲望。距离欲也是影响虚拟旅游体验过程的重要变量，作用于旅游者的临场感、沉浸感、技术体验、心理意向、价值判断。距离欲也是影响虚拟旅游体验后效的重要因素，影响着旅游者对虚拟旅游效果的评估和记忆进而影响未来的虚拟旅游体验选择。

从虚拟旅游体验认知层面来看，距离欲是诱发旅游者临场感的重要诱因，也是影响旅游者沉浸感的重要因素，进而作用于旅游者虚拟旅游的技术体验强度；距离欲同样也是旅游者心理状态的重要标价指标，并且影响着旅游者对虚拟体验对象的信息处理和加工方式偏好，影响着旅游者的心理意向特征；距离欲的满足程度同样影响着旅游者的功利价值、享乐价值的判断，更是旅游者感知风险评估的重要指标，进而作用于旅游者虚拟旅游体验价值的判断。

从虚拟旅游体验的情感层面来看，距离欲则是表征旅游者虚拟旅游体验活动过程情感体验的重要变量，能够以维度和层级分析深化对旅游者在虚拟旅游体验活动过程中收获了积极的愉悦感、享受感、逃避感、美感等情感体验的方向和强度分析，拓展对虚拟旅游体验的情感过程分析，为旅游者心流体验提供可以观察的行为变量。

本研究基于距离欲拓展的旅游者目的选择模型在虚拟旅游体验的研究中也有一定的借鉴与参考价值,正是由于元宇宙技术突破了传统的时空限制,在虚拟旅游活动的特殊情境下,距离欲变量能够为旅游者虚拟旅游行为分析提供更加可靠的评价指标。这一模型不仅有助于我们更好地理解旅游者在元宇宙空间中的虚拟旅游行为,还为虚拟旅游体验的优化提供了可供参考的分析框架。

综上所述,距离欲在虚拟旅游体验中扮演着至关重要的角色。它既是影响虚拟旅游体验的重要因素,也是决定旅游者心理状态和行为的关键变量。通过深入研究和理解距离欲的作用机制,我们可以为旅游者提供更加优质的虚拟旅游体验,同时也为虚拟旅游的发展提供有力支持。

(3)元宇宙相关研究拓展了距离欲概念体系的范畴与边界

元宇宙的概念本身就是一个跨越现实与虚拟的界限的存在,它利用科技手段链接与创造的同现实世界映射、交互的虚拟世界,这不仅仅是数字生活空间的一个新型社会体系,更是一种全新的文旅产业发展路径。在这一背景下,距离欲的概念不再受限于地理空间与时间,而是扩展至对虚拟世界探索与体验的渴望。元宇宙中空间的跳跃性与时间的失真性都需要被纳入距离欲原有的概念体系与分析框架中,开展更加全面的跨学科讨论,距离欲与其他行为变量的交互作用分析也必须结合元宇宙中线上线下相结合的旅游新形势、新内容、新情境,做更加深入的研究。

从技术层面来看,元宇宙的发展为理解距离欲提供了新的视角。元宇宙不仅是技术进步的产物,更是基于区块链技术的闭环经济系统,它构建了一个由虚拟与现实相互交织的全新多维空间。在这个复杂空间中,旅游者的距离欲不仅本身受到多维时空要素的影响,还表现为对技术生成的虚拟世界的探索与交互的渴望。这种渴望的满足不再仅仅依赖于物理移动,更多地依赖于技术手段的辅助,从而丰富了距离欲的实现方式与感知层面的认识与讨论。

从场景创新层面来看,元宇宙的平台为场景创新提供了前所未有的可能性。对距离欲的讨论也不应该再局限于旅游者的心理现象和特征分析,还应该把距离欲纳入场景创新的动力分析框架之中,探索距离欲与感官体验的互动过程,开展基于距离欲的内容创新需求分析与场景设计,探讨距离欲在元宇宙场景与现实场景的交互作用的作用与机制,进而为距离欲的理论与实践创新服务元宇宙场景创新、旅游产业创新与数字创业的提供依据。

从多维数据交互层面来看，元宇宙的海量交互数据分析能够更好地服务虚拟旅游活动中的距离欲作用机制研究。在元宇宙中用户的自由地探索、交流和互动产生了海量的用户数据，通过对用户在虚拟旅游活动中的交互数据进行深入挖掘和分析，我们可以更好地理解旅游者惯常的行为模式、兴趣偏好以及心理需求。而通过虚拟旅游活动中旅游者移动轨迹、交互频率和时长，情感反应、认知负荷和社交互动等多方面的信息的分析，我们能够进一步探讨旅游者惯常模式与虚拟旅游模式的共性特征与差异，更全面的分析旅游者距离欲的特征与作用机制。而元宇宙的海量数据交互分析技术的进步，则为旅游者行为数据的分析提供了更丰富的采集手段和更可靠的分析工具。通过深入研究和探索，我们不仅可以更好地理解旅游者在元宇宙中的行为模式和心理需求，为元宇宙时空下旅游产业的发展提供更为坚实的理论基础和更为精准的实践指南。

（4）距离欲的相关研究阐明了元宇宙中旅游者虚拟旅游的数字消费特征

元宇宙中旅游者虚拟旅游体现出以下区别于传统旅游消费的虚拟旅游体验购买、高强度高沉浸式体验的产品设计、高自由度的旅游产品与服务定制、高活跃度的虚拟社交互动和高效便捷的数字支付等。

元宇宙的虚拟旅游体验产品设计注重高强度高沉浸式的体验。通过先进的虚拟现实技术和交互设计，元宇宙为旅游者提供了真实而又超越现实的虚拟世界，旅游者可以在这个世界中自由行走、探索和互动，感受到前所未有的沉浸式体验。这种沉浸式的体验让旅游者实现了时空边界的超越，以虚拟旅游的形式满足了旅游者的距离欲需求。

元宇宙中的虚拟旅游提供给了旅游者旅游产品选择与服务定制高自由度。而距离欲正是影响旅游者偏好的重要变量，距离欲的维度与层级能够外显为旅游者喜好和需求，进而影响旅游产品和服务的个性化定制，距离欲的相关研究能够更好地为旅游者的多元化选择提供理论解释。

元宇宙中的虚拟旅游提供了高活跃度的交流平台，旅游者可以在虚拟旅游的自由地探索中与虚拟空间中的人和物平等的建构活跃的网络交流，旅游者的距离欲需求有可能在这一过程中达到更高层面的满足；而另一方面，高集成、高密度、高活跃的互动平台也为旅游者建立联系、产生共鸣提供的技术支撑，进而形成更为紧密、多元的社交网络，旅游者的距离欲也可能在这一过程中消解和发生方向与强度的转化。

元宇宙的虚拟旅游还为数字旅游产品与服务提供了便捷的数字交易服务和

高效便捷的数字支付方式。旅游者可以通过各种数字支付手段，便捷的支付方式不仅提高了旅游者的购物体验，也进一步削弱了心理距离对旅游者的限制作用，进而促使距离欲更加直接的作用于旅游者的虚拟旅游行为，距离欲相关研究能够启发虚拟旅游产品与服务数字创新。

F.3.4 元宇宙时空中距离欲的研究方向与展望

（1）从元宇宙时空的虚拟旅游体验研究视角切入，丰富和完善"距离欲"研究的理论框架

元宇宙的快速发展，不仅仅是虚拟现实技术、人机交互技术、情感计算等前沿技术带来的旅游产业的革新，还是对传统旅游方式的颠覆，人机交互技术使得游客能够与虚拟环境中的对象进行互动，甚至可以与虚拟导游进行实时交流，获取更为丰富的旅游信息。不仅有效降低了旅游者跨越地理空间的时间和经济成本，还使得旅游变得更加便捷和高效，虚拟现实商店、数字货币支付等交易方式降低了运营成本，还为旅游业的发展带来了更广阔的空间。元宇宙高度沉浸式的虚拟世界为旅游者带来全新体验，这种体验与旅游者距离欲心理特征及变化紧密相连，能够拓展对"距离欲"的传统认知。元宇宙时空的虚拟旅游体验能够深丰富和完善距离欲研究的理论框架。

元宇宙为"距离欲"研究带来了广阔的探索空间。在传统观念中，"距离欲"通常被理解为距离信息的情感加工。而在元宇宙中，距离已经突破了传统的时空限制，而在虚拟空间中被赋予更加复杂的文化建构，距离欲既是被建构的结果，也是建构的要素与动因，对旅游者虚拟旅游体验的研究能够帮我们深化对于距离欲概念与本质的认识，能够拓展距离欲研究的边界，能够为虚拟旅游活动的探索提供距离欲的分析视角。

元宇宙虚拟旅游体验的高度沉浸感和交互性为"距离欲"研究提供了新的分析视角。在元宇宙中，旅游者在元宇宙中以独特的方式收获虚拟旅游体验，而这种体验不仅作用于虚拟空间的旅游者，还会影响他们在现实时空的偏好与行为选择。距离欲的变化能够构建旅游者不同场景的旅游活动的有效连接，观察不同场景的切换中，距离欲的层级与维度、方向与强度的变化，能够揭示虚拟旅游与现实旅游的交互作用关系。

元宇宙提供的虚拟时空以包容性便捷性等特征丰富了旅游者的选择，在有

效降低地理空间成本约束为旅游者提供了多样化的旅游方式，在自由探索的过程中拓展了旅游者的思维，丰富了旅游者的认识，为旅游者的情感表达提供了更加多元的实现方式，构建了新型的旅游者为旅游者与他人、与社会、与地方的独特联系。在这一新型旅游人地关系系统的建构下，距离欲是探索这一新型人地关系的重要变量，也是观察其系统建构与动力机制的重要因素。

最后，在有关虚拟旅游体验真实性的讨论中，肯定其真实性的主要依据在于虚拟旅游旅游需求提供了替代性的满足，甚至其本身的产品服务与内容创新就建构了真实。也有对其真实性的否定，认为其缺乏现实旅游活动过程中的人际互动和意外惊喜，因此无法完全满足旅游者对真实世界的渴望。距离欲能够成为解读虚拟旅游活动真实性的重要线索，丰富有关真实性比较研究的理论基础，并为旅游产业数字化转型与高质量发展提供理论与实践指引。

（2）从距离欲与虚拟旅游体验的互动过程研究进一步探究旅游活动的本质

现有的虚拟旅游体验研究的"前因—过程—后效"的阶段性研究框架还有待进一步完善，而距离欲变量的引入和基于距离欲拓展的旅游者目的地选择模型能够为其提供可供借鉴和参考的分析框架。一方面，旅游者虚拟旅游研究中应当引入交叉学科知识提升理论基础，开展多变量的影响因素分析，距离欲不仅是多因素分析中的构成要素，还是表征虚拟旅游与传统旅游方式差异的标志变量，其理论建构与讨论为虚拟旅游研究的开展产生重要影响；另一方面，虽然过程性研究解释了旅游者虚拟旅游活动的阶段性特征，但是旅游活动的本质特征需要构建整体的分析框架来全面探析虚拟旅游活动的系统过程与动态特征，基于距离欲拓展的旅游者目的地选择模型为虚拟旅游提供了可供参考的分析框架，基础的计划行为理论模型在虚拟旅游活动的分析中仍然具有适用性，其结构研究与过程研究也对虚拟旅游的动态特征分析具有启示意义，距离欲变量的引入则能够为不同心理特征下的虚拟旅游者群体的异质性比较提供分析思路。此外，与元宇宙紧密相关技术因素、环境因素、社会因素、文化因素的引入，都将有效的丰富和完善虚拟旅游行为分析模型，而大数据分析技术、实验技术、生物测量技术等的引入，都将有效提升虚拟旅游行为模型的科学性和有效性，综合运用交叉学科知识进一步完善虚拟旅游活动中旅游者的决策过程、行为模式、心理变化等，都将拓展我们对虚拟旅游的认识，拓展我们对元宇宙中高品质虚拟生活的认识。

（3）从元宇宙时空中的距离欲与其他行为变量的交互作用进一步揭示虚拟时空中的旅游者空间行为规律

包括技术要素对距离欲的影响研究、多元文化融合与文化创新对距离欲的影响研究、虚拟空间情境下距离欲的具身体验研究、元宇宙融媒体对距离欲的影响机制研究，距离欲对旅游产品与服务创新的影响等等。

首先，随着元宇宙的技术迭代，人们的生活方式、虚拟旅游活动的内容与方式也在迅速地发生变革。在元宇宙的虚拟环境中，旅游者可以通过更丰富更时尚的技术手段，如更高品质的虚拟现实、增强现实等，实现还原甚至超越物理空间的体验，复原历史、拓展文化体验的维度等等。这些技术要素不仅改变了旅游者的感知方式，也激发着他们的探索欲望，技术要素与距离欲实现了积极互动，距离欲的追求以创新需求的方式成为推动技术变革的动力，而技术变革则在更好地满足旅游者距离欲的同时，引领者距离欲的发展变化与潮流时尚。

其次，元宇宙空间的多元、包容与开放新为多元文化融合与创新提供了广阔的发展平台。相比较传统的旅游活动，虚拟旅游不仅降低了时间、经济成本等外部约束和限制，还为虚拟旅游体验提供形式丰富、内容多样的平台与路径，尤其是在技术创新的加持下，在虚拟空间中达成现实世界难以比拟的独特体验。无论是历史的重现，还是未来的想象，都可以在元宇宙中得以实现。这种无限的可能性，为旅游业提供了无尽的创意空间，使得旅游业可以在元宇宙中实现更广泛、更深入的发展。在元宇宙中多元文化的融合不仅促进了文化创新，更成为激发旅游者距离欲的重要推动力量，而旅游者的距离欲也体现为对深刻文化体验更高要求，两者在相互建构的过程中共同推动了文化旅游的深度融合与创新发展。

再次，元宇宙的创新发展也推动着人们积极开展主体性的反思，虚拟旅游情境下的旅游者具身体验是后现代主义思想在旅游研究领域的热点，一方面是沉浸感带来的深刻的虚拟旅游体验，一方面是旅游吸引物全新的数字载体，旅游真实性的讨论也必须在虚拟旅游的新情境中开展积极的理论创新与实践，而距离欲与旅游者出游态度、主观规范、出游行为限制、目的地选择意向的讨论能够旅游真实性研究、旅游具身性体验研究提供理论创新的来源与创新实践的路径。为文旅产业的数字化转型与融合发展提供理论思辨与人文关怀。

最后，元宇宙中的融媒体创新改变了人们获取信息的方式，也改变了人们的沟通交流方式。无论是新闻报道、社交媒体还是娱乐内容，都可以通过融媒体创新的方式，以更加生动、直观、真实的形式呈现在人们面前，并且伴随着技术革新，人们可以通过虚拟现实、增强现实等技术手段，在元宇宙中畅游各种信息场景，身临其境地感受信息带来的冲击力和震撼力。元宇宙也到了传统的沟通交流方式的时间、空间、媒介等限制，融媒体创新为人们提供了更加自由、便捷、高效的沟通，并且随着 AI 技术的革新，人机沟通也将成为重要的交流方式。元宇宙的融媒体创新也实现了旅游者在虚拟旅游活动中更加高效的信息传递和情感交流。不仅极大地丰富了旅游者获取现实旅游地相关信息的渠道、方式，虚拟旅游本身、虚拟旅游的衍生产品等等都正在朝着新兴旅游吸引物积极转化，甚至虚拟旅游媒介本身也可能在未来成为旅游吸引物。而旅游者不仅是信息的收集者，还是信息的生产者与加工者，元宇宙为旅游者信息共享与交流提供了高效便捷的平台并积累着不断增加的海量的包含旅游者偏好、评价等等的多元数据。距离欲既是旅游者个体稳定的心理特征，又是受到主观规范与社会文化因素限制的行为变量，虚拟旅游活动中的信息交互影响着旅游者距离欲的形成，而旅游者距离欲又影响着旅游者对信息获取渠道的偏好与信息加工方式。两者交互作用为旅游者带来了更丰富、更深入的虚拟旅游体验，并推动着元宇宙中虚拟旅游行为研究的深化与创新。

（4）丰富距离欲与元宇宙旅游相关的实证研究成果，为科技赋能文旅产业高质量发展提供可供参考的意见与建议

从技术进步的角度来看，人工智能、虚拟现实、增强现实等数字技术的不断成熟和应用，将为元宇宙时空中距离欲的体验提供更加丰富和真实的感知环境。未来的距离欲研究与旅游研究需要积极参与元宇宙的发展进程，关注前沿技术的适用与应用，以提升旅游者的沉浸感和满足度。

从商业模式的创新上来看，未来企业竞争力提升的关键在于数字化浪潮下创新实践，元宇宙赋予文旅企业的创新发展新的价值意蕴与实践路径。文旅企业应当积极拥抱这一变革，以数字化思维重塑商业模式，实现创新发展。通过虚拟现实、增强现实等技术手段，将传统旅游场景与元宇宙相结合，为消费者打造更加深刻的沉浸式旅游体验。通过元宇宙的社交属性密切与旅游消费者的情感联系，举办虚拟活动、发布旅游攻略、展示数字旅游产品等，建构特色数据库，提升数据分析技术，实现精准营销。打破传统的时间和空间限制，实现全天候、全球化的运营，与其他行业、企业的跨界合作，共同打造更加丰富多彩的元宇宙旅游生态。

　　从数字到导向下的文旅融合创新发展来看,文旅融合不仅是旅游业发展的本质需求,更是满足新时期旅游者高品质旅游需求的必由之路。元宇宙为多元文化交流交融提供了广阔的发展空间与展示平台,为文化创新注入了数字源泉与动力。元宇宙以其独特的虚拟空间,让不同地域、不同文化的人们得以相互接触与交流。在这个数字化的世界里,文化的边界被打破,各种文化元素得以自由组合与创新。这种创新不仅丰富了旅游的文化内涵,也提升了旅游的品质和吸引力。元宇宙将助力文旅融合的创新发展迎来了新的机遇。一方面,通过元宇宙的虚拟现实技术创新文化的表现形式;另一方面,元宇宙的互动性也为游客提供了更加丰富的旅游体验。游客可以在虚拟世界中与各种文化元素进行互动,参与各种文化体验活动,从而更加深入地了解和体验不同的文化。与此同时,数字文旅产业的发展同样需要充分考虑文化融合与创新可能存在的风险与威胁推动文旅产业的高质量发展的同时,注重文化保护和文化传承,确保文旅融合高质量发展,更好地满足人们对美好生活的追求。

　　从旅游消费转型升级与产品创新层面来看,元宇宙在文旅领域的应用前景广阔。随着消费结构的升级,市场对文旅产品的要求也在不断提高。元宇宙的出现为文旅产业提供了突破传统限制的新手段,同时也为产业的数字化变革指明了方向。通过深入研究用户在元宇宙中的行为和心理,文旅企业可以更好地把握消费者的需求,从而推出更具吸引力的产品和服务。在文旅产业的具体实施中,企业需高度关注用户在元宇宙虚拟空间的行为动态,并积极采用大数据、人工智能等尖端科技对用户的行为模式进行深入分析与前瞻性预测。通过精准追踪用户在元宇宙中的行动轨迹和交互信息,企业能够深入了解用户的兴趣偏好与参与程度,从而科学调整产品设计与市场推广策略。此外,企业还须致力于提升用户的感知体验,巧妙地将元宇宙的趣味性和互动性融入旅游服务中,以期在提高用户满意度的基础上,进一步巩固用户的忠诚度。

　　本研究以行为地理学、心理学、美学交叉学科研究的视角,引入距离欲的概念补充阐释了旅游者目的地选择中距离的引力作用,并建构了基于距离欲拓展的旅游者目的地选择模型,为旅游者目的地选择中的距离的二律背反作用提供了可供参考的理论解释,并通过模型的实证研究揭示了距离欲的作用机制,为更加科学的解释和预测旅游者目的地选择提供了可能。而伴随着技术进步带来的急剧的时空压缩,距离欲对旅游者目的地选择的影响也在发生着深刻的变化,距离欲的深入研究也需要在流动的时空中得到更进一步的观察和讨论。

F.4 中国式现代化道路探索中的距离欲研究

中国式现代化是符合中国国情、具有中国特色的现代化发展路径，以人口规模巨大的现代化、全体人民共同富裕的现代化、物质文明和精神文明相协调的现代化、人与自然和谐共生的现代化、走和平发展道路的现代化为典型特征。现代性是社会发展进步的社会历史现象，现代性的获得被认为是人的现代化的重要特征，而现代性带来了异化、功利化、分化与冲突等风险，旅游活动不仅今是人的现代性获得的重要方式，更通过旅游具身体验让旅游者的个体的内在世界重返自身，从而抗拒并超越外在物化的世界（旅游者的惯常环境即连续性的日常生活），而外在的物化世界（包括旅游目的地、旅游过程、旅游者的惯常环境等等）由于远离了与旅游者的各种功利性关系，得以在旅游者面前显示其独特个性，成为纯粹的审美对象，并进而作为审美体验进入旅游者的内在世界，成为旅游者内在心理结构的一部分。帮助旅游者带着审美的体验重新审视惯常环境，怀着审美的心态重新投入日常生活，并在与惯常环境中的日常生活的互动中促进和酝酿新的或者更深层次的审美需求的产生，有效的抵御现代性给个体带来的各种风险。而旅游活动中的距离欲欲即距离所引起的旅游者的情感需求及其变化的直接表现是旅游者对适度的心理距离的情感需求，而实质是人类超越自我的本质追求和抵御异化的审美救赎，既客观反映了旅游审美需求的现代化转向，又为个体应对高速发展的流动性社会提供了应对策略。距离欲为我们回答旅游者为什么要去旅游提供了可能的解释，为旅游活动的本质。距离欲的核心是一种审美精神，这一精神追求的实现能够帮助旅游者重塑日常生活，实现个体的精神提升，使旅游者通过旅游活动超然于日常生活的琐碎与局限，进入更高的精神境界。距离欲同时为我们解读旅游的本质提供了新线索，旅游活动带来的距离的审美体验能够满足旅游者对和谐、宽容、独立精神境界的追求，旅游以审美体验的形式参与建构和重塑旅游者的心理结构，从而帮助旅游者更好的重返现实世界，以和谐、宽容、独立的美学境界来重塑现实世界，提升旅游者个体、群体乃至全人类的生存品质。

从微观层面来看，距离欲不仅为人的现代性的获得提供了实现路径，更为个体应对现代性带来的风险提供了主动的应对策略，从个体层面为中国式现代化的实现提供了旅游研究视角的理论基础与实践路径。从宏观层面，距离欲不仅丰富了有关旅游活动本质的理论探讨，还为旅游活动如何以主动的文化交流策略，以和谐、宽容、独立的活动导向促进多元文化的交流交往交融，进而提升旅游者个体、群体乃至全人类的生存品质。而在中国式现代化的伟大探索中，距离欲的理论探索与实践不仅能够从理论层面更好的指导旅游产业高质量发展，为旅游目的地客源市场分析与市场营销提供科学的发展指引，还能够更好的帮助偏远地区寻找更多的空间发展机会，更好的发挥旅游在改善区域贫困、增进群际交往、促进社会和谐中的积极作用，为地理位置相对偏远受到距离因素困扰的旅游目的地（地理位置偏远、可进入性差、相对贫穷、民族区域、社会问题多发区）提供改善旅游发展条件的政策建议，尤其是基于利用距离优势的空间竞争策略，通过推动旅游发展有效促进经济发展，提升群际交往，增进沟通和理解，消除偏见与歧视，改善群际关系，进一步推动社会和谐稳定发展，为旅游业的高质量发展和中国是现代化道路探索做出更大的贡献。

附录 2 调查问卷

旅游目的地选择行为调查问卷

尊敬的女士 / 先生：

您好！非常高兴认识您。这是南京大学博士研究生开展的"距离是否对游客选择旅游目的地的行为产生影响？"研究。我们非常期待得到您的支持。

我们将采用匿名方式收集数据，且收集的数据仅做研究之用，请您不要有任何顾虑。请您根据自己的判断在下列每个问题项中，在符合您意见的选项上打"✓"（选择一项）。填写此问卷将需要占用您约 10 分钟的宝贵时间。非常感谢您的合作与支持！

1. 您的性别是：　A. □男　B. □女
2. 您的民族是：　　　族
3. 您当前的居住地是：　　　省（自治区 / 市）　　　市（区）
4. 您的年龄是：A. □ 14 岁及以下 B. □ 15 ~ 24 岁 C. □ 25 ~ 44 岁 D. □ 45 ~ 64 岁 E. 65 岁及以上
5. 您的职业是：A. □政府机关人员　B. □公司职员　C. □商贸人员 　　　　　　　D. □服务员 / 销售员　E. □技术工作人员 / 工人　F. □农民 　　　　　　　G. □军人　H. □学生　I. □教师 J. □离退休人员
6. 您的受教育程度是：A. □小学及以下　B. □初中　C. 高中 / 中专 　　　　　　　　　　D. □大专 / 本科　E. □研究生及以上
7. 您是否去过新疆旅游？　A. □是　B. □否
8. 您个人每月的收入大约是 _____ （元） A. □ 3000 及以下　B. □ 3001 ~ 5000　C. □ 5001 ~ 7000　D. □ 7001 ~ 9000 E. □ 9001 及以上

9. 今年内，如果您有机会参加时间在 7 天以内的国内旅游，则您能承担的最高花费大约是 _____ 元 / 人（人均消费，人民币）。（请您填写整数）

10. 根据您估计，（新疆）乌鲁木齐市距离您居住地的直线距离大约是 _____ 公里。（据经验估算即可）

11. 根据您的估计，如果您今年内前往新疆旅游，大约需要花费您 _____ 元 / 人（人均消费，人民币）。

12. 您认为（新疆）乌鲁木齐市离您的居住地 _____
A. 非常近 B. 很近 C. 近 D. 距离适中 E. 远 F. 遥远 G. 非常遥远

（请您设想在未来的 12 个月内，对去新疆旅游的想法）

题目内容		非常不同意	不同意	一般	同意	非常同意
旅游目的地距离我的居住地越遥远，……	13. 我越想去那里旅游。	1	2	3	4	5
	14. 想到要去那里，我就感到越愉快	1	2	3	4	5
	15. 想到要去那里，我就感到越放松。	1	2	3	4	5
	16. 想到要去那里，我就感到越兴奋。	1	2	3	4	5
17. 我很想逃离自己现在的生活，到距离遥远的旅游目的地去旅游能够帮助我实现这一目标。		1	2	3	4	5
18. 想到去新疆旅游，我会感到愉快。		1	2	3	4	5
19. 去新疆旅游，会让我感觉到到舒适。		1	2	3	4	5
20. 去新疆旅游，会让我觉得值得一去。		1	2	3	4	5
21. 去新疆旅游，会让我收获满意。		1	2	3	4	5
22. 对我很重要的人，认为我应该去新疆旅游。		1	2	3	4	5
23. 我很尊重他们意见的人，会鼓励我去新疆旅游。		1	2	3	4	5
24. 我很多的亲戚和朋友，都会去新疆旅游。		1	2	3	4	5
25. 是否去新疆旅游，取决于我自己。		1	2	3	4	5
26. 只要我想去，我就能够去新疆旅游。		1	2	3	4	5
27. 对于我来说，去新疆旅游很容易实现。		1	2	3	4	5
28. 我计划去新疆旅游。		1	2	3	4	5

29. 我去新疆旅游的可能性很大。	1	2	3	4	5
30. 如果我去旅游，我就去新疆。	1	2	3	4	5

本问卷到此结束，非常感谢您的耐心填答！祝您身体健康，万事如意！

参考文献

一、英文专著

[1] Adey P. *Mobility*[M]. London and New York: Routledge, 2009.

[2] Albert R, Adams J S, Gould P R. *Spatial organization: the geographer's view of the world* [M]. New Jersey: Prentice-Hall, Englewood Cliffs, 1971.

[3] Amedeo D, Golledge R. *An introduction to scientific reasoning in geography* [M]. Melbourne, FL: Kieger Publishing, 1975.

[4] Brunn S, Leinbach T. *Collapsing space and time: Geographic aspects of communications and information* [M]. London: Harper Collins Academic, 1991.

[5] Chapin, F.S..*Human Activity patterns in the city: What do people do in time and space?* [M].New York: John Wiley, 1978.

[6] Cresswell T. *The Right to Mobility: The Production of Mobility in the Courtroom*[M].Oxford: Blackwell Publishing Ltd,2006, 38.

[7] Downs, R. M., & Stea D.. Cognitive Maps and Spatial Behavior: Process and Products[A]. In R. M. Downs & D. Stea (Ed.), *Image and Environment - Cognitive Mapping and Spatial Behavior*. [C].Chicago, IL: Aldine Publishing Company, 1973.

[8] Fishbein M and Ajzen I. *Predicting and changing behavior: The reasoned action approach* [M]. New York: Psychology Press (Taylor & Francis), 2010.

[9] Frances C. *The death of distance: How the communications Revolution* [M]. Harvard Business Press, 1997.

[10] Gatrell A C. *Distance and space: A geographical perspective* [M]. Oxford

University Press, 1983.

[11] Gerbing D W, Anderson J C. *Montecarlo evaluations of goodness of fit indices for structural equation models* [M]. Sociological Methods & Research, 1992.

[12] Gibson G J K. *Beyond global vs. local: economic politics outside the binary frame , in Herod A, Wright M W. (eds) Geographies of power: placing scale* [M]. Oxford: Blackwell, 2002.

[13] Golledge R G, Stimson R J. *Analytical behavioural geography* [M]. London: Croom Helm,1987.

[14] Golledge R G. *Cognition of physical and built environments. In T. Gilding & G. Evans(Eds.), Environment, Cognition, and Action: An Integrated Approach*[M]. New York: Oxford University Press, 1991.

[15] Hair J, Anderson R, Tatham R, et al. *Multivariate data analysis: with readings* [M].London: Prentice Hall International,1995.

[16] Hair J F, Black W C, Babin, B J, et al. *Multivariate data analysis* (7th ed.) [M]. New Jersey: Pearson Prentice Hall, 2010.

[17] Hayes, Andrew F. *Introduction to Mediation, Moderation, and Conditional Process Analysis: A Regression-Based Approach* [M].New York, NY: The Guilford Press, 2013.

[18] Herode A, Wright M W. *Placing scale: an introduction. in Herod A, Wright M W (eds). Geographies of power: placing scale* [M].Oxford: Blackwell, 2002.

[19] Johnston R. *Order in space: Geography as a discipline in distance. In A Century of British Geography, edited by Johnston R, Williams* [M]. Oxford: Oxford University Press, 2003.

[20] Kaplan R and Kaplan S. *The experience of nature: A psychological perspective.* [M]. New York: Cambridge University Press, 1989.

[21] Lewis M, Haviland J M, eds. *Handbook of Emotions* [M]. New York: Guilford Press, 1993.

[22] Mathieson A and Wall G. *Tourism: Economic, physical and social impacts* [M]. New York: Longman Scientific & Technical, 1982.

[23] Mckercher B, Zoltan J. *Tourist Flows and Spatial Behaviour* [M]. The Wiley Blackwell Companion to Tourism. John Wiley & Sons, Ltd, 2014.

[24] Nunnally, J. *Psychometric theory* [M]. New York: McGraw-Hill，1967.

[25] Palmer C，Amdrews H.*Tourism and embodiment*[M].London：Routledge,2019.

[26] Parkes D, Thrifts N. *Times, Spaces, Places* [M]. New York: John Wiley, 1980.

[27] Pearce D .*Tourism today: A geographical analysis* (*second wdition*) [M]. London: Longman Scientific &Technical Press,1995.

[28] Pritchard A.*Tourism and gender*: *embodiment, sensuality and experience* [M]. Cambridge:CABI,2007.

[29] Robert E P. *Race and Culture* [M].Glencoe III: The Free Press,1950.

[30] Smith M. *Against ecological sovereignty: Ethics, bio politics, and saving the natural world*[M]. Minneapolis, MN: The University of Minnesota Press, 2011.

[31] Stea D, Blaut J M , Stephens J . *Mapping as a cultural universal: The construction of cognitive maps* [M]. Springer Netherlands, 1996.

[32] Wahab S, Crompton L, and Rothfield L M. *Tourism Marketing* [M].London: Tourism International, 1976.

二、英文期刊和论文

[1] Abooali G, Farahani B M, Mohamed B, et al. *Application of psychological distance in tourism marketing (a conceptual review).*[C] Regional Conference on Tourism Research. 2011.

[2] Ajzen I, Fishbein M. *Predicting and Understanding Consumer Behavior: Attitude-Behavior Correspondence* [A]. In Understanding Attitudes and Predicting Social Behavior [C]. Eds. Ajzen, I., & Fishbein, Martin. Englewood Cliffs, NJ: Prentice Hall, 1980.

[3] Ajzen, I. *From intentions to actions: A theory of planned behavior*[A] In J. Kuhl & J. Beckmann (Eds.), Action Control: From Cognition to Behavior [C]. New York: Springer-Verlag, 1985.

[4] Bagozzi, Richard P, Hans Baumgartner. The Evaluation of Structural Equation Models and Hypothesis Testing,.in R.P. Bagozzi, editor, Principles of Marketing Research [C]. Blackwell Publishers, Cambridge, MA , 1994.

[5] Boerwinkel H W J. Management of recreation and tourist behavior at different

spatial levels. In G. J. Ashworth & A. G. J. Dietvorst (Eds.), Tourism and spatial transformations: Implications for policy and planning. Wallingford, United Kingdom: CAB International, 1995.

[6] Hair, J. *Multivariate data analysis: An overview*[A] In M. Lovric (Ed.), International encyclopedia of statistical science. [C] Berlin Heidelberg:Springer. (2014).

[7] Ahn, M. J., and McKercher B.The Effect of Cultural Distance on Tourism: A Study of International Visitors to Hong Kong. [J].*Asia Pacific Journal of Tourism Research*. 2015,20 (1).

[8] Ahn M J, McKercher B. Hofstede's cultural indices revisited: The relationship between cultural values and international tourism[J].*Tourism Culture & Communication*,2019,18(4).

[9] Agnew J. The new global economy: Time- space compression, geopolitics, and global uneven development [J].*Journal of World-systems Research*, 2001,7(2).

[10] Ajzen, I., & Madden, T. J. Prediction of goal-directed behavior: Attitudes, intentions, and perceived behavioral control [J]. *Journal of Experimental Social Psychology,* 1986(22).

[11] Ajzen I. The theory of planned behavior [J].*Organizational Behavior and Human Decision Processes*, 1991, 50(2).

[12] Ajzen I, Driver B L. Application of the theory of planned behavior to leisure choice [J]. *Journal of Leisure Research*, 1992, 24(3).

[13] Anderson M L. Embodied cognition: A field guide[J]. *Artificial intelligence*, 2003, 149(1).

[14] Andrews H.Feeling at home：embodying Britishness in a Spanish charter tourist resort[J]. *Tourist studies*,2005,5.

[15] Ankomah P K, Crompton J. Tourism cognitive distance: A set of research propositions [J]. *Annals of Tourism Research*, 1992(19).

[16] Ankomah P K, Crompton J and Baker D. A study of pleasure travelers' cognitive distance assessments[J]. *Journal of Travel Research*, 1995, 34(2).

[17] Armitage C J and Conner M. Efficacy of the theory of planned behavior: A meta-analytic review. [J]. *British Journal of Social Psychology*, 2001, 40.

[18] Assaker G, Vinzi V E, O'Connor P. Extending a tourism causality network model: A cross-country, multigroup empirical analysis[J]. *Tourism & Hospitality Research*, 2011, 11(4).

[19] Backhaus, C., Heussler, T., & Croce, V.Planning Horizon in International Travel Decision-Making: The Role of Individual and Cultural Determinants[J]. *Journal of Travel Research*, 2023,62(2).

[20] Bamberg S. Implementation intention versus monetary incentive comparing the effects of interventions to promote the purchase of organically produced food [J]. *Journal of Economic Psychology*, 2002, 23(5).

[21] Bao Y, Mckercher B.The effect of distance on tourism in Hong Kong: A comparison of short haul and long haul visitors [J]. *Asia Pacific Journal of Tourism Research*, 2008,13(2).

[22] Baranan Y, Liberman N, Trope Y. The association between psychological distance and construal level: Evidence from an implicit association test [J]. *Journal of Experimental Psychology General*, 2006, 135(4).

[23] Barr S, Shaw G, Ccles T, et al.'A holiday is a holiday': Practicing sustainability, home and away[J]. *Journal of Transport Geography*, 2010, 18(3).

[24] Barsalou, L.W. Grounded cognition[J]. *Annual Review of Psychology*, 2008, 59.

[25] Bearden W O, Etzel M J. Reference group influence on product and brand purchase decisions [J]. *Journal of Consumer Research*, 1982, 9 (2).

[26] Beck R J, Wood D. Cognitive transformation of information from urban geographic fields to mental maps.[J]. *Environment & Behavior*, 1976, 8(2).

[27] Bianchi C, Milberg S, Cúneo, A. Understanding travelers' intentions to visit a short versus long-haul emerging vacation destination: The case of Chile[J]. *Tourism Management*, 2017, 59.

[28] Bullough E. "Psychical diatance": As a factor in art and an aesthetic principle [J]. *British Journal of Psychology*, 1912, 5(2).

[29] ButtimerA. Grasping the dynamism of the life world [J]. *Annals of the association of American Georaphers*, 1976, 66(2).

[30] Briggs G E. Reaction time and uncertainty in human information processing.[J]. *Cognitive Processes*, 1969.

[31] Cadwallader M. A behavioral model of consumer spatial decision making[J]. *Economic Geography*, 1975, 51(4).

[32] Cadwallader M. *Cognitive distance in intra-urban space* [M].Stroudsburg: Dowden, Hutchinson & Ross, 1976.

[33] Cadwallader M. Problems in cognitive distance [J]. *Environment & Behavior*, 1979, 11(4).

[34] Cadwallader, M. Towards a cognitive gravity model: The case of consumer spatial behavior [J]. *Regional Studies*, 1981, 15(4).

[35] Calantone R J, Di Benedetto C A, Bojanic D. A comprehensive review of the tourism forecasting literature [J]. *Journal of Travel Research*, 1987, 26(2).

[36] Campos A C, Mendes J, Valle P O, et al. Co-creating animal-based tourist experiences: Attention, involvement and memorability [J]. *Tourism Management*, 2017, 63.

[37] Canter D, Tagg S K. Distance estimation in cities.[J]. *Environment & Behavior*, 1975, 7(1).

[38] Cao J J, Zhang J H, Wang C, et al. How far is the ideal destination?—Distance desire, ways to explore the antinomy of distance effects in tourist destination choice[J]. *Journal of Travel Research*, 2020,59(4).

[39] Cheng S, Lam T, Hsu C H C. Negative word-of-mouth communication intention: An application of the theory of planned behavior [J].*Journal of Hospitality & Tourism Research*, 2006, 30(1).

[40] Cheung Y H Y and Saha S. Exploring the nexus between tourism demand and cultural similarity [J].*Tourism Analysis*, 2015,20(2).

[41] Chien G C L, Yen I-Y., and Hoang P-Q. Combination of theory of planned behaviour and motivation: An exploratory study of potential beach based resorts in Vietnam [J].*Asia Pacific Journal of Tourism*, 2012, 17(5).

[42] Chin W W, Todd P A. On the use, usefulness, and ease of use of structural equation modeling in MIS research: A note of caution [J]. *MIS Quarterly*, 1995, 19(2).

[43] Churchill Jr G. A. A Paradigm for Developing Better Measures of Marketing Constructs [J]. *Journal of Marketing Research*, 1979, 16 (1).

[44] Clark R N, Downing K B. Why here and not there: The conditional nature of recreation choice. In G. H. Stankey & S. F. McCool (Eds.), *Proceedings: Symposium on Recreation Choice Behavior*. Ogden, UT: Department of Agriculture, Forest Service, Intermountain Research Station, 1985.

[45] Coffey J.Bodies, body work and gender: Exploring a Deleuzian approach[J]. *Journal of gender studies*, 2013,22(1).

[46] Cook R L, McCleary K W. Redefining vacation distances in consumer minds [J]. *Journal of Travel Research*, 1983, 22(2).

[47] Crang M.Picturing practices: research through the tourist gaze [J].*Progress in human geography*, 1997,21(3).

[48] Crotts J C, Pizam A.The effect of national culture on consumers' evaluation of travel services[J]. *Tourism Culture & Communication*, 2003,4(1).

[49] Crotts J C. The effect of cultural distance on overseas travel behaviors[J]. *Journal of Travel Research*, 2004,43(1).

[50] Crouch G I. Demand elasticities for short-haul versus long-haul tourism[J]. *Journal of Travel Research*, 1994,33(2).

[51] Crouch D and Desforges L.The sensuous in the tourist encounter: introduction: the power of the body in tourist studies[J]. *Tourist studies*, 2003,3(1).

[52] CNNIC (China Internet Network Information Center). *47th China Internet Development Statistics Report*. www.cac.gov.cn,2018.

[53] Crompton J L. An assessment of the image of Mexico as a vacation destination and the influence of geographical location on that image [J]. *Journal of Travel Research*, 1979, 17(4).

[54] Desbarats, J. Spatial choice and constraints on behavior [J]. *Annals of the Association of American Geographer*, 1983, 73(3).

[55] Domosh M. Geography and gender: Home, again? [J]. *Progress in Human Geography*, 1998, 22(2).

[56] Dorfman A,Weiss 0, Hagbi Z et al. Social spatial cognition [J]. *Neuroscience And Biobehavioral Reviews*, 2021,121.

[57] Edwards D, Griffin T. Tourist pathways in cities: Providing insights into tourists' spatial behavior [J]. *Social Science Electronic Publishing*, 2011.

[58] Edwards J R, Lambert L S. Methods for integrating moderation and mediation: a general analytical framework using moderated path analysis[J]. *Psychological Methods*, 2007, 12(1).

[59] Eldridge J D, Jones J P. Warped space: A geography of distance decay[J]. *Professional Geographer*, 1991, 43(4).

[60] Everett S.Beyond the visual gaze ? The pursuit of an embodied experience through food tourism[J]. *Tourist studies*,2008,8(3).

[61] Falk T, Abler R. Intercommunications, distance, and geographical theory[J]. *Geografiska Annaler*, 1980, 62 (2).

[62] Fan D X F, Zhang H Q , Jenkins C L , et al. Does social contact lessen perceived cultural distance? Evidence from tourist–host social contact [J]. *Annals of Tourism Research*, 2016, 61.

[63] Fan X J, Jiang, X Y, Deng N Q.Immersive technology: A meta-analysis of augmented/virtual reality applications and their impact on tourism experience[J]. *Tourism Management*.2022,91.

[64] Feldmanbarrett L, Russell J. The circumplex model of affect [J]. *Journal of Personality & Social Psychology*, 2009, 39(6).

[65] Fesenmaier D R. Integrating activity patterns into destination choice Models[J]. *Journal of Leisure Research*, 1988, 20(3).

[66] Fiedler K, Jung J, Wänke M, et al. Toward a deeper understanding of the ecological origins of distance construal[J].*Journal of Experimental Social Psychology*, 2015,57.

[67] Fox M. Transport planning and the human activity approach [J]. *Journal of Transport Geography*, 1995, 3(2).

[68] Fornell C, Larcker D F. Evaluating Structural Equation Models with Unobservable Variables and Measurement Error[J]. *Journal of Marketing Research*, 1981, 18(1).

[69] Fourie J , Santana-Gallego, María. Ethnic reunion and cultural affinity[J]. *Tourism Management*, 2013, 36(Complete).

[70] Frisby D, The aesthetics of modern life: Simmel's Interpretation [J].*Theory, Culture & Society*, 1991, 8.

[71] Gallese V. Embodied simulation. Its bearing on aesthetic experience and the dialogue between neuroscience and the humanities[J]. *Gestalt Theory*, 2019, 41(2).

[72] Gardiner S, Grace D, King C. The generation effect the future of domestic tourism in australia[J]. *Journal of Travel Research*, 2014, 53(6).

[73] Geoffrey B. *The tyranny of distance: How distance shaped Australia's history* [M]. Melbourne: Sun Books,1966.

[74] Getis A. The determination of the location of retail activities with the use of a map transformation [J]. *Economic Geography*, 1963, 39(1).

[75] Golledge R G, Briggs R, Demko D. The configuration of distances in intraurban space [J]. *Proceedings of the Association of American Geographers*, 1969, 1.

[76] Golledge R G. Conceptualizing the market decision process[J]. *Journal of Regional Science*,1967,7.

[77] Golledge R G, Ruggles A J, Pellegrino J W, et al. Integrating route knowledge in an unfamiliar neighborhood: Along and across route experiments [J]. *Journal of Environmental Psychology*, 1993, 13(4).

[78] Gonzakea M. Hidalgo C. Barabasi A.Understanding individual human mobility patterns [J]. *Nature*, 2008,453.

[79] Gould J D. Eye movements during visual search and memory search [J]. *Journal of Experimental Psychology*, 1973, 98(1).

[80] Han H , Lee S, Lee C K . Extending the theory of planned behavior: Visa exemptions and the traveler decision-making process[J]. *Tourism Geographies*, 2011, 13(1).

[81] Hanink D M and White K. Distance effects in the demand for wildland recreational services: The case of national parks in the United States[J]. *Environment and Planning Annals*, 1999, 31(3).

[82] Harris C C, Driver B l, and Bergersen E P. Do choices of sport fisheries reflect angle preference for site attractions? In G.H. Stankey and S.F. McCool(Eds.) Proceedings of the Symposium on Recreation Choice Behavior, USDA Forest Service, Intermountain Research Station General Technical Report INT-184, Ogden, UT, 1985.

[83] Hayes A F. Beyond Baron and Kenny: Statistical Mediation Analysis in the New

Millennium [J]. *Communication Monographs*, 2009, 76(4).

[84] Henderson J C. Managing tourism and Islam in peninsular Malaysia[J]*Tourism Management*, 2003, 24(4).

[85] Hirtle S C and Mascolo M F. Effect of semantic clustering on the memory of spatial locations [J]. *Journal of Experimental Psychology Learning Memory & cognition*, 1986, 12(2).

[86] Ho G, and McKercher B. A comparison of long-haul and short-haul business tourists of Hong Kong [J]. *Asia Pacific Journal of Tourism Research*, 2014, 19(3).

[87] Homburg C, Giering A. Personal characteristics as moderators of the relationship between customer satisfaction and loyalty: An empirical analysis[J]. *Psychology & Marketing*, 2001, 18(1).

[88] Hsu, M-C. The management of sports tourism: A causal modelling test of the theory of planned behaviour [J]. *International Journal of Management*, 2013, 30(2).

[89] Hsu C H C, Kang S K and Lam T. Reference group influence among Chinese travelers [J]. *Journal of Travel Research*, 2006,44(4).

[90] Huang S S, Crotts J. Relationships between Hofstede's cultural dimensions and tourist satisfaction: A cross-country cross-sample examination[J].*Tourism Management*, 2019,72.

[91] Huang C H, Tsaur J R, Yang C H. Does world heritage list really induce more tourists? Evidence from Macau [J]. *Tourism Management*, 2012, 33(6).

[92] Hwang Y H, Fesenmaier D R . Multidestination pleasure travel patterns: Empirical evidence from the american travel survey[J]. *Journal of Travel Research*, 2003, 42(2).

[93] Jackson M S, White G N, and Schmierer C L. Predicting tourism destination choices: Psychographic parameters versus psychological motivations. Peak performance in tourism and hospitality research CAUTHE, 2000.

[94] Janelle D G. Spatial reorganization: A model and concept [J]. *Annals of the Association of American Geographers*, 1969, 59(2).

[95] Jasimuddin S M, Li J, Perdikis N. Linkage between geographic space and knowledge transfer by multinational enterprises: A structural equation approach [J]. *Annals of Regional Science,* 2015, 54(3).

[96] Jepson D, Sharpley R. More than sense of place? Exploring the emotional dimension of rural tourism experiences [J]. *Journal of Sustainable Tourism*, 2014, 23(8).

[97] Johnston R J, Gregory D, Smith D M. The dictionary of human geography [A]. Blackwell Publishers Ltd., 3 edition, 1994.

[98] Jones R C, Zannaras G. Perceived versus objective urban opportunities and the migration of Venezuelan youths[J]. *Annals of Regional Science*, 1976, 10(1).

[99] Joreskog K G, Van Thiilo M . Lisrel general a general computer program for estimating a structural equation system involving multiple indicators of unmeasured variables [J]. *ETS Research Bulletin Series*, 1972, 2.

[100] Kang S H. Associations between space–time constraints and spatial patterns of travels [J]. *Annals of Tourism Research*, 2016, 61.

[101] Karl M, Reintinger C, Schmude J. Reject or select: Mapping destination choice[J]. *Annals of Tourism Research*, 2015, 54.

[102] KaptelininV, Nardi B A, Macaulay C. Methods and tools: the activity checklist: a tool for representing the "space" of context [J].*Interaction*, 1999, 6(4).

[103] Karunaratna D A . Developing a multidimensional instrument to measure psychic distance stimuli[J]. *Journal of International Business Studies*, 2006, 37(5).

[104] Kelley T L. The selection of upper and lower groups for the validation of test items[J]. *Journal of Educational Psychology*, 1939, 30(1).

[105] Kim S and Fesenmaier D R. Evaluating spatial structure effects in recreation travel. [J]. *Leisure Sciences*, 1990, 12(4).

[106] Kim, J H. The antecedents of memorable tourism experiences: The development of a scale to measure the destination attributes associated with memorable experiences [J]. *Tourism Management*, 2014, 44.

[107] Kirk W. Problems of geography [J]. *Geography*,1963, 48(4).

[108] Klenosky D B. The " pull" of tourism destinations: A means － end investigation [J]. *Journal of Travel Research*, 2002, 40.

[109] Knudsen D C, Soper A K, Metro-Roland M. Commentary: Gazing, performing and reading: A landscape approach to understanding meaning in tourism theory [J]. *Tourism Geographies*, 2007, 9(3).

[110] Kogut B, Singh H. The effect of national culture on the choice of entry mode[J]. *Journal of International Business Studies*,1988,19(3).

[111] Koo H C, Poh B K , Ruzita A T . Development, validity and reliability of a questionnaire on knowledge, attitude and practice (KAP) towards whole grain among primary school children in Kuala Lumpur, Malaysia.[J]. *International Food Research Journal*, 2016, 23(2).

[112] Lam T, Hsu C H C. Theory of planned behaviour: Potential travellers from China [J]. *Journal of Hospitality and Tourism*, 2004a, 28 (4).

[113] Lam T, Hsu C H C. Predicting behavioural intention of choosing a travel destination [J].*Tourism Management*, 2006b, 27.

[114] Larsen J,Urry J. Gazing and performing[J].*Environment and planning D:society and space*，2011, 29(6).

[115] Lee T. Perceived Distance as a function of direction in the city[J]. *Environment and Behavior*, 1970, 2(1).

[116] Lepp A. Residents' attitudes towards tourism in Bigodi village, Uganda[J]. *Tourism Management*, 2007, 28(3).

[117] Lepp A and Gibson H. Tourist roles, perceived risk and international tourism[J]. *Annals of Tourism Research*, 2003, 30(3).

[118] Leung D, Woo G J, Ly T P. The effects of physical and cultural distance on tourist satisfaction: A case study of local-based airlines, public transportation, and government services in Hong Kong[J].*Journal of China Tourism Research*, 2013,9(2).

[119] Li M M. Cross- cultural tourist research: A meta- analysis [J].*Journal of Hospitality & Tourism Research*, 2014, 38(1).

[120] Lieber S R and Fesenmaier D R. Physical and social conditions affecting recreation site preferences [J]. *Environment & Planning*, 1985, 17(12).

[121] Lieber S R and Fesenmaier D R. Destination diversification as an indicator of activity compatibility: an exploratory analysis. [J]. *Leisure Sciences*, 1988, 10(3).

[122] Light D, Brown L. Dwelling-mobility: A theory of the existential pull between home and away[J]. *Annals of Tourism Research*, 2020, 81(3).

[123] Lin C H and Morais D B. The spatial clustering effect of destination distribution

on cognitive distance estimates and its impact on tourists' festination choices [J]. *Journal of Travel & Tourism Marketing*, 2008,25.

[124] Liu P, Zhang H, Zhang J et al. Spatial patterns of tourist flow under impulse pre-trip information search : from online to arrival [J]. *Tourism Management,* 2019, 73.

[125] Liu J, Xu X A&Wang L L.How do travel experience sharing type, tourism activity type, and temporal distance shape online viewers'travel intentions? An application of construal level theory [J]. *Current Issues in Tourism*,2023(5).

[126] Long J A, Nelson T A . A review of quantitative methods for movement data [J]. *International Journal of Geographical Information Science*, 2013, 27(2).

[127] Lowrey R A. Distance Concepts of Urban Residents[J]. *Environment & Behavior*, 1970, 2(1).

[128] Maceachren A M. Travel Time as the basis of cognitive distance[J]. *Professional Geographer*, 1980, 32 (1).

[129] Ma J K G . A dynamic analysis of person and household activity and travel patterns using data from the first two waves in the Puget sound transportation panel[J]. *Transportation*, 1997, 24(3).

[130] MacKinnon D P, Lockwood C M, Hoffman J M, et al. A comparison of methods to test mediation and other intervening variable effects [J]. *Psychological Methods*, 2002, 7(1).

[131] Maglio S J, Trope Y, Liberman N. Distance from a distance: Psychological distance reduces sensitivity to any further psychological distance [J].*Journal of Experimental Psychology: General*, 2013, 142.

[132] Ma Jianan, Li Fangxuan.Effects of psychological distance and social influence on tourists' hotel booking preferences [J].*Journal of Travel & Tourism Marketing*,2022,39(4).

[133] Marsh K L, Johnston L, Richardson M J, et al. Toward a radically embodied, embedded social psychology[J]. *European Journal of Social Psychology*, 2009, 39(7).

[134] Martins J, Goncalves R, Branco F, et al. A Multisensary virtual experiedce model thematic tourism:A Port wine tourism application proposal[J].*Journal of*

Destination Marketing & Management, 2017, 6(2).

[135] Maslow, A. H. A theory of human motivation [J].*Psychological Review*, 1943, 50(4).

[136] Mansfeld Y. Tourism towards a behavioral approach: The choice of destination and its impact on spatial behavior[J]. *Progress in Planning*, 1992, 38.

[137] Mckercher B. The impact of distance on tourism: a tourism geography law [J]. *Tourism Geographies*, 2018, 20(3).

[138] Mckercher B, Chan A, Lam C. The impact of distance on international tourist movements [J]. *Journal of Travel Research*, 2008, 47(2).

[139] Mckercher B, Lew A A . Distance decay and the impact of effective tourism exclusion zones on international travel flows [J]. *Journal of Travel Research*, 2003, 42(2).

[140] McKercher B, Chow B. Cultural distance and participation in cultural tourism[J].*Pacific Tourism Review*, 2001,5(1).

[141] McKercher B. The impact of distance on tourism: a tourism geography law[J]. *Tourism Geographies*, 2018,3.

[142] McNamara M J，Houston I A. The influence of mortality on the behavior that maximizes reproductive success in a patchy environment [J]. *Oikos*, 1986, 47(3).

[143] Michopoulou E,Darcy S,Ambrosel I,et al.,.Accessible tourism futures:The world we dream to live inand the opportunities we hope to have[J]. *Journal of tourism futures*, 2015,1(3).

[144] Money R B, Crotts J C. The effect of uncertainty avoidance on information search, planning, and purchases of international travel vacations [J]. *Tourism Management*, 2003, 24(2).

[145] Montello D R. The measurement of cognitive distance: Methods and construct validity [J]. *Journal of Environmental Psychology*,1991, 11 (2).

[146] Montello D. Scale and multiple psychologies of space// Frank A U, Campari I. Spatial information theory: A theoretical basis for GIS. Proceedings of COSIT'93. Berlin: Springer-Verlag, Lecture Notes in Computer Science, 1993, 2.

[147] Morley C, Rosselló, Jaume, Santana-Gallego M . Gravity models for tourism demand: theory and use[J]. *Annals of Tourism Research*, 2014, 48.

[148] Moutinho L.Consumer behavior in tourism [J].*European Journal of Marketing*, 1987, 21.

[149] Nedelmann B, Sellerberg A M, Weinstein D, et al. A blend of contradictions: Georg Simmel in theory and practice[J]. *Contemporary Sociology*, 1994, 23(6).

[150] Neutens T, Schwanen T, Witlox F. The prism of everyday life: Towards a new research agenda for time geography [J]. *Transport Reviews*, 2011, 31(1).

[151] Nicolau J L, Francisco J M. The influence of distance and prices on the choice of tourist destinations: The moderating role of motivations [J]. *Tourism Management*, 2006, 27(5).

[152] Norman G J, Ribisl K M , Howard P B , et al. Smoking bans in the home and car: Do those who really need them Have Them? [J]. *Preventive Medicine*, 1999, 29(6).

[153] Nunkoo R, Ramkissoon H. Developing a community support model for tourism [J]. *Annals of Tourism Research*, 2011, 38(3).

[154] Nyaupane G P, Graefe A R. Travel distance: A tool for nature-based tourism market segmentation [J]. *Journal of Travel & Tourism Marketing*, 2008, 25(3-4).

[155] Olsson G. Distance and Human Interaction A Migration Study [J]. *Geografiska Annaler*, 1965, 47(1).

[156] O'Regan M. A backpacker habitus: The body and dress, embodiment and the self [J]. *Annals of leisure research*, 2016,19(3).

[157] Paananen K, Minoia P.Cruisers in the city of Helsinki: Staging the mobility of cruise passengers[J].*Tourism geographies*,2019,21(5).

[158] Park S, Eves A.Choice Overload in Tourism: Moderating Roles of Hypothetical and Social Distance[J].*Journal of Travel Research*,2023,9.

[159] Podsakoff P M, MacKenzie S B, Lee J Y, et al. Common Method Biases in Behavioral Research: A Critical Review of the Literature and Recommended Remedies[J].*Journal of Applied Psychology*, 2003, 88 (5).

[160] Pons P .A haptic geography of the beach:Naked bodies,vision and touch[J]. *Social & cultural geography*, 2007,8(1).

[161] Poria Y,Beal J.An exploratory study about obese people's flight experience[J]. *Journal of travel research*, 2017,56(3).

[162] Prayag G, Ryan C. Antecedents of tourists' loyalty to Mauritius: The role and influence of destination image, place attachment, personal involvement, and satisfaction [J]. *Journal of Travel Research*, 2012, 51(3).

[163] Preacher K J , Rucker D D , Hayes A F . Addressing Moderated Mediation Hypotheses: Theory, Methods, and Prescriptions[J]. *Multivariate Behavioral Research*, 2007, 42(1).

[164] Preacher K J, Hayes A F. Asymptotic and resampling strategies for assessing and comparing indirect effects in multiple mediator models [J]. *Behavior Research Methods*, 2008, 40 (3).

[165] Palmer C.*Being and dwelling through tourism:an anthropological perspective*[M].New York: Routledge, 2017.

[166] Qian J, Law R, Wei J. Effect of cultural distance on tourism: A study of pleasure visitors in Hong Kong.[J]. *Journal of Quality Assurance in Hospitality & Tourism*, 2018,19(2).

[167] Quan S,Wang N.Towards a structural model of the tourist experienc: An illustration from food experiences in tourism[J]. *Tourism management*, 2004,25(3).

[168] Quintal V A, Lee J A, and Soutar G N. Risk, uncertainty, and the theory of planned behavior: A tourism example [J]. *Tourism Management*,2010(31).

[169] Rosenbaum M S, Spears D L. Who buys that? Who does what? Analysis of cross- cultural consumption behaviors among tourists in Hawaii [J]. *Journal of Vacation Marketing*, 2005, 11(3).

[170] Rushton G, Golledge R G, Clark W A V. Formulation and test of a normative model for the spatial allocation of geocery expenditures by a dispersed population [J]. *Annals of the Association of American Geographers*, 2015, 57(2).

[171] Sadalla E K, Magel S G. The perception of traversed distance [J]. *Environment and Behavior*, 1980, 12.

[172] Sadalla E K, Staplin L J. An Information storage model for distance cognition[J]. *Environment and Behavior*, 1980, 12(2).

[173] Sarah H, Matson-Barkat S, Pallamin N, et al. With or without you? Interaction

and immersion in a virtual reality experience[J].*Journal of Business Research*, 2019, 100.

[174] Schifter D E and Ajzen I. Intention, perceived control, and weight loss: An application of the theory of planned behavior [J]. *Journal of Personality and Social Psychology*, 1985(49).

[175] Seabra C, Dolnicar S, Abrantes J L, et al. Heterogeneity in risk and safety perceptions of international tourists[J]. *Tourism Management*, 2013, 36.

[176] Sheller M, Urry J. The new mobilities paradigm [J].*Environment and Planning A*, 2006, 38(2).

[177] Shepherd R J. Why Heidegger did not travel: Existential angst, authenticity, and tourist experiences [J]. *Annals of Tourism Research*, 2015, 52.

[178] Sheppard, E. S.Theoretical underpinnings of the gravity hypothesis[J]. *Geographical Analysis*,1978，10(4).

[179] Shoval N, Mckercher B, Ng E, et al. Hotel location and tourist activity in cities[J]. *Annals of Tourism Research*, 2011, 38(4).

[180] Shusterman R and Jameson F. Postmodernism, or, the cultural logic of late capitalism. [J].*The Journal of Aesthetics and Art Criticism*, 1992, 50(3).

[181] Small J., Darcy S., Packer T. The embodied tourist experiences of people with vision impairment: Management implications beyond the visual gaze[J]. *Tourism Management*, 2012, 33(4).

[182] Small J.Holiday bodies: Young women and their appearance[J].*Annals of tourism research*, 2016, 58.

[183] Smith N. *Homeless/global: scaling places*[A]. In: Bird J, Curtis B,Putnam T, et. al. Mapping the futures: Local cultures, global change [C]. London: Routledge, 1993.

[184] Song H, Li G. Tourism demand modelling and forecasting-a review of recent research [J].*Tourism Management*, 2008,29(2).

[185] Song H, Li G, Witt S F, Fei B. Tourism demand modelling and forecasting:How should demand be measured? [J]. *Tourism Economics*, 2010,16(1).

[186] Sousa C M P, Bradley F. Cultural distance and psychic distance: Two peas in a pod？[J].*Journal of International Marketing*, 2006, 14(1).

[187] Sparks, B. A. Planning a wine tourism vacation? Factors that help to predict tourist behavioral intentions [J]. *Tourism Management*, 2007(28).

[188] Sparks, B. A., & Pan, G. W. Chinese outbound tourists: Understanding their attitudes, constraints and use of information sources [J]. *Tourism Management*, 2009(30).

[189] Stevens A, Coupe P. Distortions in judged spatial relations [J]. *Cognitive Psychology*, 1978, 10(10).

[190] Sullivan D, Keefer L A, Stewart S A, et al. Time-space distanciation: An interdisciplinary account of how culture shapes the implicit and explicit psychology of time and space[J]. *Journal for the Theory of Social Behaviour*, 2016, 46(4).

[191] Tasci A D A. Social distance: The missing link in the loop of movies, destination image, and tourist behaviors? [J]. *Journal of Travel Research*, 2008, 47 (4).

[192] Tasci A D A, Gartner W C . Destination image and its functional relationships[J]. *Journal of Travel Research*, 2007, 45(4).

[193] Tasci, A. D. A., Uslu, A., Stylidis, D., & Woosnam, K. M.. Place-oriented or people-oriented concepts for destination loyalty: Destination image and place attachment versus perceived distances and emotional solidarity. [J].*Journal of Travel Research*, 2022, 61(2)

[194] Taylor P J. Distance Transformation and Distance Decay Functions [J]. *Geographical Analysis*, 1971, 3 (3).

[195] Taylor P J. A materialist framework for political geography [J].*Transactions of the Institute of British Geographers*, 1982,7 (1).

[196] Thompson D L. New concept: Subjective Distance[J]. *Journal of Retailing (Spring)*, 1963.

[197] Toble W. A computer movie simulating urban growth in the Detroit region [J]. *Economic Geography*, 1970, 462(2).

[198] Todd S. Self-concept: A tourism application[J]. *Journal of Consumer Behavior*, 2001, 1(2).

[199] Tolman E C. Cognitive maps in rats and men[J]. *Psychological Review*, 1948, 55(4).

[200] Trafimow D and Fishbein M. The moderating effect of behavior type on the subjective norm-behavior relationship [J]. *Journal of Social Psychology*, 1994, 134(6).

[201] Trope Y, Liberman N. Construal- level theory of psychological distance [J]. *Psychological Review*, 2010, 117(2).

[202] Tversky B, Hemenway K. Categories of environmental scenes [J]. *Cognitive Psychology*, 1983, 15(1).

[203] Um S and Crompton J L . Attitude determinants in tourism destination choice[J]. *Annals of Tourism Research*, 1990, 17(3).

[204] Uriely N, Ram Y, Malache-Pines A. Psychoanalytic sociology of deviant tourist behavior[J]. *Annals of Tourism Research*, 2011, 38(3).

[205] Urry J. The Tourist Gaze "Revisited" [J]. *American Behavioral Scientist*, 1992, 36(2).

[206] Veijola S and Jokinen E.The body in tourism[J]. *Theory culture & society*, 1994,11(3).

[207] Waitt G，Duffy M.Listening and tourism studies [J]. *Annals of tourism research*, 2012,37(2).

[208] Walmsley D J, and Jenkins J M. Cognitive distance: A neglected issue in travel behavior." [J]. *Journal of Travel Research*, 1992(31).

[209] Wang Chang, Zhang Jinhe, Yu Peng, et al. The theory of planned behavior as a model for understanding tourists' responsible environmental behaviors: The moderating role of environmental interpretations [J]. *Journal of Cleaner Production*, 2018,194.

[210] Wang Chang, Zhang Jinhe, Cao Jingjing, et al. The influence of environmental background on tourists' environmentally responsible behavior [J]. *Journal of Environmental Management*, 2019,231.

[211] Wapner S, Warner H, Bruell J H, et al. Experiments on sensory-tonic field theory of perception: VII. Effect of asymmetrical extent and starting positions of figures on the visual apparent median plane [J]. *Journal of Experimental Psychology*, 1953, 46(4).

[212] Weems G H, Onwuegbuzie A J. The impact of midpoint responses and

reverse coding on survey data [J]. *Measurement & Evaluation in Counseling & Development*, 2001, 34(3).

[213] Wilson, M. Six views of embodied cognition[J].*Psychonomic Bulletin & Review*, 2002, 9 (4).

[214] Williams, A. V., & Zelinsky, W. On some patterns in international tourist flows[J]. *Economic Geography*, 1970, 46(4).

[215] Wolfe R I. The inertia model[J]. *Journal of Leisure Research*, 1972, 2(1).

[216] Woodside A G, Lysonski S. A general model of traveler destination choice[J]. *Journal of Travel Research*, 1989, 27(4).

[217] Woodside A, Sherrell D. Traveler evoked, inept, and inert sets of vacation destinations [J]. *Journal of Travel Research*, 1977, 16(Winter) .

[218] Wong IA, Zhang GP, Zhang YG & Huang GI. The dual distance model of tourism movement in intra-regional trave[J].*Current Issues in Tourism*, 2021,(24)9.

[219] Wong, I. A., & Zhau, W.Exploring the effect of geographic convenience on repeat visitation and tourist spending:The moderating role of novelty seeking[J]. *Current Issues in Tourism*, 2016, 19(8).

[220] Wright S. Correlation and causation [J]. *Journal of Agricultural Research* 1921,20.

[221] Yan L.Uneven distance decay: A study of the tourism market segments of Hong Kong[J]. *International Journal of Tourism Sciences*, 2011,11(1).

[222] Yang L, Jing S , Meiying J. Understanding Visitors' Responses to Intelligent Transportation System in a Tourist City with a Mixed Ranked Logit Model [J]. *Journal of Advanced Transportation*, 2017.

[223] Ye, Haobin Ben.*An Integrative Framework of Customers' Perceived Discrimination and Its Impact: An Empirical Study of Tourists in Hong Kong* [D]. Hong Kong Polytechnic University,2012.

[224] Zhang H, Zhang J , Cheng S , et al. Role of constraints in Chinese calligraphic landscape experience: An extension of a leisure constraints model[J]. *Tourism Management*, 2012, 33.

[225] Zhang H Q, Qu H, Tang V M Y. A case study of Hong Kong residents' outbound leisure travel[J]. *Tourism Management*, 2004, 25(2).

[226] Zhang J，Geoffrey W，Du J K, et al. The travel patterns and travel distance of tourists to national parks in China [J].*Asia Pacific Journal of Tourism Research*, 1999, 4 (2).

[227] Zhou Q, Zhang J , Edelheim J R . Rethinking traditional Chinese culture: A consumer-based model regarding the? Authenticity of Chinese calligraphic landscape[J].*Tourism Management*, 2013, 36(Complete).

[228] Zia A, Norton B G, Metcalf, S S, et al. Spatial discounting, place attachment, and environmental concern: Toward an ambit-based theory of sense of place [J]. *Journal of Environmental Psychology*, 2014, 40.

三、中文专著

[1] 阿尔文·托夫勒 . 未来的冲击 [M]. 北京：中信出版社，2016.

[2] 艾尔·巴比 . 社会研究方法 [M]. 北京：华夏出版社，2018.

[3] 柴彦威等 . 空间行为与行为空间 [M]. 南京：东南大学出版社，2014.

[4] 陈刚华 . 旅游心理学 [M]. 上海：华东师范大学出版社，2016.

[5] 陈嘉明 . 现代性与后现代性十五讲 [M]. 北京：北京大学出出版社，2009.

[6] 达默尔 . 真理与方法：哲学诠释学的基本特征（上卷）[M]. 上海：上海译文出版社 ,1999.

[7] 大卫·哈维 . 世界的逻辑 [M]. 北京：中信出版社，2016.

[8] 大卫·哈维 . 地理学中的解释 [M]. 北京：商务印书馆，1996.

[9] 戴维·哈维 . 2003. 后现代的状况：对文化变迁之缘起的探究 [M]. 阎嘉，译 . 北京：商务印书馆 .

[10] 戴维·弗里斯 . 现代性的碎片：齐美尔、克拉考尔和本雅明作品中的现代性理论 [M]. 北京：商务印馆 ,2013.

[11] 福柯 . 何为启蒙 . 引自《文化与公共性》[M]. 汪晖，等主编 . 北京：生活·读书·新知三联书店 ,1998.

[12] 康德 . 美，以及美的反思：康德美学全集 [M]. 北京：金城出版社，2013.

[13] 雷金纳德·戈列奇，罗伯特·斯廷森 . 空间行为的地理学 [M]. 北京：商务印书馆 ,2013.

[14] 理查德·哈特向 . 地理学的性质 [M]. 北京：商务印书馆，1996.

[15] 刘玉亭．转型期中国城市贫困的社会空间 [M]．北京：科学出版社，2005.

[16] 罗德里克·邓肯·麦肯齐．大都市社区 [M]．上海：上海三联书店，2017.

[17] 齐奥尔格·西美尔．时尚的哲学 [M]．北京：文化艺术出版社，2001.

[18] 齐奥尔格·西美尔．生命直观 [M]．北京：生活·读书·新知三联书店，2003.

[19] 全国科学技术名词审定委员会．地理学名词（第 2 版）[M]．北京：科学出版社，2007.

[20] 史斌．不再沉默的"城市他者"：新生代农民工社会距离研究 [M]．杭州：浙江大学出版社，2014.

[21] 汪德根．高铁网络时代区域旅游空间格局 [M]．北京：商务印书馆，2016.

[22] 汪民安．身体、空间与后现代性 [M]．南京：江苏人民出版社，2015.

[23] 吴明隆．结构方程模型——AMOS 的操作与应用 [M]．重庆：重庆大学出版社 2010.

[24] 肖丹青．认知地理学——以人为本的地理信息科学 [M]．北京：科学出版社，2013.

[25] 薛薇．统计分析与 SPSS 应用 [M] 北京：中国人民大学出版社，2014.

[26] 叶超．空间中的秩序：作为"距离"学科的地理学 [A]．地理学思想经典解读．蔡运龙，WYCKOFF B．主编 [C] 北京：商务印书馆，2011.

[27] 杨向荣．现代性和距离——文化社会学视域中的齐美尔美学 [M]．北京：社会科学文献出版社，2009.

[28] 约翰·赫伊津哈，何道宽译．游戏的人：文化中游戏成分的研究 [M]．广州：花城出版社，2017.

[29] 约翰斯顿·R. J. 人文地理学词典 [M]．北京：商务印书馆，2005.

[30] 周宪，许钧．后现代的状况：对文化变迁之缘起的探究 [M]．北京：商务印书馆，2013.

[31] 周宪．美学是什么 [M]．北京：北京大学出版社，2015.

四、中文期刊和论文

[1] 毕娟．文化距离与旅游者目的地选择行为之间的关系研究 [D]．浙江大学，2017.

[2] 曹晶晶，章锦河，周珺，等．"远方"有多远？——感知距离对旅游目的地选

择行为影响的研究进展 [J]. 旅游学刊，2018,33(07).

[3] 曹诗图. 对"旅游"概念的进一步探讨——兼与王玉海教授等商榷 [J]. 人文地理，2013, 28(1).

[4] 柴彦威，谭一洺，申悦等. 空间——行为互动理论构建的基本思路 [J]. 地理研究，2017, 36(10).

[5] 柴彦威，申悦，塔娜. 基于时空间行为研究的智慧出行应用 [J]. 城市规划，2014, 38(3).

[6] 陈淳，袁振杰，朱竑. 城镇化背景下广州流动儿童对"家"空间的建构 [J]. 地理学报，2018, 73(12).

[7] 陈刚华，赵丽君. 旅游领域量表开发研究进展——基于国内外六本旅游学术刊物的分析 [J]. 旅游导刊，2017(6).

[8] 陈钢华，李萌. 旅游者情感研究进展：历程、主题、理论和方法 [J]. 旅游学刊，2020, 35(7).

[9] 陈钢华，师慧敏. 川藏南线自驾游客情感体验的特征与影响机制 [J/OL]. 旅游学刊 [2024-01-17].

[10] 陈海波. 非惯常环境及其体验：旅游核心概念的再探讨 [J]. 旅游学刊，2017, 32(2).

[11] 陈海波. 旅游的起源及相关问题再考 [J]. 旅游学刊，2020, 35(9).

[12] 陈青文. 1.2 米高度看世界：具身视角下轮椅游客旅游体验的形成路径研究 [D]. 浙江工商大学,2023.

[13] 邓勇勇. 旅游本质的探讨——回顾、共识与展望 [J]. 旅游学刊，2019, 34(4).

[14] 丁德光，陆林. 旅游者异地行为及其社会控制——基于文化差异视角的文献述评 [J]. 旅游科学，2010, 24(1).

[15] 董亚娟，赵玉萍，吴悠，等. 城市居民出境旅游决策的性别差异研究 [J]. 资源开发与市场，2019, 35(02).

[16] 段文婷，江光荣. 计划行为理论评述 [J]. 心理科学进展，2008,16(2).

[17] 丁雨莲，陆林. 女性旅游研究进展 [J]. 人文地理，2006, 21(2).

[18] 范欣，姚常成. 时空压缩下的经济趋同 [J]. 求是学刊,2018,45(05).

[19] 范向丽，郑向敏. 女性旅游者研究综述 [J]. 旅游学刊，2007, 22(3).

[20] 樊友猛，谢彦君. 具身欲求与身体失范：旅游不文明现象的一种理论解释 [J]. 旅游学刊，2016, 31(8).

[21] 方凌智, 沈煌南. 技术和文明的变迁——元宇宙的概念研究 [J]. 产业经济评论, 2022(01).

[22] 风笑天. 社会调查方法还是社会研究方法？——社会学方法问题探讨之一 [J]. 社会学研究, 1997(2).

[23] 冯海涛, 郑卫北. 基于计划行为理论的大学生锻炼行为研究 [J]. 河北科技大学学报 (社会科学版), 2012, 12(4).

[24] 伏珊, 邹威华. 戴维·哈维"时空压缩"理论研究 [J]. 中外文化与文论, 2016(3).

[25] 葛学峰. 旅游目的地选择意向影响因素研究 [D]. 大连理工大学, 2012.

[26] 管婧婧, 董雪旺, 鲍碧丽. 非惯常环境及其对旅游者行为影响的逻辑梳理 [J]. 旅游学刊, 2018, 33(4).

[27] 郭峦, 谈雨婷, 巩丽朵等. 虚拟旅游体验：前因、过程与后效——基于英文文献的研究综述 [J]. 资源开发与市场, 2023, 39(09).

[28] 郭倩倩, 胡善风, 朱红兵. 基于计划行为理论的乡村旅游意向研究 [J]. 华东经济管理, 2013(12).

[29] 洪学婷, 张宏梅, 黄震方, 等. 旅游体验前后日常环境行为对具体地点环境行为的影响——以大学生黄山旅游体验为例 [J]. 人文地理, 2019, 34(3).

[30] 胡明丽, 严艳, 李嘉钰. 具身视角下旅游饮食体验及其影响因素研究——以西安回民街为例 [J]. 资源开发与市场, 2019, 35(02).

[31] 黄潇婷. 基于时间地理学的景区旅游者时空行为模式研究——以北京颐和园为例 [J]. 旅游学刊, 2009, 24.

[32] 黄潇婷. 基于时空行为研究的旅游时间规划理论思考 [J]. 旅游学刊, 2013, 28(9).

[33] 黄潇婷. 基于 GPS 与日志调查的旅游者时空行为数据质量对比 [J]. 旅游学刊, 2014, 29(3).

[34] 黄潇婷, 张琳琳, 苟茂兰. 从地域人到区域人假设的提出——旅游移动视角下关于地方感的思考 [J]. 旅游学刊, 2019, 34(06).

[35] 蒋多, 何贵兵. 心理距离视角下的行为决策 [J]. 心理科学进展, 2017(11).

[36] 蒋海兵, 刘建国, 蒋金亮. 高速铁路影响下的全国旅游景点可达性研究 [J]. 旅游学刊, 2014, 29(07).

[37] 李保超, 王朝辉, 李龙, 等. 高速铁路对区域内部旅游可达性影响——以

皖南国际文化旅游示范区为例 [J]. 经济地理, 2016, 36 (9).

[38] 廖维俊, 何有世. 非惯常环境旅游者不文明行为是如何形成的? ——基于相对剥夺理论视角的扎根研究 [J]. 干旱区资源与环境, 2018, 32(6).

[39] 李春晓, 冯浩妍, 吕兴洋, 等. 穷家富路? 非惯常环境下消费者价格感知研究 [J]. 旅游学刊, 2020, 35(11).

[40] 李蕾蕾. 旅游目的地形象空间认知过程与规律 [J]. 地理科学, 2000, 20 (6).

[41] 李君轶, 刘逸, 肖文杰等. "旅游大数据研究与应用前沿"系列笔谈 [J]. 旅游论坛, 2022, 15(01).

[42] 李君轶, 任涛, 陆路正. 游客情感计算的文本大数据挖掘方法比较研究 [J]. 浙江大学学报 (理学版), 2020, 47(04).

[43] 李君轶, 张妍妍. 大数据引领游客情感体验研究 [J]. 旅游学刊, 2017, 32(09).

[44] 李连璞, 杨新军, 赵荣. "时空缩减"背景下客源市场空间分布及演变趋势分析 [J]. 人文地理, 2007(01).

[45] 李连璞, 付修勇. 从"时空缩减"视角看环城游憩带发展 [J]. 地理与地理信息科学, 2006, 22(2).

[46] 李琳, 唐亚男, 李春晓, 等. 非惯常环境及行为: 基于旅游情境的再思考 [J]. 旅游学刊, 2022, 37(11).

[47] 李山, 王铮, 钟章奇. 旅游空间相互作用的引力模型及其应用 [J]. 地理学报, 2012, 67(4).

[48] 李涛, 温小斌, 刘永伟, 等. 城际轨道建设对珠三角地区旅游空间格局的影响 [J]. 测绘与空间地理信息, 2017, 40(2).

[49] 梁嘉祺, 姜珊, 陶犁. 旅游者时空行为模式与难忘旅游体验关系研究 [J]. 旅游刊, 2021, 36(10).

[50] 罗伟杰, 汤佩, 陶伟. "家"的地理学: 研究概况、最新进展及启示——基于 CiteSpace 和 Bibliometric 的图谱量化分析 [J]. 世界地理研究, 2023, 32(12).

[51] 李玮娜. 国外经典旅游目的地选择模型述评 [J]. 旅游学刊, 2011, 26(5).

[52] 李雁晨, 周庭锐, 周琇. 解释水平理论: 从时间距离到心理距离 [J]. 心理科学进展, 2009, 17(4).

[53] 李燕萍, 虞虎, 王昊, 等. 面向大数据时代的城市规划研究响应与应对方略 [J]. 城市发展研究, 2017, 24(10).

[54] 李志飞. 旅游行为: 有限理性与空间转换 [J]. 旅游学刊, 2017(12).

[55] 廖友亮，彭雷清，王先庆 . 消费者低碳消费意愿影响因素实证研究 [J]. 商业时代，2016(7).

[56] 林德荣，郭晓琳 . 时空压缩与致敬传统：后现代旅游消费行为特征 [J]. 旅游学刊，2014, 29(7).

[57] 林岚，许志晖，丁登山 . 旅游者空间行为及其国内外研究综述 [J]. 地理科学，2007, 27(3).

[58] 刘春济，高静 . 基于计划行为理论的社区居民参与生态旅游发展的行为意向研究——以崇明岛为例 [J]. 北京第二外国语学院学报，2012(7).

[59] 刘法建，张捷，章锦河，等 . 旅游流空间数据获取的基本方法分析：国内外研究综述及比较 [J]. 旅游学刊，2012, 27(6).

[60] 刘佳，吴晋峰，吴宝清，等 . 中国人距离远近的感知标准及群体差异 [J]. 人文地理，2015, 30(6).

[61] 刘云刚，王丰龙 . 尺度的人文地理内涵与尺度政治——基于 1980 年代以来英语圈人文地理学的尺度研究 [J]. 人文地理，2011(3).

[62] 阎平贵，汪德根，魏向东 . "时空压缩"与客源市场空间结构演变——以江苏国际旅游客源市场为例 [J]. 经济地理，2009, 29(3).

[63] 马静，柴彦威，符婷婷 . 居民时空行为与环境污染暴露对健康影响的研究进展 [J]. 地理科学进展，2017, 36(10).

[64] 马耀峰，李君轶 . 旅游者地理空间认知模式研究 [J]. 遥感学报，2008(02).

[65] 潘澜，林璧属，王昆欣 . 探索旅游体验记忆的影响因素——中国旅游情景下的研究 [J]. 旅游学刊，2016, 31(1).

[66] 祁潇潇，赵亮，胡迎春 . 敬畏情绪对旅游者实施环境责任行为的影响——以地方依恋为中介 [J]. 旅游学刊，2018, 33(11).

[67] 申悦，塔娜，柴彦威 . 基于生活空间与活动空间视角的郊区空间研究框架 [J]. 人文地理，2017(04).

[68] 申悦，柴彦威 . 基于日常活动空间的社会空间分异研究进展 [J]. 地理科学进展，2018, v.37(06).

[69] 石培华，王屹君，李中 . 元宇宙在文旅领域的应用前景、主要场景、风险挑战、模式路径与对策措施研究 [J]. 广西师范大学学报 (哲学社会科学版)，2022, 58(04).

[70] 石培基，颉斌斌，邝广路 . 基于地理空间认知规律的旅游形象设计——以黄

河沿岸甘肃段为例 [J]. 地域研究与开发 , 2008(6).

[71] 石崧 , 宁越敏 . 人文地理学 "空间" 内涵的演进 [J]. 地理科学 , 2005, 25(3).

[72] 孙佼佼 , 朱竑 . 旅游食物浪费研究评述及展望 [J]. 人文地理 , 2021, 36(4).

[73] 宋慧林 , 吕兴洋 , 蒋依依 . 人口特征对居民出境旅游目的地选择的影响
——一个基于 TPB 模型的实证分析 [J]. 旅游学刊 , 2016, 31(02).

[74] 宋之杰 , 石晓林 , 石蕊 . 在线旅游产品购买意愿影响因素分析 [J]. 企业经济
, 2013(10).

[75] 孙晋坤 , 黄潇婷 , 章锦河等 . 旅游疲劳的发生机制、多维特征与应对策略
——基于扎根理论的探索性研究 [J]. 旅游学刊 , 2023, 38(12).

[76] 孙九霞 . 作为一种 "社会形式" 的旅游："地方" 视角 [J]. 旅游学刊 ,
2017(12).

[77] 孙九霞 , 周尚意 , 王宁等 . 跨学科聚焦的新领域：流动的时间、空间与社会
[J]. 地理研究 , 2016, 35(10).

[78] 塔娜 , 柴彦威 . 理解中国城市生活方式：基于时空行为的研究框架 [J]. 人文
地理 , 2019(2).

[79] 王波 , 卢佩莹 , 甄峰 . 智慧社会下的城市地理学研究——基于居民活动的视
角 [J]. 地理研究 , 2018, 37(10).

[80] 汪德根 . 高铁网络化时代旅游地理学研究新命题审视 [J]. 地理研究 , 2016,
35(03).

[81] 王德 , 王灿 , 朱玮 , 等 . 商业综合体的消费者空间行为特征与评价 [J]. 建筑
学报 , 2017(2).

[82] 王怀勇 , 许雅梅 , 岳思怡等 . 感知社会善念对信任修复的促进：社会距离与
时间距离的调节作用 [J]. 心理科学 , 2023, 46.

[83] 王姣娥 , 胡浩 . 基于空间距离和时间成本的中小文化旅游城市可达性研究
[J]. 自然资源学报 , 2012, 27(11).

[84] 王岚 , 张捷 , 曹靖 , 等 . 九寨沟旅游者感知距离偏差研究 [J]. 北京第二外国
语学院学报 , 2009, 31(5).

[85] 王林强 . 旅游者虚拟旅游体验前中后三阶段影响要素研究 [D]. 山东大学 ,
2024.

[86] 王宁 . 后现代性与全球化 [J]. 天津社会科学 , 1997(05).

[87] 王文章 . 后现代主义思潮的正负效应及其应对 [J]. 人民论坛 , 2021(21).

[88] 王欣，邹统钎.非惯常环境下体验的意义 [J].旅游学刊，2011, 26(7).

[89] 王学基，孙九霞，黄秀波.中介、身体与情感：川藏公路旅行中的流动性体验 [J].地理科学，2019, 39(11).

[90] 王玉海."旅游"概念新探——兼与谢彦君、张凌云两位教授商榷 [J].旅游学刊，2010, 25(12).

[91] 王卓，刘小莞.元宇宙：时空再造与虚实相融的社会新形态 [J].社会科学研究，2022(05).

[92] 魏鹏，石培基，杜婷.基于空间意象的旅游者空间决策过程研究 [J].旅游学刊，2015, 30(9).

[93] 吴丹贤，周素红.基于日常购物行为的广州社区居住 - 商业空间匹配关系 [J].地理科学，2017(02).

[94] 吴旗韬，张虹鸥，叶玉瑶，等.基于交通可达性的港珠澳大桥时空压缩效应 [J].地理学报，2012, 67(6).

[95] 伍秋萍，冯聪，陈斌斌.具身框架下的社会认知研究述评 [J].心理科学进展，2011, 19(03).

[96] 谢彦君.旅游体验——旅游世界的硬核 [J].桂林旅游高等专科学校学报，2005(06).

[97] 谢彦君.旅游的本质及其认识方法——从学科自觉的角度看 [J].旅游学刊，2010, 25(1).

[98] 谢彦君，樊友猛.身体视角下的旅游体验——基于徒步游记与访谈的扎根理论分析 [J].人文地理，2017, 32(4).

[99] 谢彦君，胡迎春，王丹平.工业旅游具身体验模型：具身障碍，障碍移除和具身实现 [J].旅游科学，2018, 32(4).

[100] 解杼，张捷，刘泽华，等.旅游者入游感知距离与旅游空间行为研究——以江西省龙虎山为例 [J].安徽师范大学学报：自然科学版，2003, 4(26).

[101] 徐敏，黄震方，曹芳东，等.基于在线预订数据分析的旅游流网络结构特征与影响因素：以长三家读取为例 [J].经济地理，2018, 38(6).

[102] 徐菊凤.论旅游的边界与层次 [J].旅游学刊，2016, 31(8).

[103] 晏国祥，方征.论消费者行为研究范式的转向 [J].外国经济与管理，2006, 28(1).

[104] 阎嘉.时空压缩与审美体验 [J].文艺争鸣，2011(9).

[105] 杨敏，李君轶，徐雪．ICTs 视角下的旅游流和旅游者时空行为研究进展 [J].陕西师范大学学报（自然科学版），2020, 48(4).

[106] 杨新军，牛栋.旅游行为空间模式及其评价 [J].经济地理，2000(4).

[107] 杨旸，刘宏博，李想.文化距离对旅游目的地选择的影响——以日本和中国大陆出境游为例 [J].旅游学刊，2016, 31(10).

[108] 杨振之.论旅游的本质 [J].旅游学刊，2014, 29(3).

[109] 叶超.人文地理学空间思想的几次重大转折 [J].人文地理，2012, 27(5).

[110] 叶浩生.具身认知：心理学的新取向 [J].心理科学进展，2010, 18(5).

[111] 叶浩生."具身"涵义的理论辨析 [J].心理学报，2014, 46(7).

[112] 于秋阳.基于 SEM 的高铁时代出游行为机理测度模型研究 [J].华东师范大学学报 (哲学社会科学版), 2012, 44(3).

[113] 韵江，刘博.距离产生美？——代际差异视角下感知距离对游客行为意愿的影响机制研究 [J].旅游学刊，2023, 38(03).

[114] 曾军.西方后现代思潮中国接受四十年 : 历程及其问题 [J].中国文学批评，2020(03).

[115] 张柏林.元宇宙赋能文旅产业的理论基础、实践前景与发展策略 [J].河南社会科学，2022, 30(11).

[116] 张晨耕.后现代性之于现代性：反叛还是延续 ?[J].齐鲁学刊，2021(06).

[117] 张宏磊，张捷，史春云，等.感知距离与游客满意度影响关系研究 [J].人文地理，2011(5).

[118] 张宏梅，陆林，章锦河.感知距离对旅游目的地之形象影响的分析——以五大旅游客源城市游客对苏州周庄旅游形象的感知为例 [J].人文地理，2006, 21(5).

[119] 张宏梅，陆林.国外旅游问卷调查及数据分析的有关问题 [J].安徽师范大学学报 (自然科学版), 2006(01).

[120] 张宏梅，陆林.游客涉入对旅游目的地形象感知的影响——益格鲁入境旅游者与国内旅游者的比较 [J].地理学报，2011, 65(12).

[121] 张捷，李升峰，周寅康，等.九寨沟风景区游客入游距离特征研究 [J].长江流域资源与环境，2002, 11(1).

[122] 张捷，周寅康，都金康.旅游地理结构与旅游地持续发展研究 [J] .南京大学学报 (自然科学版), 1995, 32(地学专辑).

[123] 张凌云 . 国际上流行的旅游定义和概念综述——兼对旅游本质的再认识 [J]. 旅游学刊 , 2008, 23(1).

[124] 张凌云 . 旅游学研究的新框架 : 对非惯常环境下消费者行为和现象的研究 [J]. 旅游学刊 , 2008, 23(10).

[125] 张凌云 . 非惯常环境 : 旅游核心概念的再研究——建构旅游学研究框架的一种尝试 [J]. 旅游学刊 , 2009, 24(7).

[126] 张凌云 . 旅游 : 非惯常环境下的特殊体验 [J]. 旅游学刊 , 2019, 34(9).

[127] 张梦 , 杨颖 , 叶作亮 . 酒店网络评论内容特征对消费者购买意愿的影响——基于时间距离和社会距离情景的实验研究 [J]. 旅游学刊 , 2012, 27(11).

[128] 张鹏 , 周鑫鑫 , 王欢 , 等 . 基于出行决策模型的多样化自驾游出行方式对比分析 [C]// 新常态 : 传承与变革——2015 中国城市规划年会论文集（05 城市交通规划）. 2015.

[129] 张伸阳 . 海岛旅游体验研究 : 海岛性、具身机制与意义建构 [D]. 海南大学 , 2023.

[130] 张梧 . 社会时空的全球重构与发展方式的深刻调整 [J]. 北方论丛 , 2017(2).

[131] 张鲜鲜 , 李婧晗 , 左颖 , 等 . 基于数字足迹的游客时空行为特征分析——以南京市为例 [J]. 经济地理 , 2018, 38(12).

[132] 张艳 , 柴彦威 . 北京城市中低收入者日常活动时空间特征分析 [J]. 地理科学 , 2011, 31(9).

[133] 张志华 , 章锦河 , 刘泽华 , 郑艺 , 杨嫚 . 旅游研究中的问卷调查法应用规范 [J]. 地理科学进展 , 2016, 35(03).

[134] 赵守谅 , 陈婷婷 . 面向旅游者与居民的城市——“时空压缩”背景下城市旅游与休闲的趋势、影响及对策 [J]. 城市规划 , 2015, 39(02).

[135] 郑凯 , 金海龙 , 贾丽娟 , 等 . 城市中少数民族购物活动时空特征 : 以乌鲁木齐市维吾尔族为例 [J]. 云南地理环境研究 , 2009, 21(3).

[136] 郑世林 , 陈志辉 , 王祥树 . 从互联网到元宇宙 : 产业发展机遇、挑战与政策建议 [J]. 产业经济评论 , 2022(06).

[137] 周芳如 , 吴晋峰 , 吴潘 , 等 . 旅游者感知距离的影响因素分析 [J]. 浙江大学学报（理学版）, 2016(43)5.

[138] 周恺 , 刘冲 . 可视化交通可达性时空压缩格局的新方法——以京津冀城市群为例 [J]. 经济地理 , 2016, 36(7)

[139] 周恺, 钱芳芳, 邹宇. 湖南省城镇空间时空压缩特征及其可视化表达——基于时空图分析模型 [J]. 地理科学进展, 2014, 33(12).

[140] 周玲强, 李罕梁. 游客动机与旅游目的地发展 : 旅行生涯模式 (TCP) 理论的拓展和应用 [J]. 浙江大学学报 (人文社会科学版), 2015, 45(01).

[141] 周尚意, 许伟麟. 时空压缩下的中国乡村空间生产——以广州市域乡村投资为例 [J]. 地理科学进展, 2018, 37(5).

[142] 周素红, 刘玉兰. 转型期广州城市居民居住与就业地区位选择的空间关系及其变迁 [J]. 地理学报, 2010, 65(2).